广西壮族自治区社会科学界联合会 编

广西社会智库

GUANGXI
SHEHUI ZHIKU

（2018）

广西人民出版社

图书在版编目（CIP）数据

广西社会智库.2018 / 广西壮族自治区社会科学界联合会编 . — 南宁：广西人民出版社，2019.11
ISBN 978-7-219-10922-9

Ⅰ.①广⋯ Ⅱ.①广⋯ Ⅲ.①区域经济发展—研究—广西 ②社会发展—研究—广西 Ⅳ.① F127.67

中国版本图书馆 CIP 数据核字（2019）第 250576 号

责任编辑	严　颖　周娜娜	
文字编辑	徐蓉晖	
责任校对	寇晓旸	
封面设计	翁襄媛	
责任排版	施兴彦	

出版发行	广西人民出版社	
社　　址	广西南宁市桂春路 6 号	
邮　　编	530021	
印　　刷	广西雅图盛印务有限公司	
开　　本	787mm×1092mm　1 / 16	
印　　张	16.5	
字　　数	305 千字	
版　　次	2019 年 11 月　第 1 版	
印　　次	2019 年 11 月　第 1 次印刷	
书　　号	ISBN 978-7-219-10922-9	
定　　价	39.80 元	

前　言

　　为贯彻落实习近平新时代中国特色社会主义思想和党的十九大精神，庆祝改革开放40周年和广西壮族自治区成立60周年，根据广西壮族自治区党委办公厅、自治区人民政府办公厅印发的《关于加强广西特色新型智库建设的实施意见》的部署要求，广西社科联围绕中心，服务大局，坚持科学性、应用性、针对性、创新性、时效性原则，经过反复筛选，确定了"改革开放以来广西发展战略研究""广西壮族自治区成立60周年的生态建设成就与经验研究""新时代广西北部湾经济区建立新机制、激发新动能、选择新路径研究""乡村振兴与城乡融合发展命运共同体构建——基于人的发展经济学视角""广西扩大工业有效投资研究""广西建立租购并举住房制度研究""广西定点扶贫单位绩效考核方法研究""新时代广西建设特色新型智库的路径研究""广西民办社科研究实体发展存在问题及对策研究""关于加强广西传统美德文化传承与保护研究""教育始于家庭——基于对广西城市中小学生家庭教育问题研究"等23个选题作为2018年广西社科联社会智库专项课题选题，涉及经济、生态、住房改革、扶贫、智库建设、文化、思想道德等方面的内容，扶持和引导所属社会智库开展课题研究，促进社会智库健康发展。

广西社科联社会智库专项课题设立的目的是进一步加强和促进广西社会智库健康发展，充分发挥社会智库专家作用，服务领导决策，服务经济社会发展。广西社科联加强对课题研究的指导和管理，23项课题经过反复修改和完善，形成一批课题研究成果。

为更好地推动课题研究成果向实际应用转化，广西社科联从23项课题研究成果中择优选出11项课题研究成果，结集在《广西社会智库（2018）》出版，以供有关部门和研究者借鉴参考。

广西壮族自治区社会科学界联合会

2019 年 1 月

目录 / contents

改革开放以来广西发展战略研究

改革开放以来，广西在各主要时期内先后制定和实施了以发挥经济优势战略、沿海地区经济发展战略、建设西南地区出海大通道战略、"三大战略、六大突破"发展战略、开放发展战略、"三大定位"发展战略等为主导的一系列发展战略。这些发展战略的实施，极大地推动了广西经济与社会的发展进步。总结改革开放以来广西在各个时期制定实施的发展战略，将能为今后的探索和建设提供有益的借鉴。

一、发挥经济优势战略

发挥经济优势战略是广西在改革开放初期根据广西的经济基础、资源条件等制定和实施的发展战略。这一战略的实施，对于"文化大革命"结束后广西经济的恢复和发展起到了积极的促进作用，为广西经济的进一步发展奠定了基础，但同时也存在一些不足。

（一）发挥经济优势战略的制定

党的十一届三中全会以后，随着党和国家工作重心的转移、思想解放运动的深入，以及改革开放政策的实施，广西面临着新的发展选择。根据中央扬长避短、发挥经济优势的精神，广西开始探索适合本地实际的经济发展战略，吸取长期以来农业生产片面强调"以粮为纲"，工业生产片面强调"以钢为纲"，追求小而全、大而全的独立的工业体系而导致经济效益低下的教训，特别是"农业学大寨"中"批资批修总体战"对商品经济严重破坏的教训，在经过充分调研、广泛征求各方意见的基础上，根据自然条件、资源情况等，制定了发挥经济优势的发展战略，即"一个基础两根支柱八大优势"战略。

"巩固一个基础"就是巩固粮食生产。既要避免"以粮为纲"的单一粮食生产，又要保证农业这个国民经济的基础，特别是粮食生产。从 1980 年至 1983 年，广西先后在 45 个县 210 个公社建设商品粮生产基地。商品粮生产基地以公社为单位。商品粮生产基地所在公社占全自治区公社总数的 21.5%，基地耕种面积占全自治区耕地总面积的 37.7%①。

"抓紧两根支柱"就是重点发展蔗糖业和水电业。广西的气候、土壤条件适合发展甘蔗种植，红水河以南地区甘蔗种植条件尤其优越。广西旱地多，甘蔗种植不仅有利于农民增收和地方财政增加收入，也利于带动制糖工业和食品加工业，具有较长的产业链。广西水电资源丰富，红水河是全国三大水电资源之一，具有水电开发的良好条件。红水河水电梯级开发不仅可以增加财税收入、改善农业灌溉条件，还能为广西乃至周边省市提供能源支持。因此蔗糖、水力发电被列为广西重点发展的产业。

"发挥八大优势"是指除上述蔗糖、水电两大产业外，同时发挥有色金属加工、建筑材料、外贸出口、旅游、林业、土特产品六大优势，形成各自产业。发挥资源优势，发展蔗糖、水电、有色金属加工、建筑材料、旅游、对外贸易、林业、土特产品等八大产业，成为此时期广西经济发展的重点方向。

（二）发挥经济优势战略的实施

广西精心组织实施发挥经济优势战略。商品粮基地确定后，除拨出专款外，广西把全区水利经费和支持社队企业投资额的一半投入到商品粮基地，用于改善商品粮基地的水利、交通设施，加强农业技术推广和饲料加工厂建设。奖售自行车、木材、钢材、水泥、化肥等紧俏商品，以此作为对商品粮基地售粮户的奖励和补偿。资金投入的增加和激励措施的实施，促进了粮食生产的丰收。1980—1983 年，商品粮基地增产粮食占全自治区增产粮食总数的 62.6%，向国家交售的粮食占全自治区收购总数的 53.2%。1983 年，广西库存粮食 133.5 万吨，达到历史最高水平②。为了发展蔗糖业，广西把红水河以南地区的旱地作为种植甘蔗的重点地区，对蔗农给予化肥、粮食奖售，避免蔗粮矛盾；改善甘蔗品种，推广种植技术，投资建设、改造糖厂。甘蔗种植和蔗糖工业的发展，较快提高了农民的收入和地方财政收入，一些贫困地区的人民生活

---

① 钟家佐主编《当代广西简史》，当代中国出版社，2003，第 225 页。
② 钟家佐主编《当代广西简史》，当代中国出版社，2003，第 225－226 页。

与地方财政逐渐宽裕。水电资源的开发得到了中央的大力支持。国务院同意把红水河梯级开发列入国家"六五"计划和长远建设规划。在国家的支持下，红水河恶滩电站、大化水电站1号机组、天生桥大型水电站、岩滩大型水电站先后建成投产或开工建设。在蔗糖和水电两大支柱产业支撑带动下，其他六大产业相应得到了发展。广西经济布局及生产要素的组合逐渐改善，经济运行质量逐渐提高。

（三）对发挥经济优势战略的评析

发挥经济优势战略是改革开放后广西制定实施的第一个发展战略。该战略由于切合广西实际，实施过程中措施比较得力并注意处理相关产业之间的关系，水电建设得到国家大力支持，取得了相当效果。战略实施期间，广西的工业、农业都有较快的发展，工农业生产总值、地区生产总值都有很大的增长[①]。

但是，发挥经济优势战略仍有一定的局限性。与浙江相比，1976年以前，广西的发展状况与浙江相近。但"文革"结束后的两年间，浙江经济得到迅速恢复和发展，并在"六五"期间迎来了经济的持续高速发展。而广西的经济发展水平比较缓慢，与浙江产生了很大的差距。浙江这个时期并没有提出宏大的发展战略，广西与浙江的差距，主要在于观念，在于对"文革"极左路线和"四人帮"帮派思想的认识，在于对国内大势的把握。因此，尽管发挥经济优势战略符合广西区情，切合广西实际，但从"文革"结束、党的工作重心转移、改革开放启动，广西就已经落后了。究其原因，主要有以下几方面。

其一，广西未能敏锐地把握当时中国发展大势。"一个基础两大支柱八大优势"的发展战略，不足以回应当时的时代要求。"文革"结束后相当一段时间内，广西对"四人帮"在"文革"中推行"左"的思想和路线的危害认识不深，对拨乱反正、清除"左"的干扰的工作开展不彻底，对实现工作重心转移的历史性转折领会不透。由此导致广西从一开始就落后于中央的要求和形势的发展需要，落后于广大干部群众的迫切愿望。由于对改革开放大势认识不清，导致广西各项工作的滞后，导致改革开放放不开手脚，改革迈不开步伐，广西经济发展比较缓慢。

其二，发挥经济优势战略未能对当时时代主题作出有力回应。工作重心转移后的根本任务是解放和发展生产力，中心工作是改革阻碍生产力发展的方面和环节，对原来统得过死、绑得过严的政策进行松绑，突破制约生产力发展的不合时宜的制度禁锢，释放社会活力，充分调动人民群众的生产积极性。发挥经济优势

[①] 中共广西壮族自治区委员会、广西壮族自治区人民政府主编《崛起的壮乡——新中国五十年（广西卷·资料篇）》，中国统计出版社，1999。

战略是立足广西资源优势的产业选择，是政府对产业资金投入的选择，不涉及体制机制的改革。广西重点发展的八大产业，主要依靠广西政府投入，水电业更是主要靠国家资金的支持，各个产业的投入、经营，主要在国有体制内进行，与社会关联度不大。各项改革力度不够，主要产业又在国有体制内运行，广西发挥经济优势战略的实施，并没有起到引领改革开放、推动改革开放深入实施、释放社会活力的作用。广西体制机制的改革没有取得根本性突破，社会生产力未能出现飞跃式的发展。投资、经营主体的单一性和广西财力的限制，制约了各个产业的发展规模。与广西不同，浙江从一开始就从体制机制上取得了突破。早在1978年就明确强调，一定要大力发展多种经营和乡镇企业，走农工副综合发展的道路。1979年提出农林牧副渔五业并举，全省乡镇企业蓬勃发展。所有制结构发生根本性变化，民间投资空前活跃，社会经济焕发勃勃生机①。此外，浙江的企业是根据市场需要生产产品，其产品迅速占领全国市场乃至世界市场。广西是从自有资源出发确定重点产业，产品要寻找销路。不同的理念产生截然不同的效果。总而言之，广西发挥经济优势战略未能引领、带动体制机制的改革创新进而带来广西经济的突破性发展，未能激发社会活力。相反，由于观念的保守、体制机制的僵化，制约了发挥经济优势战略的实施效果。

二、沿海地区经济发展战略

1984年，北海市（含防城港区）被列为全国首批14个沿海开放城市之一，享受沿海地区开放政策。此后，广西一批县、市、镇先后被批准享受对外开放政策，广西从沿海、沿边到内地的对外开放格局逐步形成，沿海地区经济发展战略成为1988—1991年广西实施的主要发展战略。

（一）广西对外开放格局的初步形成

1984年4月，中共中央、国务院决定把广西北海市（含防城港区）列为全国首批14个沿海开放城市之一，享受沿海开放城市的特殊政策。1988年，国务院批准梧州市、玉林市（县级市）、钦州市（县级市）、苍梧县、合浦县、防城各族自治县为沿海经济开放区。同年7月，广西壮族自治区人民政府决定增辟桂东南地区的浦北县小江镇、灵山县灵城镇、贵县（今贵港市城区）贵城镇、桂平县（今桂平市）桂平镇、平南县平南镇、北流县（今北流市）陵城镇、陆川县陆城镇、容县容城镇、博白县博白镇、岑溪县（今岑溪市）岑溪镇、藤县藤城镇、贺县八步镇（今贺州市八步区）等12个镇为沿海地区经济开放点。广西从沿海到内地包括桂南、桂东南地区的对外开放格局初步形成。

---

① 商景才主编《当代中国的浙江》，中国社会科学出版社，1989，第126—127页。

(二) 沿海地区经济发展战略的制定和实施

北海市（含防城港区）被列入全国首批沿海开放城市的当月，自治区党委召开了建设北海市经济开发区讨论会，要把北海市建设成为广西"技术的窗口、知识的窗口、管理的窗口、对外政策的窗口"。同年11月，国务院批复了广西建设北海、防城港的规划，对北海、防城港的开发建设予以特别政策扶持。北海、防城港的开发建设拉开了序幕。1988年国务院批准梧州等6市县为沿海经济开放区后，自治区党委颁布《关于我区贯彻实施沿海地区经济发展战略的决定》，正式提出广西实施沿海地区经济发展战略，以桂东南地区的改革开放带动全自治区的开放开发，以外向型经济的发展带动全自治区经济的发展。1988年7月，为推动沿海地区经济发展战略的实施，自治区在北海市召开开放市、县工作会议。会议提出把北海、防城港作为广西改革开放的"龙头"和"特区"，新开放的梧州、玉林、钦州3市和苍梧、合浦、防城3县（自治县）作为开放区的重点，桂东南沿海地区作为前沿地带，中心城市和桂西北作为腹地和后盾，逐步推进广西的对外开放。会议认为沿海经济开放区重点是逐步形成"贸—工—农"型的生产结构。为了贯彻实施沿海地区经济发展战略，自治区人民政府于同年7月颁布《关于增辟桂东南沿海地区经济开放点的通知》，把浦北县小江镇等12个城镇增辟为经济开放点，作为经济开放区的工业卫星镇，执行中共中央、国务院批转《长江、珠江三角洲和闽南厦漳泉三角地区座谈会纪要》中规定的各项政策。桂东南沿海地区改革开放呈现出良好势头。

沿海地区经济发展战略具体实施，主要是北海、防城港的基础设施建设。经过多年的建设，到1991年，北海市共建成万吨装卸码头2个，年吞吐能力达200多万吨，与98个国家和地区的218个港口建立海运业务往来。北海机场投入使用，北海至钦州铁路动工兴建，北海—南宁二级公路开通。防城港基础设施建设也取得进展。1991年，防城港已有泊位12个，其中万吨级以上7个，港口吞吐量268万吨，与世界100多个国家和地区的港口有贸易往来。基础设施的逐步完善促进了北海的对外开放。到1991年，北海有"三资"企业90家[1]。

(三) 沿海地区经济发展战略评析

沿海地区经济发展战略是富于战略眼光、有较高战略定位的区域发展战略。该战略抓住北海被国家列入沿海14个开放城市之一，桂东南6市县列为沿海经济开放区，广西对外开放格局初步形成的契机，以首先开放的北海、防城港为龙头，以经济、文化比较发达的桂东南地区为重点，带动全自治区的发

---

[1] 钟家佐主编《当代广西简史》，当代中国出版社，2003，第265页。

展。这一以沿海带动内地、以改革开放推动广西发展的战略，既敏感地把握了发展的机遇，又比较准确地认识到广西的积弊，试图以开放带动发展，以开放冲破陈规。但沿海地区经济发展战略终究未能把广西带上新台阶，未能带来广西改革开放的重大突破。究其原因，除了受治理整顿的宏观经济环境制约，主要是战略的实施缺乏有力的措施、具体而切实可行的部署。

首先，沿海地区经济发展战略提出以北海、防城港为龙头，以梧州、玉林、钦州3市和苍梧、合浦、防城3县（自治县）为重点，以桂东南沿海地区为前沿，以中心城市和桂西北为腹地和后盾。但北海、防城港当时经济发展的规模、水平和实力，都相当有限，既没有雄厚的资金、技术、人才实力，又没有上规模、拥有竞争力的产业。两市（区）要担当龙头作用，必须要有超常规的发展。但如何加速发展北海、防城港，迅速壮大其实力，广西没有具体的部署，也没有有力的措施。北海市（含防城港区）1984年初就被列入中国首批对外开放的沿海14个港口之一，到1988年，尽管基础设施建设取得一定成效，但体制改革、对外开放、经济发展尚未取得实质性突破，如何打破这一僵局，也还没有可行的对策。因此，沿海地区经济发展战略的龙头实际上是难以抬起来的。

其次，作为沿海地区经济发展战略重点地区的梧州、玉林、钦州3市和苍梧、合浦、防城3县（自治县），从广西南部沿海到东部，呈线型分布，东西延绵数百公里，广西为了增加沿线经济点的密度，增辟浦北县小江镇、灵山县灵城镇等12个镇为沿海地区经济开放点。如何加快沿线6市县和12镇的改革开放，实现其经济快速增长，特别是如何把沿线地区连成片，如何进行产业布局，使之成为经济发达、充满活力的区域，没有明确的思路，更没有强有力的措施。实际上，国务院把6市县列为经济开放地区，是有深意的。6市县经济文化比较发达，都分布在沿海和毗邻广东沿线。中央是希望广西利用6市县紧邻改革开放先行一步的广东的有利条件，向广东学习、与广东合作，依托广东促进桂东南沿海地区的发展，进而带动全自治区的发展。但与广东合作促进桂东南沿海地区的发展，广西没有具体行动。

三、建设西南地区出海大通道战略

党的十四大到十五大期间，根据中央的战略决策，广西实施以建设西南地区出海大通道战略为中心的发展战略，取得了巨大的成就。

（一）建设西南地区出海大通道战略的提出

早在20世纪80年代，广西就提出了建设西南地区出海大通道的战略目标。1986年5月，自治区人大六届四次会议通过《广西壮族自治区国民经济和社会发展第七个五年计划》，提出要把广西"建设成为云、贵与华南的交通枢纽和西南的重要出海口"。1988年5月，自治区党委作出《关于我区贯彻实施沿海地区经济发展战略的决定》，提出要发挥广西作为国家大西南对外通道的作用。进入20世纪90年代，我国经济发展和改革开放进入一个新的阶段，形成了由东到西，从沿海到沿江、沿边新的对外开放格局。在全国经济发展和对外开放的大格局中，西南地区地缘位置重要，区位优势明显，战略地位更加突出。为加快西南地区的改革开放和经济发展，党中央、国务院作出了建设西南地区出海大通道的战略决策，并在1992年5月明确提出要"充分发挥广西作为西南地区出海通道的作用"。

这是党中央、国务院作出的一项重大的战略决策，是广西加快改革开放和经济发展的千载难逢的历史机遇。建设西南地区出海大通道，有利于改善西南地区交通基础设施、扩大西南地区对外开放，有利于西南地区优化产业结构、加强区域合作、充分发挥区位优势，推动西南地区经济的发展和社会进步，维护民族团结和边疆稳定。

（二）建设西南地区出海大通道战略的实施

围绕着建设西南地区出海大通道这个重大战略任务，广西积极制定和实施了一系列相应的政策措施，投入大量的人力、物力和财力，大规模地开展以交通、通信为主的基础设施和以能源、原材料工业为主的基础产业建设。

1. 出台相应的政策措施，制定具体实施方案

根据中央的战略意图和总体布局，广西先后出台《关于抓住时机，加快改革开放步伐，推动经济建设跃上新台阶的决定》《广西北部湾沿海地区开发规划纲要》《关于加快西南出海通道建设和加速沿海地区经济发展的意见》等一系列相应的政策文件，制定了面向东南亚，背靠大西南，服务大西南，加速广西全面振兴，促进西南地区开发和开放的指导方针；提出了调整结构，发挥优势，逐步建立外向、高效、轻型的产业结构，加强交通基础设施建设，加快城乡电话和长途传输干线的建设等具体实施措施。

2. 调整投资结构

从1992年开始，广西重点加大对交通、通信等基础设施和以能源、原材料工业为主的基础产业的投资力度。在国民经济与社会发展计划制订和重点建设项目安排中，基本建设投资优先安排对全自治区经济和社会发展有重大影响的农业、水利、交通、通信、能源、重要原材料等项目建设和配套工程，重点建设项目也以交通、邮电、能源、原材料等基础产业为主。

3. 调整产业结构，推动第三产业发展

广西先后出台《关于加快发展第三产业的决定》《广西第三产业发展规划

要点》等文件，明确第三产业的重点发展领域和发展方向。为加快第三产业的发展，从 1992 年起，努力调整投资结构，重点加大对第三产业的投资力度，有力促进第三产业的发展。

4. 实行区域协作、联合共建

根据中央的战略部署，为加快推进西南地区出海大通道建设，广西积极开展与西南地区省区市的合作，实行区域协作、联合共建。1992—1997 年，包括广西在内的西南 6 省区市先后召开 5 次七方经济协调会，围绕建设西南地区出海大通道、加强区域合作、促进区域经济发展等重大问题进行了协商，达成了共识，达成了一批合作协议，商定、签订了一批合作项目，对西南地区出海大通道的建设起到了重要的推动作用。西南地区各省区市也积极实施"借船出海"行动，加强与广西的经济合作。此外，广西还积极引进境外资本，进行开发建设。

5. 加快对外开放

广西紧紧抓住中越关系正常化和中国与东南亚关系发展的机遇，加快对外开放步伐，为西南地区出海大通道的建设和发挥作用提供开放支撑。南宁市实行沿海开放城市政策，5 年间，友谊关口岸、东兴口岸先后恢复开关，凭祥市和东兴镇成为边境开放市镇，建立了边境经济合作区。为适应西南地区出海大通道建设和对外开放发展的需要，广西积极对沿海地区的行政区划进行调整，设立地级防城港市、地级钦州市、东兴市和钦州国家级一类港口。此外，制定和实施《关于进一步扩大对外开放程度，提高对外开放水平的决定》《利用外资奖励办法》《关于改善投资软环境的若干规定》等一系列对外开放的政策措施，进一步扩大对外开放领域。

（三）实施西南地区出海大通道战略的成效及评价

经过多年的建设，广西在交通、邮电通信、能源等基础设施和基础产业建设等方面取得了显著成就。到 1997 年，基本形成以沿海港口为龙头，以南昆铁路为骨干，高等级公路、水运、航空和其他基础设施相配套发展的西南地区出海大通道。西南地区出海大通道的基本建成，极大地改善了广西交通、邮电通信等基础设施和能源、产业的落后状况，为广西调整经济结构和产业结构，将资源优势转化为经济优势，将潜在的经济优势转化为现实生产力，不断增强发展后劲打下基础，同时有力地推动着西南地区经济的发展。

但是，广西在实施建设西南地区出海大通道战略的过程中，仍存在不少问题。首先，在战略实施上存在"雷声大雨点小"的现象，一些建设项目停留在规划层面，西南地区出海大通道建设速度与经济发展的速度和要求还有一定的差距。其次，从建设效果来看，交通等基础设施建设仍然存在许多短板。铁路路网结构不够完善，铁路覆盖密度低，技术标准和旅行速度低，铁路与公路、港口之间没有全部联通。铁路运输能力不足，运输还不够顺畅。主要沿海港口设备、运营和管理水平落后，规模和吞吐能力不足。港口与陆域设施还不配套，各大港口之间协调配合不够，集装箱运输系统建设滞后。公路运输网络布局不够合理，高等级公路少，公路通道不够顺畅。再次，从作用效果来看，西南地区出海大通道的功能尚不完善，所发挥的实际作用与预期有很大的差距。铁路、公路运输能力低，运量和运能之间矛盾突出。民航和内河航运覆盖范围小，载量低，在通道中发挥的作用不大。由于主要沿海港口货物吞吐能力有限，到港火车车皮少，货物运输成本高、出港周期长，云贵川等省大部分进出口货物仍是通过广东湛江港中转，即使是广西的货物也有相当部分要借助湛江港进出，舍近求远现象明显[①]。

上述问题的存在，究其原因，首先是国家层面缺乏明确的针对性政策，扶持力度相当有限。其次是广西并没有对自身沿江、沿海、沿边的优势进行有效的整合，海、江、边没有形成合力。西南地区出海大通道战略在定位上偏重于发挥沿海的优势，忽视了沿江、沿边的优势，使沿江、沿边缺乏活力，难以凝聚全区力量。再次是西南地区经济实力较弱，基础设施建设投资落后。广西并没有与西南内陆地区联动形成实质性的合作，未能聚集整个西南地区的力量进行共同建设，实际上没有形成西南地区的互联互通。广西自身力量单薄，财政资金投入有限，仅凭一己之力，西南地区出海大通道建设一直处于"小马拉大车"状态，无法撑起西南地区的经济发展局面。此外，广西北部湾沿海港口早期发展乏力，配套设施落后，也是一个重要的原因[②]。

四、"三大战略、六大突破"发展战略

从党的十五大到十六大期间，广西提出和实施"三大战略、六大突破"发展战略，推动全区经济稳步发展。

（一）"三大战略、六大突破"发展战略的提出

20世纪90年代后期，广西经济社会发展的形势和环境发生了深刻的变化。香港回归和党的十五大召开，为广西加快发展提供了新机遇。同时，党的十五大以后，全国各地特别是东部沿海地区抓住机遇，掀起新一轮改革开放和经济

---

① 朱祖石：《发挥湛江港在西南出海大通道中的龙头港作用》，《综合运输》1996年第11期；李康：《加快广西出海大通道建设的思考》，《中共南宁市委党校学报》2001年第1期；莫韦骥：《抓住"两个机遇"完善西南出海大通道努力实现富民兴桂新跨越》，《企业天地》2002年第6期；章远新：《加快建设和完善西南出海大通道》，《宏观经济研究》2003年第4期；刘伟、黎大东、徐波：《西南货物缘何舍近求远》，《新华每日电讯》2003年8月11日。

② 李牧原、郝攀峰、许伟：《试看"南向通道"的战略布局（一）》，《中国远洋海运》2018年第6期。

发展的高潮，区域协作和开放带动不断加强，又给广西增加了新的压力。广东加强与香港的区域协作及东向出海开放战略的作用，对西南乃至全国发挥出更强劲的吸引和开放带动功能，广西作为西南地区出海大通道的南向开放发展战略地位受到越来越大的压力和挑战。周边国家和地区也加紧新一轮产业结构调整，广西面临的外部竞争日趋激烈①。

为贯彻落实党的十五大精神，加快改革发展步伐，实现改革与发展的新突破，使广西经济尽快走上速度较快、效益较好、整体素质不断提高的发展道路，1997 年 10 月，自治区党委七届四次全会通过了《中共广西壮族自治区委员会关于贯彻落实十五大精神　努力实现改革与发展新突破的若干意见》，根据广西的基本区情、改革与建设的现状及国内外经济发展趋势，作出了实施"三大战略"、实现"六大突破"的战略决策。"三大战略"即区域经济战略、开放带动战略和重点突破战略，"六大突破"即思想认识的新突破、经济结构优化的新突破、经济体制转换的新突破、对外开放的新突破、科学技术与经济结合的新突破，以及人才培养、引进和使用的新突破。

"三大战略"有机统一、相辅相成，构成加快广西改革发展的总体思想与战略格局。"六大突破"是具有全局意义的战略重点突破，思想观念转变的突破是前提，经济结构优化、经济体制转换、对外开放水平、科技与经济结合等四个突破是主体，人才开发和使用的突破是实现前五个突破的保证②。

（二）"三大战略、六大突破"发展战略的实施及评价

1. "三大战略、六大突破"发展战略的实施

"三大战略、六大突破"被视为广西跨入 21 世纪的弹跳板，它的提出，为广西构建了一个特色鲜明的经济发展新格局。围绕"三大战略、六大突破"，广西出台、采取了一系列政策措施。

第一，编制《广西五大经济区发展总体规划纲要》及桂东经济区、桂西经济区、桂南经济区、桂北经济区、桂中经济区规划，为五大经济区的发展提供指导。

第二，提出"1234610"农业和农村工作思路，加强农业基础地位，大力推进农业结构调整、提高农业经济效益、增加农民收入。为推动农业结构的调

---

① 《中共广西壮族自治区委员会关于贯彻落实十五大精神努力实现改革与发展新突破的若干意见》；广西壮族自治区地方志编纂委员会：《广西通志·附录》，广西人民出版社，2006，第 422 页；庞隆昌主编《迈向新世纪——三大战略六大突破的理论与实践》，广西人民出版社，1998，第 25 页。

② 曹伯纯：《序》，载庞隆昌主编《迈向新世纪——三大战略六大突破的理论与实践》，广西人民出版社，1998，第 25 页。

广西社会智库（2018）

010

整，广西在2001年取消了粮食订购任务，彻底放开了农民自主经营的手脚，使全区单一的农业生产结构得到改善[1]。

第三，全面推进"以市场为导向，以产品为中心，以质量为生命，以效益为目标，以改革为动力，以班子为关键，以队伍为基础"的国有企业改革与整顿攻坚战，在巩固和扩大企业改革整顿成果的基础上，重点推进企业产权制度改革，加快建立现代企业制度[2]。

第四，打好扶贫攻坚战。重点搞好少数民族聚居的大石山区的水、电、道路、学校、医院等基础设施建设，解决贫困群众的饮水、出行、用电、教育、看病等困难，提高贫困地区人民的生活水平[3]。

2."三大战略、六大突破"发展战略的实施成效

"九五"期间，"三大战略、六大突破"的实施，使广西发生了巨大变化，经济建设取得了显著成就，突出表现在以下几个方面[4]。

第一，经济总量实现历史性突破。1997年，全区地区生产总值为1817.25亿元，2000年达到2050.15亿元，实现历史性的突破，经济总量位居全国各省区市中等水平。

第二，国民经济保持较快增长。1998—2001年，全区地区生产总值年平均增长速度达8.1%，全区人均地区生产总值年均增长7.2%，人均地区生产总值在1999年实现了比1980年翻两番。

第三，经济运行质量和效益不断提高。一方面，经济增长的稳定性增强，地区生产总值年度增长波动较小；另一方面，工业经济效益逐步好转，全区规模以上工业企业经济效益综合指数2001年达到102.5，工业企业实现利润大幅增长，2001年总额达到37.11亿元。同时，财政收入占地区生产总值比重由1997年的8.8%上升到2001年的11.5%。此外，城镇居民人均可支配收入由1997年的5110元增加到2001年的6666元，农民人均纯收入由1997年的1875.28元增加到2001年的1944元。

第四，经济结构进一步优化。1997年三次产业结构为31.9∶33.8∶34.3，到2001年调整为25.2∶35.5∶39.3，呈现出第二、三产业比重上升，第一产

---

[1] 中共中央党史研究室：《走进新世纪：从党的十五大到十六大》，中共党史出版社，2003，第759页。

[2] 中共中央党史研究室：《走进新世纪：从党的十五大到十六大》，中共党史出版社，2003，第758—759页。

[3] 中共中央党史研究室：《走进新世纪：从党的十五大到十六大》，中共党史出版社，2003，第759页。

[4] 吴梅、唐旭、韦学敏：《"三大战略、六大突破"为广西换新颜》，《广西日报》2002年10月17日。

业比重下降的良好趋势。

3. "三大战略、六大突破"发展战略的局限

作为阶段性的发展战略，"三大战略、六大突破"仍然存在一些局限。从理论本身来看，"三大战略"的实质是优势经济发展战略，其立足点仍是广西的资源优势，侧重点在传统产业的发展，仍然是以"内向带动"为主导的发展思路，与同时期广东确立"外向带动"相比，在思想认识和发展道路等方面存在很大的差距。同时，未能跟上世界经济全球化、知识化、市场化的发展趋势，也未能利用好香港回归和珠三角地区经济转型发展的机遇，融入粤港经济圈。从具体实践来看，存在体制机制改革滞后，配套措施不完善，措施乏力、落实不到位，改革力度不够，改革迟缓等问题。从实施效果来看，存在产业布局不合理、结构性矛盾突出，特色经济不突出，沿海地区的龙头带动和辐射作用不大，非公有制经济总量偏小，市场体系尚不完善、市场化程度低，农业基础比较薄弱，企业自主创新能力及市场竞争力不强，科技发展落后等问题[1]。

五、开放发展战略

进入 21 世纪，为了顺应经济全球化的发展大势和国家对外开放战略的深入实施，广西积极实施以北部湾地区开放开发为核心的开放发展战略，全面提高对外开放水平，推动经济社会发展迈上新台阶。

（一）"百企入桂""央企入桂"工程的实施

1. "百企入桂"工程的实施

20 世纪 90 年代初到 21 世纪初，广西的经济得到了迅速的发展，非公有制经济步入稳定、快速发展的时期，但是与先进省份相比，仍有着较大的差距，其中一个主要问题是广西的民营企业太少、规模小、档次低、竞争力弱，非公有制经济总体实力不强，经济发展后劲不足。为促进广西非公有制经济的发展，为全区经济发展注入新动力，2001 年 8 月，自治区党委、政府抓住东部地区民营企业向西部地区拓展市场的机遇，作出实施"百企入桂"工程的重大决策：在全区范围内全方位、多渠道引进区外有实力的民营企业前来投资合作，以带动广西民营企业的发展，促进广西社会经济的全面发展。

为实施"百企入桂"工程，广西建立了由自治区党委、政府领导，有关部门与地方分级分工、密切合作的高效的工作机制。同时，不断降低准入门槛和

---

① 广西壮族自治区统计局：《"九五"广西国民经济和社会发展概述》，《计划与市场探索》2001 年第 4 期；陆兵：《政府工作报告——2004 年 1 月 27 日在广西壮族自治区第十届人民代表大会第二次会议上》，广西年鉴社编《广西年鉴 2004》，广西年鉴社，2004，第 30 页。

放宽准入领域，积极创造有利于外来民营企业投资创业的良好环境，使区外民营企业"无障碍进入、无障碍发展"。经过多年的实施，"百企入桂"工程结出了丰硕成果，一大批区外民营企业纷纷在八桂大地投资生产[1]。

通过实施"百企入桂"工程，广西引入一大批全国知名的民营企业和先进的管理经验以及资金、技术等优势资源，为广西民营经济的发展注入了新的活力，极大地促进了广西民营经济的发展，拉动全区经济的全面提升。

2. "央企入桂"工程的实施

在实施"百企入桂"工程的同时，为充分利用中央企业在资金、技术、人才、管理等方面的优势，充分发挥广西的区位、资源、生态等优势，推动广西经济实现跨越发展，广西继续实施"央企入桂"工程，引进中央企业前来广西投资合作。从 2012 年起，为进一步提高合作水平，实现广西与中央企业更大规模、更高层次、更宽领域的战略合作，广西开展"央企广西行"活动，加大力度引进中央企业前来广西投资合作。"央企广西行"活动启动后，"央企入桂"势头和在广西的投资规模不断扩大，合作范围不断拓宽，建成了一批重大项目[2]。

央企规模大、管理先进、科技创新水平高、综合实力雄厚，是我国经济社会发展的战略支柱，入桂央企在基础设施、优势产业、资源与能源开发利用、生态环保等方面与广西展开富有成效的投资合作，有力推动了广西产业结构优化升级和新兴产业的发展，促进了广西经济结构调整优化，成为拉动广西经济发展的"强大引擎"，增强了广西综合经济实力。

（二）"一轴两翼"发展战略的实施

2006 年 7 月，在首届"环北部湾经济合作论坛"上，广西壮族自治区党委书记提出了推动泛北部湾经济合作、构建中国—东盟"一轴两翼"区域经济合作新格局的战略构想，其中"一轴"指南宁—新加坡经济走廊，"两翼"指泛北部湾经济合作、大湄公河次区域合作两个板块，这三部分组合形成形似英文字母"M"的区域经济合作格局[3]。"一轴两翼"战略从更高的视角、更宽的范围、更深的层次确立了广西走向未来的对外开放发展方向。它的提出和实施，突破了广西原有区域合作思路的局限和盲点，进一步凸显广西在建设中国—东盟自由贸易区的通道价值和枢纽价值，使广西在国家发展战略中的地位更加突

---

① 郑盛丰、庞革平、张骁骞：《"引区外民企，壮区内民企"广西"百企入桂"成绩硕果累累》，《中国民营科技与经济》2003 年第 8 期。

② 杜蔚涛：《央企广西行：新常态下的新征程》，《广西日报》2015 年 4 月 17 日第 1 版。

③ 刘奇葆：《推动泛北部湾开发合作构建区域经济发展新格局》，《人民日报》2006 年 7 月 21 日第 13 版。

出，进一步增加了广西积聚资源实现加快发展的能力和动力，对加快广西经济社会发展有着重要的意义[①]。

为实施"一轴两翼"战略，广西积极加强与东盟各国的沟通合作，推动相关合作项目建设。为推动泛北部湾经济合作，自 2006 年开始，广西每年举办泛北部湾经济合作论坛，得到了各方的广泛响应和积极参与，取得了一系列重要进展和丰硕成果[②]。在推进南宁—新加坡经济走廊建设方面，广西出台了《南宁—新加坡经济走廊南宁—崇左经济带发展规划》等指导性政策文件。在具体实施方面，加强与东盟有关国家的合作，主要推进通往东盟的陆路交通基础设施建设和产业合作。在拓展和深化大湄公河次区域（GMS）经济合作方面，广西重视 GMS 经济合作，把参与 GMS 经济合作作为开展国际性、地区性区域合作的重点。自 2005 年加入 GMS 经济合作以来，经过多年的努力，广西与 GMS 各国在交通、投资与贸易便利化、城市基础设施建设、农业、环境保护、旅游、教育、医疗卫生等领域合作取得了显著成效[③]。

不过，从总体上看，"一轴两翼"战略未能得到周边相关省份、国家以及东盟有关国家的足够重视和支持，没有上升到国家战略层面，外在影响力不大，许多设想还停留在构想层面，缺乏具体实施方案。在大湄公河次区域经济合作中，广西的地位不高、作用有限。同时，受国际形势和地区局势的影响，南宁—新加坡经济走廊建设许多项目推进缓慢，有的还无法落地。

（三）以北部湾经济区开放开发为核心的开放发展战略的实施

1. 北部湾经济区全面开放开发

进入 21 世纪，随着经济全球化的深入发展，我国与东盟等周边国家的睦邻友好和务实合作得到进一步加强，为北部湾地区经济发展营造了有利的周边国际环境。国家深入实施西部大开发战略和推进兴边富民行动，鼓励东部产业和外资向中西部地区转移，加大力度扶持民族地区、边疆地区发展，为北部湾地区加快发展注入了新的活力和动力。中国—东盟自由贸易区建设加快推进，中国—东盟博览会和中国—东盟商务与投资峰会、大湄公河次区域经济合作等

---

① 周毅、莫小莎：《"一轴两翼"构想的战略价值》，《广西日报》2006 年 11 月 21 日；周英虎：《实施"一轴两翼"战略须处理好几个关系》，《广西日报》2007 年 6 月 7 日第 6 版；《关于广西参与中国—东盟"一轴两翼"区域经济合作的意见和建议》，http：//www.gxcounty.com/special/2009lh/lhzl/ta/123129102641816.html，2009 年 1 月 7 日。

② 广西北部湾办：《前九届泛北部湾经济合作论坛成果》，http：//www.gx.xinhuanet.com/topic/2018-05/18/c_1122851874.htm，2018 年 5 月 18 日。

③ 姜木兰：《广西参与 GMS 经济合作成绩斐然》，《广西日报》2012 年 12 月 10 日第 2 版；林浩：《广西与大湄公河次区域合作取得重大成果》，http：//www.chinanews.com/df/2012/03-20/3759138.shtml，2012 年 3 月 20 日；罗猛：《广西积极参与大湄公河次区域合作成效明显》，《广西日报》2014 年 12 月 22 日第 1 版。

一系列合作机制的建立和实施，为北部湾地区发挥面向东盟合作前沿和重要门户作用奠定了基础①。

为进一步提升北部湾地区的发展水平，推动广西内地的开放开发和经济社会的全面进步，广西抓住千载难逢的历史机遇，设立北部湾经济区，加快北部湾经济区全面开放开发。北部湾经济区由北海市、钦州市、防城港市及南宁市所辖的行政区域组成，另外加上玉林、崇左两个市物流区。该区域开发潜力巨大，发展势头迅猛，加快北部湾经济区的全面开放开发，对于推进广西扩大开放和加快发展，推进西南地区的开放开发，促进华南、西南和东盟三大经济圈的全面对接和中国—东盟自由贸易区的建设都有重要的意义②。

2006年3月，广西北部湾经济区规划建设管理委员会成立，标志着北部湾经济区正式启动。2008年1月，国务院批准实施《广西北部湾经济区发展规划》，标志着广西北部湾经济区的开放开发上升为国家战略。

为推动北部湾经济区的全面开放开发，广西先后制定、实施了一系列相关的指导性文件和优惠政策。2007年3月，自治区党委、政府制定《关于加快北部湾（广西）经济区全面开放开发的若干意见》，提出关于加快北部湾经济区全面开放开发的总体要求、功能定位和主要任务，并从进一步完善沿海基础设施和产业布局、加大多元化筹措资金投入、优化土地资源配置、积极推进改革创新等方面提出了指导意见。2008年12月，出台《关于促进广西北部湾经济区开放开发的若干政策规定》，提出了促进北部湾经济区开放开发的产业支持政策、财税支持政策、土地使用支持政策、金融支持政策、外经贸发展政策、人力资源和科技开发政策、优化投资环境政策等多方面的措施。2010年3月，施行《广西北部湾经济区条例》，为北部湾经济区的开放开发提供了法律保障。2013年4月，印发《关于印发广西北部湾经济区同城化发展推进方案》，制定了推进北部湾经济区通信、交通、城镇、金融服务、旅游、人力资源和社会保障的同城化以及口岸通关、产业、教育资源的一体化等方面的具体方案。这一系列政策措施的出台，为北部湾经济区的开放开发提供了指导和保障。

在具体实施上，广西主要从以下几个方面推进北部湾经济区的开放开发：第一，突出抓好港口建设，整合沿海港口资源，建设沿海大型组合港。加快港口的开发、建设和管理体制的改革，强化港口的功能定位，统筹防城港、钦州港、北海港三港口的规划和建设，形成一体化经营机制，推动沿海港口资源的

---

① 《广西北部湾经济区发展规划》，《国家发展改革委关于印发广西北部湾经济区发展规划的通知》（发改地区〔2008〕144号），http：//www.gxdrc.gov.cn/sites_34015/qyc/wjgg2015/201711/t20171108_748801.html，2017年11月8日。

② 杨清：《加快北部湾（广西）经济区全面开放开发》，《广西日报》2006年3月2日。

整合与开发，提升港口综合竞争力；组建广西北部湾开发投资有限责任公司和北部湾（广西）国际港务集团有限公司；重点抓好大能力专用泊位、集装箱泊位以及深水航道建设，推动沿海港口向大型化、深水化、专业化方向发展。第二，推进重大产业项目建设，加快建设临海重化工业基地。突出抓好重大产业布局和重大产业项目建设，把发展临海重化工业作为重中之重，加快沿海石化、林浆纸、能源、铝加工、钢铁、船舶修造等重大工业项目建设，推动钦州中石油千万吨炼油项目、金桂林浆纸一体化、防城港千万吨级钢铁项目、防城港红沙核电项目等一批重大产业项目落地建设。第三，加快沿海基础设施的建设和完善，着力改善沿海地区硬环境。在完成沿海基础设施建设会战一期工程的基础上，启动二期会战项目，围绕港口吞吐能力增长的需要和产业发展的要求，进一步完善航道、疏港铁路、公路等相关基础设施建设，提升配套服务能力。第四，加快建设南北钦防城市群。突破行政区划界限，统筹规划南宁、北海、钦州、防城港四市建设，协调土地资源利用、交通设施和重大项目建设、重大产业布局和生态环境保护，努力推进区域内基础设施共建共享和配套衔接，清除各种市场障碍，促进区域统一市场的形成。第五，推进北部湾经济区同城化建设。从 2013 年起，启动北部湾经济区同城化进程，推进经济区通信同城化、金融同城化、交通同城化、社会保障同城化、户籍同城化、教育资源一体化、口岸通关一体化。第六，加快发展海洋经济，把海洋经济作为新的经济增长点来加快培育发展，重点发展海洋渔业、海洋运输、海洋生物、航洋化工、滨海旅游等，加快海洋矿产、油气等资源的勘察与开发，着力建设海洋经济大省（区）。第七，建设投融资平台。成立广西北部湾开放投资有限责任公司，设立广西北部湾银行，构建南宁区域性金融中心。第八，加快推进保税物流体系建设。打造以北海出海加工区、钦州保税港区、凭祥综合保税区等为沿海沿边节点，以南宁保税物流中心为核心枢纽，直接面向西南地区乃至东盟国家企业提供保税物流服务的保税物流体系。第九，加快开放合作平台建设。主办泛北部湾经济合作论坛，全面启动东兴重点开放开发试验区建设，实施南宁—崇左经济带规划，启动南宁—新加坡经济走廊先导项目和中国—东盟港口城市合作网络机制建设，推进中国（北部湾）自由贸易试验区、中越跨境经济合作区、中马钦州产业园区建设。

2008 年以来，广西深入实施北部湾经济区优先发展战略，北部湾经济区开放开发取得了巨大的成就：综合实力显著增强，基本形成了支撑广西加快发展的核心增长极和战略引擎；产业体系优化提质，产业的支撑作用更加突出；交通枢纽基本建成，互联互通网络日趋完善；开放合作深化拓展，平台带动作用增强，经济区成为我国与东盟交流合作最活跃、平台机制最完善、发展潜力最大的先行区之一；改革创新活力不断释放，探索创造出一批重要经验，一些改革走在全国前列；沿海港口迅速崛起，北部湾港综合实力不断增强；城镇体系加快形成，城市群的合力有效发挥[1]。

2. 西江经济带发展战略的实施

在全面实施北部湾经济区开放开发战略的同时，广西不断完善区域发展总体布局，积极推进西江经济带和桂西地区的开放开发。2009年12月，国务院发布《关于进一步促进广西经济社会发展的若干意见》，提出积极打造西江经济带产业集聚优势、增强资源富集的桂西地区自我发展能力等一系列指导性意见。根据这些指导意见和中央关于加快珠江—西江经济带建设的有关精神，广西抓紧研究制定西江经济带发展规划和左右江革命老区振兴规划。2014年7月，国务院批复由广西、广东两省（自治区）和国家发展改革委等有关部门共同编制形成的《珠江—西江经济带发展规划》。由此，西江经济带发展被纳入国家战略，与北部湾经济区开放开发战略一起，构成推动广西发展的"双核驱动"战略。

此后，广西全面实施"双核驱动"战略，大力推动西江经济带建设，主要集中在以下几个方面：第一，实施西江经济带基础设施建设大会战，涉及内河水运、水利、铁路、公路、机场、市政以及园区基础设施建设、污水垃圾处理、林业生态等8类工程；第二，加强粤桂合作，构建珠江—西江经济带合作体制机制建设，建立两广推进珠江—西江经济带发展规划并实施联席会议制度，成立粤桂合作特别试验区联合管理委员会，加强交通、能源、水利、产业、合作平台、公共服务等方面的合作；第三，强化产业转移对接合作，引进大型企业落地经济带，力促产业转型升级；第四，注重生态环保，实施退耕还林、防护林、石漠化综合治理等12类重点林业生态工程，推进西江千里生态廊道建设。

到2017年底，经过3年的实施，西江经济带建设取得了明显的成效。基础设施建设方面，西江航道等级及通航能力得到显著提高，西江黄金水道吞吐量、全区内河通航里程、西江航运干线通航等级和通过能力得到极大提高[2]。产业集聚和发展方面，东风柳汽柳东乘用车基地二期、中国—东盟康美玉林中药产业园等开工建设，崇左稀土新材料产业园等加快建设，一批国内外著名企

---

① 彭清华、陈武：《风生水起春潮涌　向海发展谱华章》，《当代广西》2018年第2期；《〈广西北部湾经济区发展规划〉执行情况》，http：//www.bbw.gov.cn/Article_Show.asp? ArticleID＝61483，2018年2月2日。

② 雷云雁：《珠西建设成效凸显——我区实施〈珠江—西江经济带发展规划〉3周年综述》，《广西日报》2017年7月21日第1版；简文湘：《"双核"拉动全区经济上扬——贯彻落实全区实施"双核驱动"战略工作会议精神盘点》，《广西日报》2018年1月2日第7版。

业的重大项目落户经济带，粤桂合作特别试验区成功吸引国光集团等 300 多家重点企业入驻，3 年累计招商引资到位资金 300 亿元①。生态环境保护方面，西江千里生态廊道建设有效推进，两广交界断面水质得到较大改善，森林覆盖率位列全国第三、西部第一②。对全区经济拉动效应方面，经济带地区生产总值、财政、投资、消费、进出口等主要经济指标增速均超过全区平均水平，引领全区经济发展的功能核心正在加快形成③。

3. 左右江革命老区振兴战略的实施

2015 年 2 月，国务院批复实施《左右江革命老区振兴规划》。振兴左右江革命老区由此被纳入国家战略，与北部湾经济区开放开发战略、西江经济带发展战略构成"两区一带"战略，成为广西新的发展战略布局。

2015 年 4 月，广西与云南、贵州两省在百色召开实施《左右江革命老区振兴规划》动员会，并印发《广西推进左右江革命老区振兴规划 2015 年工作要点》《左右江革命老区重大工程建设三年行动计划实施方案》《广西落实左右江革命老区振兴规划的实施方案》等一系列政策文件，全面实施左右江革命老区振兴战略，措施主要包括完善基础设施、推进脱贫攻坚、发展特色优势产业、统筹城乡发展、改善生态环境等。经过 3 年的实施，广西左右江革命老区的建设初见成效。基础设施得到完善，中国—东盟（百色）农产品交易中心（一期）工程、瓦村水电站、兴义至百色 220 千伏输变电一期工程等重大项目竣工，云桂铁路全线开通运营，贵南高铁开工建设，靖西至龙邦、百色至靖西、靖西至崇左等一批高速公路建成通车④。脱贫攻坚扎实推进。2016 年以来，百色市右江区、田东县、田阳县、龙州县、南丹县先后实现整体脱贫摘帽。扶贫产业不断涌现，累计创建自治区级现代特色农业示范区 24 个，培育国家和自治区级农业产业化龙头企业 29 家⑤。铝产业、旅游、特色农业、大健康等特色优势产业得到发展壮大，兴义至百色 220 千伏输变电工程竣工，有力推动百色

---

① 《自治区工业和信息化委关于西江经济带重大工业项目建设情况的通报》，http://www.gxdrc.gov.cn/fzgggz/cslm_zxfz/cslm_zxfz_gzdt/201512/t20151218_660003.html，2015 年 12 月 18 日。

② 雷云雁：《珠西建设成效凸显——我区实施〈珠江—西江经济带发展规划〉3 周年综述》，《广西日报》2017 年 7 月 21 日第 1 版。

③ 简文湘：《"双核"拉动全区经济上扬——贯彻落实全区实施"双核驱动"战略工作会议精神盘点》，《广西日报》2018 年 1 月 2 日第 7 版。

④ 向志强：《广西：一批左右江革命老区振兴规划重大项目竣工投产》，http://www.xinhuanet.com/2018 - 08/25/c_1123328147.htm，2018 年 8 月 25 日；徐顺东：《激活"红色引擎"释放集聚效应——桂黔滇推进左右江革命老区振兴三年记》，《广西日报》2018 年 8 月 26 日第 2 版；刘彩强：《抢抓机遇促发展 百色老区换新颜——我市推进〈左右江革命老区振兴规划〉实施工作综述》，《右江日报》2018 年 8 月 22 日。

⑤ 广西年鉴社编《广西年鉴 2017》，广西年鉴社，2017，第 151 页；徐顺东：《激活"红色引擎"释放集聚效应——桂黔滇推进左右江革命老区振兴三年记》，《广西日报》2018 年 8 月 26 日第 2 版。

铝"二次创业"，百色铝产量大增，百色芒果等特色农产品知名度不断提升，巴马长寿养生国际旅游区初具规模，百色起义纪念园通过国家 AAAAA 级旅游景区景观质量评审①。生态环境持续改善，百色市成功入选"国家森林城市""国家气候适应型城市建设试点城市"。总之，随着左右江革命老区振兴战略的深入实施，广西左右江革命老区的经济社会发展已经焕发出新的生机。

从 2006 年北部湾经济区设立以来，广西积极实施以北部湾经济区开放开发为中心的开放发展战略，大力推进北部湾经济区全面开放开发，推动西江经济带的发展和左右江革命老区的振兴。经过十多年的实施，北部湾经济区开放开发取得了巨大的成就，发挥了引领和带动全区开放开发和腾飞发展的重要作用，而且与珠江—西江经济带、左右江革命老区形成区域优势互补、融合发展的良好态势，极大提升了全区整体的开放发展水平。

六、"三大定位"发展战略

党的十八大以后，党中央统筹国内国际发展大局，从国家开放发展的战略高度对广西的发展作出的新的战略定位，赋予广西新的战略任务，广西积极实施"三大定位"发展战略。

（一）"三大定位"战略的提出

2013 年，习近平主席在出访中亚和印度尼西亚期间，提出与有关国家共同建设丝绸之路经济带、21 世纪海上丝绸之路（简称"一带一路"）的倡议。这一倡议的提出和实施，使广西在国家开放发展战略格局中的地位更加突出，为广西的开放发展提供了新的机遇，也对广西的开放发展提出了新的战略定位和要求。2015 年 3 月，习近平总书记在参加十二届全国人大三次会议广西代表团审议时指出，广西要做好对外开放这篇大文章。"一带一路"规划对广西的定位是，发挥广西与东盟国家陆海相连的独特优势，加快北部湾经济区和珠江—西江经济带开放开发，构建面向东盟的国际大通道，打造西南中南地区开放发展新的战略支点，形成 21 世纪海上丝绸之路和丝绸之路经济带有机衔接的重要门户②。同年 3 月，国家发展改革委、外交部、商务部联合发布《推动共建丝绸之路经济带和 21 世纪海上丝绸之路的愿景与行动》，提出建设"一带一路"的具体规划和实施方案，其中把习近平总书记对广西的发展定位要求以文

---

① 徐顺东：《激活"红色引擎"释放集聚效应——桂黔滇推进左右江革命老区振兴三年记》，《广西日报》2018 年 8 月 26 日第 2 版；刘彩强：《抢抓机遇促发展 百色老区换新颜——我市推进〈左右江革命老区振兴规划〉实施工作综述》，《右江日报》2018 年 8 月 22 日；广西年鉴社编《广西年鉴 2017》，广西年鉴社，2017，第 152 页。

② 黎攀、罗猛、魏恒：《加快形成面向国内国际的开放合作新格局 不断谱写祖国南疆繁荣稳定新篇章——习近平总书记参加广西代表团审议侧记》，《广西日报》2015 年 3 月 9 日第 1 版。

件的形式予以正式提出。

"构建面向东盟的国际大通道""打造西南中南地区开放发展新的战略支点""形成21世纪海上丝绸之路和丝绸之路经济带有机衔接的重要门户",是党中央、国务院从国家开放发展大局出发对广西作出的新的战略定位,是从国家发展战略层面赋予广西新的重大使命,进一步凸显了广西在全国对外开放大格局中的地位,为广西加快形成面向国内国际的开放合作新格局、在新的起点上实现开放发展和腾跃发展指明了方向。

(二)"三大定位"战略的实施

围绕国家赋予的"三大定位",广西主要从以下几个方面着手落实:

1. 出台相关政策文件

先后出台《广西参与建设丝绸之路经济带和21世纪海上丝绸之路实施方案》《关于打造我国西南中南地区开放发展新的战略支点的实施意见》《广西构建面向东盟国际大通道实施方案的通知》《关于实施开放带动战略全面提升开放发展水平的决定》等一系列构建面向东盟国际大通道、打造我国西南中南地区开放发展新的战略支点的政策文件,制定落实"三大定位"战略的具体实施方案。

2. 强化通道基础设施建设,推进互联互通

重点推进北部湾区域性国际航运中心、南宁国际区域性综合交通运输枢纽等关键性基础设施建设,构建向南贯通中南半岛、向北衔接亚欧大陆桥的西部南北陆路新通道;打造珠江—西江黄金水道,完善提升通往粤港澳的水路、铁路和高速公路网;推动修建贯通南宁至中南半岛的国际大通道,打造南宁—新加坡经济走廊;完善南宁吴圩机场设施和功能,把南宁吴圩机场建设成为我国通往东盟的航空中转枢纽。通过通道建设,海上东盟与陆上东盟相连、西北与西南相连、中亚与东南亚相连、海上丝路与陆上丝路相连。

3. 提升对外开放合作水平,强化开放支点功能

全面开放带动战略、"双核驱动"战略,突出打造广西北部湾经济区和珠江—西江经济带两大核心增长极。推动广西北部湾经济区升级发展,提升广西北部湾经济区龙头带动能力,推动珠江—西江经济带加快崛起。加强与东盟各国的合作,推动中国—东盟自由贸易区升级版建设,建设中越跨境经济合作区、中国(北部湾)自由贸易试验区、中国—东盟信息港、中国—中南半岛经济走廊、中国—东盟港口城市合作网络和跨境产能合作示范基地、要素资源配置基地、人文交流基地等。

4. 打造产业支撑,构建跨境产业链

主要包括建设先进制造业基地、现代特色农业基地、中国—东盟(北部

湾）海上合作试验区等。一方面，推广中马"两国双园"国际合作新模式，与沿线国家共建更多合作园区、产能合作重点基地，加强农业、能源资源等领域合作，推进企业"走出去，引进来"，促进产业互融；另一方面，依托中马"两国双园"、中越跨境经济合作区等境内境外园区，大力承接我国经济发达地区和跨国公司产业转移，服务我国优势产能和装备制造业"走出去"到东盟投资，构建与东盟的跨境产业链。

5. 加快商贸物流发展

主要是深化商贸物流合作，建设中国—东盟商品交易中心、中国—东盟南北果蔬集散中心和区域性商贸物流园区等，发展跨境电子商务等新业态，完善保税物流体系，着力提高投资贸易便利化水平，促进贸易畅通。

综上所述，广西在实施"三大战略"过程中，已经取得了一定的成绩，但还存在一些突出的问题：基础设施落后，通道不畅、时间周期长、费用成本高，通道功能显弱；经济基础薄弱，经济实力不强，对西南中南地区开放发展的支撑作用不强；开放程度不高，区域合作机制不完善，参与区域合作水平仍有待提升；经济发展环境依然严峻；产业布局不合理，产业落后，新兴产业支撑力不足；等等。总体来说，与中央的定位和预期目标还有一定差距，实现"三大定位"战略目标任重道远。

七、小结

总结改革开放以来广西制定实施的发展战略，可以看到，广西各个时期发展战略的制定，都坚持和体现了因地制宜、发挥优势、切合实际、注重实效和战略高度的原则。这些战略的实施，都取得了良好的成效，推动了广西经济社会的发展进步。同时也必须指出，广西在制定和实施发展战略的过程中，也存在一些不足和失误。诸如思想观念保守落后，创新与借鉴不足，发展定位不够明确，"等、靠"现象严重，战略政策缺乏稳定性和连续性，执行乏力，以及长期以来未能充分发挥沿边、沿海、沿江和背靠大西南、毗邻粤港澳、连接东盟的整体区位优势，片面依靠沿海地区的发展带动，导致区域发展长期失衡，等等。总结历史经验教训，广西在今后的发展中，要始终坚持以经济建设为中心，善于把握时代发展大势，坚持不断推进改革开放；要立足区情，全面认识广西的区位优势和发展条件，不断完善发展思路和战略布局；要不断进行思想解放，破除封闭保守的思想观念和不思进取的惰性，善于学习和借鉴先进地区的成功经验，不等不靠，敢于创新、冒尖，善于把握机遇；要充分尊重人民群众首创精神，保护干部的创新积极性；要树立和弘扬脚踏实地、勇于担当、积极进取的风气。

参考文献

[1] 商景. 当代中国的浙江 [M]. 上下册. 北京：当代中国出版社，2009.

[2] 韦纯束. 当代中国的广西 [M]. 上下册. 北京：当代中国出版社，2009.

[3] 钟家佐. 当代广西简史 [M]. 北京：当代中国出版社，2003.

[4] 中共广西壮族自治区委员会，广西壮族自治区人民政府. 崛起的壮乡：新中国五十年（广西卷·资料篇）[M]. 北京：中国统计出版社，1999.

[5] 广西壮族自治区地方志编纂委员会. 广西通志·大事记 [M]. 南宁：广西人民出版社，1998.

[6] 广西壮族自治区地方志编纂委员会. 广西通志·附录 [M]. 南宁：广西人民出版社，2006.

[7] 广西年鉴社. 广西年鉴（1992—2017 年）[Z]. 南宁：广西年鉴社，1993—2018.

[8] 庞隆昌. 迈向新世纪：三大战略六大突破的理论与实践 [M]. 南宁：广西人民出版社，1998.

[9] 中共中央党史研究室. 走进新世纪：从党的十五大到十六大 [M]. 北京：中共党史出版社，2003.

[10] 沈北海. 泛北部湾区域合作研究：中国—东盟"一轴两翼"新格局 [M]. 南宁：广西人民出版社，2007.

[11] 中共广西区委党史研究室. 广西壮族自治区 50 年纪事 [M]. 南宁：广西人民出版社，2008.

[12]《广西辉煌 60 年》编写组. 广西辉煌 60 年 [M]. 南宁：广西人民出版社，2009.

[13] 宋晓天. 广西抓住多区域合作新兴机遇对策研究 [M]. 南宁：广西人民出版社，2007.

[14] 广西北部湾经济区规划建设管理委员会办公室. 泛北部湾经济合作回顾与前瞻 [M]. 南宁：广西人民出版社，2013.

[15] 吕余生. 释放先导效应 共建海上丝路：泛北部湾经济合作回顾与展望 [M]. 南宁：广西人民出版社，2014.

课题承担单位：广西国史学会

课题负责人：冼少华（广西社会科学院）

主要参加人：陈永祥（广西社会科学院）、黎丹（广西社会科学院）、覃琳（广西社会科学院）

广西壮族自治区成立 60 周年的
生态建设成就与经验研究

前言

近年来，生态问题越来越受到民众的关注，我国生态文明建设的步伐逐步加快。广西壮族自治区成立 60 年以来，生态文明建设开拓创新、成绩斐然，并形成了富有广西特色的生态文明建设经验。回顾 60 年来广西生态文明建设的发展历程，总结 60 年来生态文明建设的有效经验，把握 60 年来生态文明建设的基本规律，对于我们站在新的历史起点上，不断开创生态文明建设新局面，实现国民经济可持续发展，具有重要的意义。

一、20 世纪以来全球生态文明发展及其建设成就

（一）20 世纪以来国外生态文明发展历程

国外的生态文明发展，大致经历了四个主要阶段。第一阶段为 20 世纪初至 20 世纪 60 年代，是污染限排和治理阶段。该阶段出现了环境污染问题，各国意识到生态建设的重要性，但只采取限制污染物排放的措施，还未能真正开始生态建设。第二阶段为 20 世纪 70 年代，是综合治理阶段。发达国家为解决环境问题，观念从污染限排治理向生态建设转变。第三阶段为 20 世纪 80 年代至 90 年代，是生态建设规划管理阶段。该阶段发达国

家的生态建设和环境管理发生了变革，开始做好生态建设规划管理，企业观念由"被动治污"向"主动治污"转变。第四阶段为21世纪至今，为生态建设全球化阶段。如今，生态变化和环境污染威胁整个人类生存，生态建设已经成为全球关注的问题，推动低碳经济也是全世界各国的共同追求。

（二）新中国生态文明发展历程

1949年起，我国的生态建设也大致经历了四个主要阶段。第一阶段为20世纪50年代至60年代，是生态建设的起步阶段。这期间我国开始了"12年绿化运动"，但并未设立专门的环境保护机构。1966年后，由于"文革"影响，生态建设和环境保护被搁置。第二阶段为20世纪70年代，是生态建设的再次起步阶段。该阶段我国逐步重视生态建设工作，但只是学习国外发达国家的做法，主要是单纯的治理污染，没有生态建设的理论支撑和技术基础。第三阶段为20世纪80年代至90年代，是生态建设的发展阶段。我国确定将环境保护作为我国的一项基本国策，提出了"三同步""三统一"的战略方针[1]，确定了三大环境政策[2]，并提出了20世纪末的环保战略目标。第四阶段为21世纪至今，是生态的可持续发展阶段。2002年1月召开第五次全国环境保护工作会议，确定国家环境保护的"十五"规划，提出了坚定不移地走可持续发展的道路，开创21世纪环境保护的新局面。党的十七大报告明确提出要建设生态文明；党的十八大报告将生态文明建设列入"五位一体"总体布局，要求"建设美丽中国"；党的十八届三中全会进一步明确要深化生态文明体制改革，加快建立生态文明制度；党的十九大更是将生态文明建设写入报告。

（三）新中国生态建设取得的成就

随着我国对生态建设认识的不断深化、实践的不断深入、自觉性的不断增强，生态文明建设也取得了显著成效。

一是山更绿，水土流失防治成效显著。2013—2017年，我国年均新增造林超过9000万亩，118个城市成为"国家森林城市"，是同期全球森林资源增长最多的国家；年均减少1980平方公里沙化土地，不仅实现了由"沙进绿退"到"绿进沙退"的历史性转变，还提前实现了联合国2030年沙化土地零增长的奋斗目标。

二是水更清，水环境的质量稳步改善。2017年，全国地表水国控断面Ⅰ～Ⅲ类水体比例为67.8%，劣Ⅴ类水体比例为8.3%，分别比2013年下降了1.1个百分点和1.9个百分点，地表水水质总体改善。2017年，城市污水处理率为

---

① "三同步""三统一"的战略方针指的是"经济建设、城乡建设、环境建设要同步规划、同步实施、同步发展，实现经济效益、社会效益、环境效益的统一"。

② 三大环境政策指的是预防为主、防治结合，谁污染谁治理，强化环境管理。

93％左右，比2013年提高了3.79个百分点，城市污水处理能力提升。

三是天更蓝，大气污染治理情况良好。2017年74个城市，空气质量平均优良天数比例为72.7％，比2013年提高了12.2个百分点；平均超标天数比例为27.3％，比2013年下降了12.2个百分点。主要污染物浓度逐渐减少，二氧化硫、二氧化氮、臭氧、一氧化碳等超标的城市比例均比2013年减少，京津冀、长三角、珠三角等重点地区优良天数比例逐步提高，空气质量整体改善。

四是排放更少，资源效率不断提升。我国加大化解钢铁、煤炭等过剩产能和淘汰落后产能工作力度，单位产品主要污染物排放强度逐年下降。万元GDP能耗不断降低，从2013年0.79吨标准煤下降到2017年0.65吨标准煤，资源能源效率提升。能源消费结构发生积极变化，中国成为世界利用新能源、可再生能源第一大国。

五是制度更完善，建立生态制度框架。2015年以来，印发了生态文明建设、环境保护督查、生态环境监测等制度，并制定了大气污染、水污染、土壤污染防治行动计划。我国初步建立了"源头严防、过程严管、后果严惩"的生态环保制度框架，生态环保法治体系不断健全。

联合国副秘书长、联合国环境署执行主任埃里克·索尔海姆认为："中国的生态文明建设理念和经验，正在为全世界可持续发展提供重要借鉴，贡献中国的解决方案。"

二、广西壮族自治区成立60周年来生态文明建设历程概述
（一）生态文明建设萌芽起步阶段（20世纪70年代）

1979年以前是广西生态文明建设的萌芽起步阶段。在1972年联合国全球首席环境会议召开之前，环境保护方面主要倡导植树造林，关注水土保持，同时重视兴修水利，但没有明确的环保目标和任务，也没有专门的环保机构和部门，更没有专门的环保法律。人们普遍缺乏对生态环境问题的认识，一度造成资源的不可逆转性破坏，使得生态环境严重恶化。1973年之后，我国第一次全国环境会议召开，广西开始开展生态环境保护。广西开始关注环境问题及环保立法，环境保护的思想开始从无到有，标志着环保之路的开启，政府开始主持开展方方面面的环保工作。但由于缺乏经验，加之长期对环境问题认识不足，未能形成系统的治理方式。环境问题也没有得到大众的重视，环境保护还缺乏大众的广泛参与，环境污染的总体治理水平和成效不高。

（二）生态文明建设初步成型阶段（1980—2011年）

由于广西经济水平与东部有一定差距，广西迫切希望经济实现快速增长，不合理的开发利用使生态环境遭到严重破坏。

为减少环境承载压力，广西提出了促进人口增长与经济发展、环境保护协调发展的理念。1981年、1982年广西设立了53个水质监测站，形成了基本覆盖主要河流水系的水质监测网，并于1989年出台了《广西珠江水系水资源保护规划》等政策措施。1995年，广西各地市签订了环境目标责任书，环保目标开始作为政绩考核内容。1996年，广西对造纸制浆、制革、电镀等15种生产项目污染严重的小型企业进行了取缔、关闭或停产，加强对老污染源的治理力度。1999年，广西印发了《广西壮族自治区环境保护条例》，这标志着广西通过地方环境保护立法来赋予环保工作新的管理方式和措施。2006年，在生态广西建设暨环境保护大会上，自治区领导提出了建设生态广西的重大决策及重大任务，并于2007年印发了《生态广西建设规划纲要（2006—2025年）》。

在这一阶段，总体来说，广西环境保护政策日趋完善，政府与广大群众的环境保护意识日渐提高，生态文明建设越来越受到重视，然而效果甚微，环境形势依然严峻。

（三）生态文明建设深入发展阶段（2012年至2018年）

党的十八大以来，是广西生态文明建设的深入发展阶段。广西牢牢守住"发展与生态"两条底线，大力发展生态经济，不断出台环境保护方面的政策，持续推进生态文明建设。

绿化方面，广西深入实施珠江防护林、沿海防护林、退耕还林、石漠化综合治理、造林补贴5个国家重点造林工程，全区森林资源总量快速增长，2017年森林覆盖率达到62.31%。

改善生态环境方面，广西出台了《广西水污染防治行动计划工作方案》《广西土壤污染防治行动计划工作方案》《广西大气污染防治攻坚三年作战方案（2018—2020年）》《关于全面加强生态环境保护坚决打好污染防治攻坚战的实施意见》等政策，加强农药、化肥污染防治，重点防治"一海五江河"，优化"四大结构"，实施"三大工程"，水、大气等环境指标连续5年高于全国平均水平。

生态经济方面，提出"以生态经济为抓手推进生态文明建设""开展一场全方位、系统性的绿色变革"等发展理念，出台《关于大力发展生态经济深入推进生态文明建设的意见》《广西生态经济发展规划》《关于营造山清水秀的自然生态实施金山银山工程的意见》等政策措施，促进生态农业、林下经济、新能源汽车产业发展与传统工业绿色转型。

"美丽广西"乡村建设方面，出台了《"美丽广西"乡村建设重大活动规划纲要（2013—2020）》《关于开展"美丽广西·宜居城市"建设活动的实施意见》等政策文件，提出了"清洁家园、清洁水源、清洁田园"主要任务，2014年"美丽广西·生态乡村"全面启动，"村屯绿化""饮水净化""道路硬化"等乡村建设全面铺开，广西农村环境质量显著改善。

三、广西壮族自治区成立 60 周年生态文明建设的成就与问题分析

（一）生态文明建设取得的成就

1. 生态环境不断改善，环境指标位于全国前列

经过 60 年的发展，广西生态环境质量得到很大提升。大部分环境指标优于全国平均水平，2017 年广西森林面积达到 2.22 亿亩，森林覆盖率从 30 多年前的 25%，迅速提高到 2017 年的 62.31%，居于全国第三位，西部第一位。植被生态质量和植被生态改善程度位居全国第一，人工林、速丰林面积稳居全国第一，森林年生长量、年木材产量、森林蓄积年净增量均为全国第一。仅"十二五"期间，就有 6 处自然保护区晋升为国家级自然保护区，新建 140 处自然保护小区，国家和自治区级重点野生动、植物种类保护比例达到 90% 以上；建设 3 个国家级和 2 个自治区级森林生态系统定位研究站。广西山口红树林国家级自然保护区入选"2013 中国十大魅力湿地"，全区 17 个国家湿地公园试点开始建设。那考河湿地公园荣获 2017 年中国人居环境奖范例奖。天然红树林、珊瑚礁、海草床、滨海湿地、海陆过渡带植被基本完整，保留了东南沿海最完整的海洋天然生态系统结构与功能。同时，广西积极开展生物多样性国际合作，与越南签署了生物多样性保护合作谅解备忘录。水土流失趋势得到初步遏制，石漠化问题得到有效治理，岩溶地区森林覆盖显著提高。

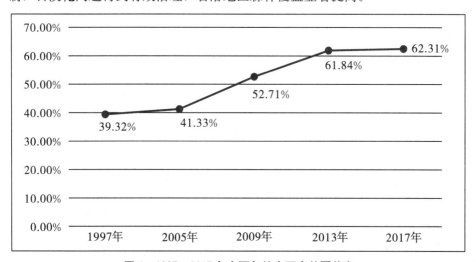

图 1　1997—2017 年主要年份广西森林覆盖率

数据来源：历年广西壮族自治区环境状况公报。

表 1　2012—2017 年广西环境质量情况

指标	2012 年	2013 年	2014 年	2015 年	2016 年	2017 年	全国平均值（2017 年）
设区城市环境空气质量优良天数比例（%）	98.8	95.8	95.6	88.5	93.5	88.5	78.0
设区市集中式饮用水水源地水质达标率（%）	98.7	98	98.4	98.1	89.3	93.1	90.5
主要河流监测断面的水质达标率（%）	97.2	95.8	93.1	93.1	94.8	90.7	67.9
近岸海域一、二类海水水质比率（%）	86.4	81.8	81.9	90.9	81.8	86.4	67.8

数据来源：广西的数据来源于 2012—2017 年广西壮族自治区环境状况公报，全国平均值（2017 年）的数据来源于《2017 年中国生态环境状况公报》。

2. 生态经济加速领跑，生态服务功能全国第三

广西这块绿色金字招牌，开始变为经济"金牌"，2015 年广西森林生态服务功能年总价值达 1.2 万亿元，居全国第三位，约占全国总额的 1/10。传统工业"绿色转型"，实现"华丽转身"，贵港市成为热电循环经济产业区，初步形成制糖、造纸、建材、热电联产等循环经济体系，废纸实现再造，工业"垃圾"就地消纳。绿色新兴产业异军突起，以新能源汽车为代表，至 2016 年，全区共有 11 款新能源汽车列入国家产品公告目录。尤其是在广西工业重镇柳州，出台了《柳州市新能源汽车产业发展规划（2016—2020 年）》，通过政府引导和市场主导双重驱动，加快新能源汽车产业发展。掀起生态养殖旋风，以"微生物+"为核心的饲料革命、栏舍革新及固液分流等重大创新得以突破，实现粪污零排放，被认定为现代农业的"广西模式"，推动广西养殖业转型升级走在全国前列。林下经济在全国开路领跑，已发展到 5300 多万亩，约占全区森林总面积的 1/4。生态旅游发展迅速，数十个自然保护区，发展成了森林旅游胜地，有力推动广西旅游朝阳产业快速发展。

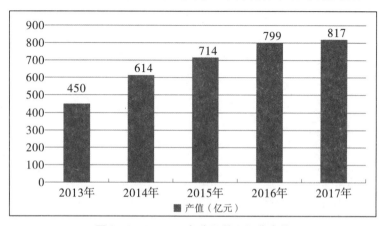

图 2　2013—2017 年广西林下经济产值

表 2 西部相邻五省区林地占农用地比重

地区	2008 年（%）	2014 年（%）	2015 年（%）
广西	64.93	68.03	68.05
重庆	47.56	53.32	53.77
四川	46.41	52.52	52.53
贵州	51.88	60.59	60.57
云南	69.71	69.88	69.88

数据来源：《中国环境统计年鉴 2016》。

3. 生态文明建设深入人心，公众参与生态建设

生态文明建设理念深入人心，公众参与环境保护意识高涨。广西充分利用自治区级报刊、广播、电视、网络等平台，以及借助"六五"环境宣传日、"绿满八桂，造林绿化"为主题的植树造林绿化活动等，在广西多个城市同步展开生态文明建设，将生态文明的理念渗透到每个单位、每个家庭、每个公民，使之成为全社会的自觉行动，发挥生态文化对生态文明建设的引领作用，促进生态文明新风尚的形成。为使生态文明理念深入人心，广西改革政绩考核体系，将"青山绿水"纳入其中，不以牺牲资源环境为代价追求产值，不以牺牲未来利益为代价追求生产总值增长，使"经济发展是政绩，保护环境、建设生态更是长远政绩"的理念更加深入人心。环境保护不再是环保部门一家的事，广西各市各部门高度重视生态文明示范区建设，形成合力，推动环境整治。环保部门积极开展生态文明宣传，自治区环保厅开通官方微博，通过微博的方式进行环境保护知识和生态文明理念的传播，同时利用互联网与广大公众积极互动，探索公众参与环保的新形式。

4. 美丽广西建设成就突出，人居环境显著改善

2013 年，广西开始大力实施"美丽广西"建设活动。经过 5 年发展，农村人居环境显著改善：农村生活垃圾治理率达到 93%；农村生活污水处理设施出水水质基本稳定，达到一级的占 83.8%，解决了 1070 万农村人口饮水安全问题，自来水普及率达到 75% 以上；完成 5400 多个村屯道路硬化；完成 1 万个绿化示范村屯项目建设。产业转型升级步伐明显加快：大力推广高效节水灌溉、测土配方施肥等农业清洁生产技术，推动果蔬、茶叶、糖料蔗、茧丝绸、中药材、养殖等传统产业提质增效，现代特色农业（核心）示范区大量涌现；"美丽南方""五彩田园"等生态产业园区千姿百态；风情小镇、特色村落、诗画田园吸引无数区内外游客，观光农业、有机农业、乡村旅游等农村新业态应运而生。农村社会治理不断加强，在全国率先制定和实施《广西壮族自治区乡村清洁条例》，将乡村建设纳入法治轨道，推动清洁乡村活动常态化开展。

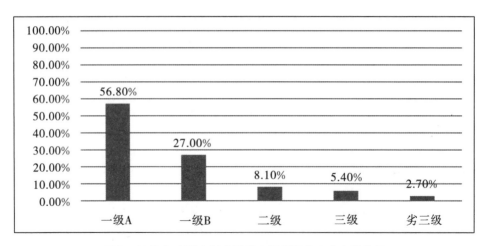

图3　2016 年广西农村生活污水处理设施出水水质状况

数据来源：《广西壮族自治区 2016 年农村环境监测报告》。

（二）生态文明建设存在的问题

近年来，广西生态环境质量得到有效提升，生态红利逐步释放，群众绿色"获得感"不断增强，但在环境建设和环境保护中仍然存在一些问题和薄弱环节，亟待解决。

1. 城镇污染问题依然严峻

城镇生活污水处理设施及配套管网建设滞后，设区城市建成区黑臭水体按期完成治理难度大，生活垃圾处理设施不完善，生活污染物新增排放量短期内难以消化。以南宁市为例，城区部分污水处理设施出水化学需氧量浓度甚至高达 280 毫克/升、氨氮浓度高达 33.4 毫克/升，导致黑臭水体污染程度加深。

2. 养殖污染问题依然存在

网箱养殖、畜禽养殖等造成的内源污染已成为部分湖库和水源地主要污染问题，且清理退出困难。在中央第五环境保护督察组针对广西整改情况开展"回头看"工作中，畜禽和水产养殖行业环境整治问题依然存在，特别是没有任何手续、环境污染突出的小型养殖企业或养殖户屡禁不止，南流江、下雷河、钦江等河流污染问题不但没有解决，还存在污染加剧的情况。

3. 工业污染整治难度大

"十三五"时期，随着工业化、城镇化快速发展，广西化学需氧量、氨氮、二氧化硫、氮氧化物等主要污染物新增排放量依然大，高污染高耗能项目仍较多，矿产开采区重金属污染仍然存在，采石采砂采矿遗留问题多，尾矿库排查治理工作不落实，推进缓慢，工业污染整治难度较大。

4. 环境监管能力和执法力度有待加强

广西环境监管能力依然薄弱，执法队伍建设水平与全国水平相比仍然有一定差距，监测预警和应急能力不足，队伍建设激励稳定机制仍不健全，生态环境监测网络难以适应环境保护新形势的要求。同时部分地区环境监管执法力度偏软，如来宾市广西华锡集团来宾冶炼厂长期露天堆存冶炼废渣，玉林市广西银亿科技矿冶有限公司高浓度渗滤液超标直排、渗排外环境等问题的处理。

四、广西生态文明建设面临的形势

近些年来，全区生态环境质量不断改善，生态经济持续释放潜力，生态建设和保护地位将不断凸显，人居环境品质不断提升，但生态文明建设正处于发展关键期、攻坚期、窗口期，生态文明建设机遇与挑战共存。

（一）迎来机遇

生态环境保护战略地位更加凸显。党中央、国务院高度重视生态环境保护，从生态文明建设纳入"五位一体"总体布局到建设美丽中国，再到提出"绿色、开放"等新发展理念和"打好蓝天碧水净土保卫战"系列举措，生态环境保护领域将成为关系国家安全、国民经济命脉的重要行业和关键领域，生态环境保护在总体发展中的地位进一步提升，为广西持续贯彻落实"生态优势金不换"、守住广西"金字招牌"注入了动力源泉。

生态经济发展潜力和发展前景广阔。国家坚持生态保护优先发展原则，大力建设生态文明体系，加快构建产业结构合理、生产生活方式绿色的空间格局，将为广西生态环境保护提供新的契机，注入新的活力；同时，中央赋予广西"三大定位"新使命，以及广西北部湾经济区、珠江—西江经济带、左右江革命老区、桂林国家旅游胜地实现国家战略全覆盖，将为产业"绿色转型"、经济"绿色增长"创造更加有利的条件，生态经济发展潜力不断挖掘，发展前景广阔。

生态保护建设政策力度持续加码。国家鼓励国有资本投资运营要更多投向生态环境保护领域，提出培育壮大新兴产业，推动传统产业智能化、清洁化改造，加快发展节能环保产业，广西生态文明大会上要求，加快清洁能源推广使用，意味着将会有更多的政府和社会资金进入生态环保领域。广西"十三五"规划纲要明确提出，将促进投资向生态环保等领域倾斜，系列扶持政策陆续出台，同时，在政府和社会资本合作（PPP）融资新模式助推下，生态建设投入将持续增加。

生态文明理念深入人心。"既要金山银山，也要绿水青山"成为人民共同的期盼，人民对清洁的空气、干净的水、安全的土壤、优美的环境等自然生态产品要求不断提高，对环境问题的重视程度、对环境公平正义的诉求日益提升，全社会参与生态建设的程度和范围持续深入和拓展，并逐渐形成以政府、企业、民间和公众为一体的生态文明建设合力，预计未来将会有更多优质生态产品以满足人民日益增长的优美生态环境的需要。

（二）面临挑战

新常态下持续改善环境质量的压力。国家出台《全国生态保护"十三五"规划纲要》，并陆续制定和实施《生态保护红线划定技术指南》《关于全面加强生态环境保护　坚决打好污染防治攻坚战》等一系列文件，全面划定生态保护红线，不断加强管控要求，广西一方面要实现"两个建成"目标、遏制生态环境恶化趋势目标；另一方面还要通过环境治理，拓展经济高质量发展空间，压力巨大。

工业化、城镇化与环境容量矛盾加剧。广西目前处在工业化中期，推进新型工业化进程中，对传统要素依赖短期内难以根本转变，资源和环境容量的需求依然较大。未来一段时间，随着城镇化步伐持续推进，东部产业将不断向城镇郊区和农村地区转移，生活化学需氧量、氨氮排放量、细颗粒物（PM2.5）等排放加剧。工业化、城镇化带来的环境健康问题与环境风险逐步显现。

污染防治难度不断加大。污染防治是决胜全面建成小康社会的三大攻坚战之一，全区还存在违法排放和违规开发、重金属污染的历史遗留问题，跨省非法转移固体废物案件高发、生态环境基础设施建设和运营相对滞后等多领域、多类型、多层面突出问题和困难亟待解决，开启环境保护事业新征程需要更加强劲的措施与手段。

五、广西生态文明建设典型案例

典型案例从生态建设中生态可持续发展、生态文明建设、污染治理、绿色发展和生态乡村建设五个方面选取案例，分析市、县、企业等主体的主要做法、措施和经验。

（一）桂林市：国家可持续发展议程创新示范区

桂林市建设国家可持续发展议程创新示范区，是桂林市践行新发展理念的生动实践。2017年，桂林市森林覆盖率达70％以上，市区PM10和PM2.5浓度值逐年下降，市区空气质量优良率超过八成。桂林市围绕景观资源可持续利用建设好示范区，不仅对桂林市的可持续发展至关重要，对广西乃至整个中西部生态脆弱地区的可持续发展均具有重要的示范意义。

开展自然景观资源保育行动。以"景观资源可持续利用"为主题建设创新示范区，提升漓江等江河流域植被蓄水能力、生态功能，提升水资源保护和可持续利用能力，实现对中国南方（桂林）喀斯特世界自然遗产的持续有效保护，打造生态宜游桂林和生态宜居桂林。永福县作为全国第一批河湖管护体制机制创新试点，河湖日常巡查、监管、水政执法、专项检查等机制得到强化，河湖的管理和保护工作取得实效，"水清、岸绿、河畅、景美"的目标将基本实现。2017年底，漓江风景名胜区范围内18家采石场和灵川县3家均关停拆除、复绿；漓江城市段60个截污项目全面完成，城市污水集中处理率提高到97％以上；青狮潭水库水质已恢复到Ⅲ类水质；漓江综合整治"九大专项行动"强力开展，非法采沙、住家船、洲岛鱼餐馆、网箱养鱼、畜禽养殖场等清理整顿工作取得阶段性成果，长期困扰漓江保护的一个个难题得到有效化解。

实施生态产业创新发展行动。实施生态旅游业、生态农业、文化与康养产业、生态工业创新发展工程，构建与环境功能相适应的现代生态产业体系，实现产业提升与生态保护协调融合发展，打造生态宜业桂林和生态宜养桂林。漓东百里生态示范带全长约53公里，涉及7个村委26个自然村，伴随着生态示范带建设推向纵深，相继启动涵盖交通、生态、旅游、村庄风貌改造、水利、污水垃圾处理等六大工程建设，沿线也成为集新型城镇化、现代特色农业（核心）、休闲观光农业、生态乡村等于一体的示范带。

开展创新驱动能力建设行动。桂林突出创新引领，重点实施桂林市创新服务平台、桂林市科技成果转化平台建设工程，打造中国桂林可持续发展议程国际交流示范基地，加强与生态保护和产业发展相适应的创新体系建设，提升创新驱动发展能力和开放合作水平，打造创新开放发展型桂林。

（二）南宁市：全国水生态文明建设试点城市

南宁市着力打造"水畅、湖清、岸绿、景美"的现代亲水城市，市民的"碧水幸福感"明显提升，走出了一条具有特色的"生态治水、科学治水、系统治水"之路，并荣获第一批全国水生态文明建设试点城市称号。"邕城绿"已成为南宁市的金字招牌，为水生态建设提供了宝贵经验。

那考河项目"全流域治理"创新理念，形成多重示范意义的"那考河模式"。那考河项目提出"全流域治理"的创新理念，采用海绵城市理论设计，能防洪涝、净化水质、土壤，回补地下水，修复生物栖息地，降低城市热岛效应，又可美化环境成为市民休憩游赏之地。该项目投入运营后，水质指标满足地表Ⅳ类水水质指标，河道行洪满足50年一遇的洪水标准要求，河两岸兼具蓄调雨水功能。那考河已由原来有40个污水直排口的臭水河、纳污河成为风景优美的湿地公园，成为当今展示广西生态环境保护建设成效的招牌之一，并荣获2017年中国人居环境奖范例奖。

攻坚邕江治水难题，绘一幅水城融合的画卷。南宁市把邕江治理工作当作关乎群众切身利益的根本大事来看待。2015年7月，全市先后投入220亿元，高质量、高标准、高水平建设邕江治理工作。以治水为龙头提升防洪标准，全力建设老口、邕宁两个枢纽，联合上游百色枢纽工程调蓄江水，将城区防洪标准50年一遇提高到200年一遇，通航能力也明显提升。强化内河综合管理，搭建河长制信息化管理平台。整合邕江两岸滩、堤、路、建筑及山体资源，以青秀山风景区和五象岭森林公园为依托，启动邕江综合整治和开发利用项目规划建设，形成江畅、水清、岸绿、景美的"百里秀美邕江"。

破解经济与生态发展矛盾，让绿色转型释放惠民生态红利。南宁市以生态促发展，在淘汰落后产能、优化产业布局、传统产业绿色化改造方面迈出坚定步伐，为绿色发展带来新动能。南宁娃哈哈恒枫饮料有限公司通过冷凝水循环利用，节约了资源，节省了成本；南宁糖业坚持发展与节能减排并重，走出了一条循环经济发展路子。同时，大力发展生态经济，带动环保产业聚集，在南宁高新区就集聚节能环保产业30余家，涌现出博世科、鸿盛源等一批优秀企业，为全市水生态建设添砖加瓦。

（三）玉林市：九洲江跨区域治理示范

九洲江水质近年来呈持续改善的趋势，两广跨省区石角监测断面水质明显改善。2017年全年，两广跨界区考核断面水质指标均达地表水Ⅲ类标准。九洲江流域的跨界监测法，从根本上解决了一直以来跨界水质"各自为政"而造成的不必要分歧。这一创新做法获得环保部高度肯定，也为全国生态补偿流域跨界断面监测提供了范本。

建立健全"五联工作机制"。2015年以来，玉林市主动与湛江市沟通对接，建立"五联工作机制"，即联席会议、联合监管、联合执法、联合监测、联合应急。两市环境监测站每个季度都会对九洲江流域进行联合监测，从2016年开始增加每月联合对九洲江流域的石角、山角断面水质监测一次，并且定期举办九洲江水污染突发环境事件应急演练。九洲江（陆川段）一级支流水质明显改善，良田镇飞峨岭断面水质年均值达Ⅲ类标准，古城河断面水质年均值达Ⅲ类标准，石垌河、北豆河水质年均值达Ⅳ类标准，消除九洲江支流劣Ⅴ类水质。

强化养殖污染治理。不断加大对九洲江流域及水洗、畜禽养殖等行业的环境监管执法力度，开展畜禽规模养殖场（小区）专项整治工作和水源周边畜禽养殖业执法工作。2016年至2017年5月，查处养殖企业环境违法行为91家，立案金额160多万元。广泛推广"高架网床+微生物益生菌"生猪生态养殖新模式，减少养殖污水排放量90％～95％，提高养殖效率15％～30％。玉林高架床养殖场已发展到400多家，新建生态养殖集中区5个。玉林市7个县（市、区）已成为自治区标准化养殖示范区。陆川县、容县正在创建国家级绿色畜牧业发展示范县。

支持和鼓励环保产业园模式发展。在环保趋严的大环境下，企业各项环保标准也在提升，为破解资源浪费和设施累赘难题，玉林市大力推进环保产业园项目，以中滔环保企业为龙头统筹，针对不同区域不同的环保需求，集中规划建设企业所需的一套完整环保设施及其配套设施，以建设—拥有—营运模式（BOO）吸引项目资金，建设及运营集中式工业废水处理厂、污水收集管网及其他配套设施。项目通过招商引资，跨地域凝聚生态建设智慧，强化区域合作。

探索实行上下游两方联合轮值监测的方式。由两市的环境监测站交替组织、轮流当值，玉林和湛江市同步采样、分样，统一分析方法。如果实验室间比对结果合格，则用两市监测数据的平均值来评价。如果实验室间比对不合格，并且两市的监测结果优于（含）Ⅲ类水质，那么采用双方监测数据的平均值来评价；如果有一市或两市的监测结果劣于Ⅲ类水质，一方有异议，那么就委托第三方实验室留样复测或重新采样监测，由轮值方负责送样至第三方，委托监测费用双方共同支付，监测结果以留样复测或重新监测的结果来评价。

（四）柳州市：全国模范环保工业城的绿色蜕变

柳州市通过妥善处理工业与生态的关系，构建生态城市、完善监管体系、推进"退城进园"、加大新能源汽车产业投入力度等措施，生态环境质量不断改善，空气质量优良率达到84.4%，森林覆盖率达到65%，成为山清水秀地干净的全国模范环保工业城，为处理好工业发展与环境提升关系提供了新的思路，为工业城市建设宜居城市提供了范例。

生态城乡同步实施、全域覆盖。以低碳经济为切入点，将城乡环境保护纳入日常管理体系。在城市建设环境建设方面，2012年到2014年，对城市道路、公园、街头游园等绿化景观提升，打造"花园城市2.0版"，实施"六大绿色工程"，建设北部生态新区，增加柳州"绿色拼图"。在生态县建设方面，柳城县、鹿寨县、三江侗族自治县成为新一批自治区级生态县。鹿寨县依托创新驱动经济转型升级，实施低碳、清洁、再利用的园区循环经济开发模式，坚持"生态、特色、规模、品牌、高效"理念，实现经济发展与生态建设两相宜，获得全国西部百强县、国家园林县城、中国生态强县、中国最佳生态休闲旅游名县等荣誉称号。在农村环境综合整治方面，积极谋划和指导县区申报农村环境综合整治项目，积极推进生态乡村建设，截至2017年底，全市共有537个行政村获市级以上生态村命名，为柳州市增添"绿色招牌"。

监督体系创新突破、上下联动。切实提高环境管理能力和环境服务水平，全市基本实现了"数字环保"。在环保监督硬件上，新增自动监控设施9套，全市共54家企业安装废水、废气自动监控设备103套，基本实现对全市国控企业和敏感区域重点监管单位排污情况的自动远程监控。在环保监督软件上，出台《柳州市莲花山保护条例》《柳州市空气污染事故应急预案》《柳州市饮用水水源污染事故应急预案》《柳州市固体废物污染事故应急预案》等政策和方案，完成9个县区政府、7个部门、21家重点企业、11个工业园区环境应急预案备案，切实提高了突发环境事件的应急处理能力和水平。

"退城进园"统一管理、全面实施。柳州全面打响工业调整布局，企业退城进郊，按照可持续发展和循环利用的原则规划工业园区建设，统一规划管理，扭转"工厂在城中、城在工厂中"的工业分布。重视技术创新，统一构建园区排污系统，建设生态工业园区。同时，开展以治理废水、废气、废渣，减少二氧化硫排放为重点的"酸雨治理行动"，积极宣传创新环保技术，淘汰落后产能，5座尾矿库全部完成闭库综合治理，2座完成闭库验收销号，大力发展低碳、低消耗的节能工艺，支持工业企业能源消费结构逐渐向清洁能源转变，以最低的消耗实现最大的产出。

新能源汽车助推能源转型。经过十几年的技术攻关、产品研发，新能源汽车整车、系统及关键技术日趋成熟，已初步具备产业化条件。市政府和新能源汽车生产企业建立政企快速响应"三级"联动机制，政府部门工作人员与上汽通用五菱、东风柳汽、柳州延龙等企业专家一起，集中解决细化购车补助、充电与停车优惠、公共场地建设充电设施等一系列问题，为新能源汽车发展营造良好的氛围，全力创建新能源汽车发展的"柳州模式"。2017年7月，上汽通用五菱宝骏品牌首款新能源汽车宝骏E100正式公布售价并对外销售，标志着广西新能源汽车产业终于"化茧成蝶"。截至2018年初，柳州全市拥有智能充电插座近5000个，专用停车位3600个，共建成各类示范小区、示范道路和示范点30个，为新能源汽车产业化发展提供坚实保障。

（五）百色市：右江河谷生态乡村示范区

百色市通过八大工程、特色引领和产业融合，带动乡村普遍增绿，绿化美化水平大幅提高，生态环境明显改善，生态效益显著提升，获得"国家优秀旅游城市""国家园林城市""国家卫生城市"等称号，为河谷地区生态建设提供了一条可推广可借鉴的绿色发展道路。

八大工程助绿绿色长廊。2013年以来，百色市以村屯绿化、水源净化、道路硬化、村屯美化、村屯亮化、产业优化、文体事业、巩固清洁等工程为抓手，鼓励区域内示范区村屯种树种花种草，不断完善通村屯供水、污水排水、村屯道路、高杆路灯、文化娱乐活动中心、篮球场等基础设施和配套设施，强化池塘生态景观设计和改造，提升改造示范屯房屋立面和休闲步道，切实改善了农村人居环境，提升了农民生活质量。截至2018年10月，累计完成行道树修剪 3437 株、整形灌木修剪 2.4 万株、片植灌木修剪 69 万平方米、草坪地修剪 5 万平方米；累计完成百色城区沥青路面、水泥路面及人行道维修工程、易涝点治理、城区雨水井清理等工程项目 16 项。

特色引领助力村屯"升级路"。围绕"新"中出新，因地制宜，挖掘特色的原则，把生态乡村建设中的环境整治与花卉苗木、村屯美化、村屯亮化、产业优化、文体事业、旅游观光等产业发展紧密结合，做到原生态、低成本、大众化整治开发，建设形成一批以马头镇九平村塘务屯为代表的特色突出、干净整洁、生态宜居绿色示范村屯。同时，充分利用深度贫困地区脱贫攻坚政策，推行区域内保洁长效机制与脱贫攻坚相结合，巩固清洁乡村活动和脱贫攻坚成果。

产业融合发展唱响"致富曲"。近年来，百色在推进农村改革、农业产业化经营、农业基础设施建设和贫困村扶贫攻坚建设等方面取得较大成效，初步构建自然风光旅游、乡村休闲农业旅游和革命传统红色教育旅游相结合的产业格局。因地制宜发展林下养鸡、种桑养蚕、葡萄、火龙果、茶叶等特色产业，打造形成"一村一品"的特色农业产业，促进产业增效、农民增收。凌云、乐业两县盛产的茶叶，已获得国家绿色食品认证中心和日本农林水产省、美国农业部、国际粮农组织及欧盟的有机茶认证。红谷农业公司养殖场等 24 个规模养殖场顺利通过市级认证，标志着右江河谷生态养殖业步入规模化发展轨道。

生态文明建设示范县引领"生态建设模范"。2018 年 12 月，凌云县被授予第二批国家生态文明建设示范市县称号。该县围绕"蓝天、碧水、净土"三个方面开展生态建设工作，坚持做好柴油货车污染治理、城市黑臭水体治理、水源地保护、农业农村污染治理攻坚战等标志性战役的部署，积极转变经济发展方式、调整产业结构，大力发展以茶叶、桑蚕、油茶、乌鸡"三张叶子一只鸡"为主的生态农业，以矿泉水、碳酸钙为主的生态工业以及生态旅游业等，成效显著，县辖区内 8 个乡镇已有 7 个乡镇获得自治区级生态乡镇命名，创建率达 87.5%，为百色县域生态建设提供了宝贵经验。

六、广西生态文明建设基本经验总结

通过构建系统完备、科学规范、运行高效的生态文明制度体系，加快转变生产方式，充分发挥生态文明建设主体的力量，加强区域间合作，努力践行国家生态文明建设理念，将广西打造为绿色发展低碳先行的生态文明建设和推动国际低碳合作交流的典范区。

（一）创新生态文明制度建设

以法律制度为准绳，进一步强化政策导向作用，促进生态文明建设措施落地生根，以水生态、石漠化治理、林业生态、国土开发保护为重点，开创区域联防联控共治新局面，建立生态环境保护长效机制，全力推进"蓝天、碧水、净土"工程，打造山清水秀生态家园。

1. 完善生态文明制度建设

自广西壮族自治区成立以来，广西按照"源头严防、过程严管、后果严惩"的思路，大胆进行制度创新，完善生态文明制度建设，为生态文明建设保驾护航。着力构建生态文明政策法规体系，出台《广西壮族自治区环境保护条例》《广西壮族自治区饮用水水源保护条例》《广西壮族自治区排污许可证管理实施细则》《广西"十三五"大气污染防治实施方案》《广西壮族自治区规范环境行政处罚自由裁量权实施办法》等一系列生态保护地方法规规章，使得生态建设有法可依；高度重视生态建设规划，编制实施《粤桂两省（区）九洲江流域水污染防治规划》《广西南岭山地地区生态修复治理规划》《广西岩溶地区石漠化综合治理工程"十三五"建设规划》等一批高质量规划成果，较好地指导和规范生态环境综合治理和修复行为。

2. 重视生态文明制度的落实

广西始终坚持把绿色发展理念贯穿到经济社会发展各领域、各环节，高度重视生态文明制度的落实，不断强化国家及自治区各项生态文明制度执行力。水生态文明方面，联合广东推进西江、贺江、漓江等重点流域环境保护和治理，建立起区域联防联治机制，联合贵州、云南签署跨界河流水污染联防联治协作框架协议，建立起西江千里绿色走廊；大力实施北部湾蓝色港湾整治工程、珠江流域综合治理工程等，海洋环境、重点流域水环境均得到较大改善。石漠化治理方面，支持全区 43 个石漠化重点县开展石漠化综合治理，完成石漠化综合治理工程林业建设任务 13.1 万公顷，居全国首位。林业生态方面，推进南岭山地地区生态修复治理，实施国土空间开发保护、水环境综合治理、森林生态建设与水土保持、湿地恢复与保护、农业及农村环境综合整治、生态环境监管能力建设六大工程及集中连片建设珠江流域防护林体系工程，加快国家储备林和用材林基地广西国家储备林基地建设，森林生态环境得到修复和提升。国土开发保护方面，重点推进边疆地区国土综合开发防护和整治工程，启动实施整县推进高标准基本农田土地整治重大工程，推进优质高产高糖糖料蔗基地土地整治，推进"小块并大块"耕地整治工作，实施绿色矿山建设工程和绿色和谐矿山试点项目，实施地质灾害治理工程等，实现了土地集约利用。

（二）注重生产方式的转变

积极培育壮大新兴产业，推动传统产业智能化、清洁化改造，加快发展节能环保产业，推进能源资源全面节约，引导公众绿色生活、绿色消费，构建形成以生态工业、生态农业、生态旅游业、生态城镇、生态乡村发展为重点的全方位、全覆盖生态发展格局。

1. 加快生态经济的发展

全区坚持以生态文明、低碳循环为发展理念，推动生态工业、生态农业、生态旅游业发展，实现生态保护与经济发展良性互动。全区印发实施《广西生态产业发展实施意见》，提出产业生态化、生态产业化的发展思路，通过发展新型生态工业，大力培育节能环保装备、新能源和清洁能源汽车、新能源和可再生能源开发、生物医药、新材料产业、海洋工程装备及高技术船舶等，成为全区社会经济增长的新亮点。坚持改造传统产业，始终推行清洁生产和循环发展，降低资源消耗和污染物排放，推动有色金属、石油化工、冶金、建材、制糖、林产业、茧丝绸等资源型产业生态化改造，延长产业链，发展精深加工，企业竞争力得以进一步提升，工业能耗大幅下降。推进生态产业园区建设，采用"一区多园"和择址新建等多种形式建设一批新型生态产业园，把现有园区生态化改造成为联合企业型、综合型、"静脉"产业型园区，促进主导产业链型生态产业园区发展。积极促进广西沿江沿海沿边生态经济带发展，推进产业发展生态化，打造了一批绿色经济、循环经济、低碳经济示范区，基本形成生态经济发展格局。

2. 推动消费方式转变

长期以来，全区从衣食住行等各个方面，积极推广绿色生活，大力普及绿色消费，推动生活方式向绿色低碳转变。一是围绕打造生态城镇，积极倡导绿色出行、绿色消费，全面推进生态宜居城镇建设，着力改善城市交通，加强城市绿地和绿带建设，让城市生活更加文明和舒适；积极开展海绵城市试点，减少城市内涝，净化城市空气和水质，提高城市功能和服务水平，为城市居民提供宜居生活环境。二是围绕生态乡村建设，积极推进农村消费生活方式转变，深入开展生态乡村活动，切实改善乡村生产生活条件，优化乡村生态环境，提升乡村文明水平。三是实施绿色建筑行动方案，积极引导加强新区绿色规划，推进绿色建筑设计和施工。在党政机关、学校、医院以及影剧院、博物馆、科技馆、体育馆等建筑率先执行绿色建筑标准，引导房地产、工业厂房逐步推广绿色建筑。四是加快推广使用天然气，坚持"宜管则管，宜罐则罐，立足当前，远近结合"原则，推进天然气支线管网及县域管网同步配套建设，完善城市管网和城市加气站、沿江加气站，加快公共汽车、出租车、内河运输船、陶瓷等行业"油改气""煤改气"工程，减少城市大气污染。

（三）突出生态文明建设主体力量

生态文明建设主体是生态文明建设的关键力量，要强化社会各界在生态文明建设中的责任，加强组织领导，健全工作机构，明确企业社会生态责任，开展群众生态文明教育，推进生态文明建设与人才队伍建设，形成政府、企业、公众共治的环境保护体系。

1. 加强政府的组织领导

充分发挥政府在生态文明建设过程中的主导作用，完善生态文明建设职能，推动生态文明建设、管理到位。进一步加强政府组织领导责任，生态文明建设工作涉及面广、工作任务重，全区各级政府是生态文明建设的责任主体，自治区与各市签订目标责任状，层层分解落实生态文明建设目标任务，并将目标、任务和重大工程纳入本辖区国民经济和社会发展规划，落实生态环境保护责任，制定年度计划。进一步强化考核问责，实施最严格的考核问责，将考核结果作为领导班子和领导干部综合考核评价、奖惩任免的重要依据；对贯彻落实自治区党委、政府生态环保工作部署不力、造成严重后果的，约谈主要负责人，同时责成其向自治区党委、政府作出深刻检查；对年度考核不合格的，党政主要负责人和相关领导班子成员不得评优评先。加强长效管理，加大环境监管执法力度，完善自治区、市、县三级的环境监察移动执法系统，维护环境执法的权威，改变环境违法成本低守法成本高的局面，健全环境法规和标准体系。

2. 提高人民群众的积极主动性

生态文明建设需要充分调动广大人民群众的积极性，努力拓展公众参与渠道，使群众树立起全新的生态文明观念，培养生态文明的做事方式，调动公众参与生态文明建设的积极性。提高全民生态文明意识，积极培育生态文化，注重培养公众生态科学、生态道德的意识，通过典型示范、展览展示、岗位创建、公益性广告、展览会、现场会、专题讲座等形式，组织开展知识普及活动，鼓励公众将生态环境融入道德规范之中，自觉承担起对生态文明建设的道德义务。培育人民群众绿色的生活方式，培养群众节约资源意识，推动全民在衣、食、住、行、游等方面加快向勤俭节约、绿色低碳、文明健康的方式转变；广泛开展绿色生活行动，营造生态消费的文化氛围，优化消费环境，积极引导大众购买节能与新能源汽车、高能效家电、节水型器具等节能环保低碳产品，减少一次性用品的使用。完善公众参与生态文明建设的制度，及时准确披露各类环境保护的信息，扩大信息公开范围，保障公众知情权监督权，维护公众环境权益；同时，建立环境公益诉讼制度，对污染环境、破坏生态的行为，有关组织可提起公益诉讼，争取形成良好的政社互动机制。

3. 强化企业单位的主动推进

企业作为生产主体，必须强化其在环境保护中的主体作用，推动企业走可持续发展的道路，推广循环发展的理念，正确处理好生态建设和企业发展的问题，真正走出一条科技含量高、经济效益好、环境污染小、生态发展好的企业之路。推进企业技术创新，按照生态工业要求，以循环经济和延长产业链为抓手，实施技术创新，开展清洁技术改造，提高企业清洁生产水平。加快企业科研成果转化，加强适用关键技术研发，推动相关技术成果加快转化为现实生产力，构建科技含量高、核心竞争力强的清洁能源产业体系，实现企业效益和生态文明的共赢发展。营造企业生态文化，积极培育生态文明责任的企业文化，加强企业的社会责任感，鼓励企业将生态文明建设责任理念融入企业的愿景、使命和发展理念当中，把企业的生态责任感提升到战略的高度，使之成为企业经营的指导思想，实现企业可持续发展。支持企业环保工程和项目建设，大力推动企业主动公开新建项目环境影响评价、企业污染排放等环境信息。严格限制发展高耗能、高耗水服务业，在餐饮企业、单位食堂全方位开展反食品铺张浪费行动，鼓励党政机关、国有企业、事业单位带头厉行勤俭节约，大力推广绿色低碳出行，倡导绿色生活和休闲模式。

4. 加强人才队伍建设

进一步注重环保队伍建设，要关心支持环保队伍建设，建立一套专业人才培养和使用的激励机制，大力引进和培养环保人才，加强对生态建设人才的专业技术培训，打造一支政治强、本领高、作风硬、敢担当、懂业务、会协调、善管理、能吃苦的生态环境保护"铁军"和"标兵"。建立分型培养体系。加大研究型人才和应用型人才培养，以加强基础学科的学术研究为抓手，培养一批环境方面的研究型人才；将高端科学应用于实践为途径，利用所学理论知识，改进生产中的工艺流程，贯彻落实清洁生产、低碳生产、循环生产，培养一批应用型人才。完善培训机制，采取"依托培训"的方式，加强干部教育在线学习和自选培训，组织环保从业人员参加青干班，高级人才培训班、环境监察、环境监测等各类专题培训。完善人才创业兴业相关政策，加大对人才项目成果转化的扶持力度，搭建发挥人才作用的有效平台，开辟优秀人才成长绿色通道，有计划地选拔优秀人才担任业务部门负责人，促进人才成长与地区事业进步协调发展。

（四）重视生态文明建设区域合作

生态文明建设离不开交流与合作，充分重视和吸收生态文明建设先进经验，健全跨区域环境保护体系，推进跨区域环境保护合作，积极与邻省、邻国开展经验交流与互动，推动全区生态文明建设的良性发展。

1. 不断完善跨区域环境保护体系

加强跨区域流域水体的环境监管，完善环境保护协议，逐步建立起综合治理的长效机制。建立区域环境保护合作机制，打破部门、地区行业界限，建立部门联系、上下联动有效协调的综合机制，探索建立上下游区际生态效益补偿机制、环境绩效考核指标体系，形成基于利益共享、责任共担的跨省区流域水环境生态补偿新模式和新机制。加强跨省区流域水环境保护，联合粤、滇、黔等省进一步完善西江、九洲江、红水河、右江等流域的水环境治理，完善水质监测网络，强化跨界断面的水质考核；加强跨区域江河源头区、水源涵养区、饮用水资源保护区、省区界缓冲区等重要水功能区达标建设，强化水资源合理开发利用和节约保护。强化区域生态保护和修复，加强与邻省的环境保护合作，设立生态环境保护合作基金，开展跨地区生态补偿试点，建设跨区域的示范性生物多样性生态功能区，联合开展蓝色海湾整治行动、生态岛礁、石漠化综合治理、流域防护林项目等重大环境治理工程。

2. 增进生态文明建设交流合作

生态文明建设是一个全国性甚至全球性的课题，广西生态文明建设离不开省际、国际的交流、合作与互动，广西把开展交流互动作为加强生态文明建设的重要途径之一。主动与邻省、示范性省区交流互动，围绕国内区域性流域的重大环境问题，加强与广东、云南、四川、湖南、香港、澳门等地区的交流合作，完善区域间环境治理和应急联动机制、合作机制，如定期举行西江走廊政协横向联系协作会议，这是一个跨省区的交流联谊的重要平台；学习江西、福建、贵州等国家生态文明试验区及生态文明建设先进地区的经验。加强与东盟国家的交流与合作，在环境保护产业、生物多样性保护、跨境跨界水体保护等方面开展技术交流，深化环境保护经贸项目的合作，推动广西生态文明的对外开放，扩展国际环境保护合作的空间。

（五）深入贯彻落实习近平生态文明思想

围绕绿色发展理念，牢固树立绿水青山就是金山银山理念，推进主体功能区建设，将国家关于生态文明建设的新定位、新理念、新措施贯穿生态文明建设发展的始终。

1. 践行绿色发展理念

党的十九大报告提出"建设生态文明是中华民族永续发展的千年大计"，广西坚定生态优先、绿色发展理念，树立节约集约循环利用的资源观，加快绿色金融的发展，强化绿色发展的科技支撑，形成绿色发展方式和生活方式，培育壮大节能环保产业、清洁生产产业、清洁能源产业，提高资源利用效率，构建绿色低碳循环发展体系。

2. 践行绿水青山就是金山银山理念

坚持人与自然和谐共生，牢固树立和践行绿水青山就是金山银山理念，全面落实习近平总书记"广西生态优势金不换"的重要指示精神，坚持节约优先、保护优先、自然恢复为主的方针，实行最严格的生态环境保护制度，加大环境保护和治理力度，全力开展大气环境治理，持续改善水环境治理，强化近岸海域环境保护，积极防控土壤环境污染，确保人居环境安宁，推动形成人与自然和谐发展的现代化建设新格局。

3. 践行主体功能区战略理念

强化主体功能定位，完善主体功能区配套政策，科学合理布局和整治生产空间、生活空间、生态空间，合理定位城镇开发强度，实施生态功能区的保护和修复重大工程，严格保护农产品功能区，积极推进形成宜居适度的城镇空间、集约高效的农业空间、山清水秀的生态空间，提供更多优质的生态产品。

参考文献

[1] 侯雪静. 美丽中国新篇章：五年来生态文明建设成就综述 [J]. 资源与人居环境，2017（10）：15－16.

[2] 本刊评论员. 生态优先　绿色发展 [J]. 宏观经济管理，2018（6）：1.

[3] 陶显亮. 广西环境战略研究 [J]. 环境科学丛刊，1988（3）.

[4] 谢宜岳. 广西水资源利用与环境保护问题 [J]. 广西水利水电科技，1988.

[5] 薛跃规. 生态环境保护与广西旅游可持续发展 [J]. 广西党史，2001.

[6] 广西环境保护和生态建设"十三五"规划（桂政办发〔2016〕125 号）[R]. 2016.

[7] 谢静. 广西农村环境保护的现状与对策研究 [J]. 大众科技，2014（9）.

[8] 自治区党委办公厅，自治区人民政府办公厅. 关于中央环境保护督察"回头看"期间严禁环保"一刀切"行为的通知（厅函〔2018〕50 号）[R]. 2018.

[9] 莫东明，翟宇龙. 对广西生态文明建设的思考 [J]. 现代农业科技，2015（24）.

[10] 檀庆瑞. 广西生态文明建设和环境保护的新思路、新举措 [J]. 环境保护，2017（22）.

[11] 王玉良. 广西社会转型与生态文明建设研究 [J]. 环境科学与管理，2015，40（11）：157－160.

[12] 田景洲. 从生态文明看企业生态责任 [J]. 南京林业大学学报，2008

（3）：145－149.

[13] 张文. 武汉城市圈企业生态文明建设存在的问题及对策研究 [J]. 中国市场，2017（5）：164.

课题承担单位：广西宏观经济学会

课题负责人：苏腾（广西宏观经济学会）

主要参加人：王安平（广西宏观经济学会）、詹妮（广西宏观经济学会）、谢名雪（广西宏观经济学会）、王博（广西宏观经济学会）、冼凌翔（广西宏观经济学会）、黄焜元（广西宏观经济学会）、林姮君（广西宏观经济学会）、钟彩英（广西宏观经济学会）、廖乔（广西宏观经济学会）、宋佩芳（广西宏观经济学会）、陈昭羽（广西宏观经济学会）

新时代广西北部湾经济区建立新机制、激发新动能、选择新路径研究

一、立题含义、研究意义

(一)"四新"含义及其关系

1. 新时代、新动能、新机制、新路径的含义

时代,指以经济、政治、文化等状况为依据而划分的某个发展阶段。党的十八大以来,以习近平同志为核心的党中央进行了具有许多新历史特点的伟大斗争,推动中国特色社会主义进入新阶段,为世界社会经济发展贡献中国智慧。中国特色社会主义进入新时代,同时也面临着新情况、新矛盾和新问题。动能,即指物体由于运动而具有的能量。质量相同的物体,运动速度越大,它的动能越大。新一轮科技革命和产业变革所产生的新技术、新产业、新业态、新模式等都属于新动能。运动速度相同的物体,质量越大,具有的动能就越大。过去较长时期我国采取粗放型要素配置模式,具有不可持续性,当前我国产业发展迎来新变革机遇,需要新动能及时给予支撑。"机制"一词源于希腊文,原指机器的构造和工作原理。把机制的本义引申到不同的领域,就产生了不同的机制,经济学领域指经济机体中发挥的功能,而新机制是指各环节内部以及各环节之间本质的内在相互关联、相互制约的工作方式。路径,是指谋划出任意形状曲线,又称轮廓线。在社会经济领域,新路径是国家和地区为达到某些目标,根据时代变化和实际需要,

从而制订有别于传统的发展计划的实施过程。

2. 新时代、新机制、新动能、新路径相互之间的关系

发展是人类社会永恒的主题，是当今世界各个国家和地区共同追求的目标。新时代背景下，社会存在的问题已不再是单纯的经济增长与国民财富积累问题，而是包含了经济、社会、人口、资源、环境等诸多领域的系统问题，并且随着各方面环境条件的深刻变化而变得日益复杂。在这个过程中，需要采用新动能，运行新机制，规划新路径，进而实现新目标。

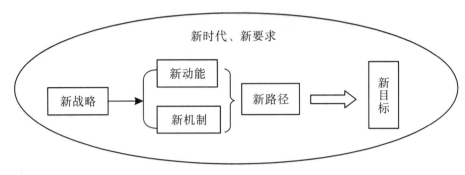

图 1 逻辑关系图

（1）新时代

党的十九大明确指出，社会主要矛盾已经转化为人民日益增长的美好生活需要和不平衡不充分的发展之间的矛盾，反映了不同历史时期发展的阶段性特点。人们的生活水平得到不断的改善和提高，中国社会生产力水平不断提高。

（2）新动能

高质量的发展也成为中国经济发展的主题，2017 年 1 月 20 日国务院办公厅印发了《关于创新管理优化服务培育壮大经济发展新动能加快新旧动能接续转换的意见》。

（3）新机制

新时代社会建设肩负新的伟大使命，需要有新的建设机制与之相匹配，包括构建创新驱动机制、构建统筹协调机制、构建绿色发展机制、构建开放融合机制、建设共建共享机制。

（4）新路径

完善现代化市场体系为基础的发展道路，借助政府财税政策加大公共产品供给和创新投入补贴。激发各类市场活力，打破行政性垄断和市场分割。深化改革与全面开放相统一的发展道路，深化科技体制改革，培育引领新经济科技人才，极大调动和充分尊重广大科技人员的创造精神。走工业化和信息化相融合的发展道路。

（二）课题研究意义

1. 是广西担当"三大定位"新使命的发展需要

北部湾经济区取得了巨大成效，但互联互通整体效益尚未充分发挥，未来必须紧紧围绕"三大定位"，加强互联互通建设，打造区域性国际航运中心，推动形成"一带一路"经我国西部地区的完整环线。

2. 是共同打造北部湾城市群的发展需要

北部湾城市群是国务院于 2017 年 1 月 20 日批复同意建设的国家级城市群，加快北部湾城市群发展，重点发展南北钦防发展轴，有利于将北部湾经济区培育成强大的增长极，打造良好营商环境，促进东中西联动发展。

3. 是广西对外开放开发的现实选择

北部湾经济区乘势而上，加快实施更加积极主动的开放带动战略，构建面向国内国际开放合作新格局。在新形势下推动北部湾经济区升级发展，从根本上还是要靠自身的改革创新，力争取得实质性突破。

二、广西北部湾经济区发展机制、动能、路径建设存在的问题

（一）机制问题

1. 园区管理运行机制滞后

广西北部湾经济区现有园区建设的运行机制不够顺畅，相关政策和办事制度不配套、不规范，部门之间工作协调不力。园区在招商引资、产业发展方面涉及的行政主体过多，而园区管委会在很大程度上又缺乏管理职权，对行政审批、土地开发等不能进行统一配置管理，造成园区工作效率低，影响项目落户建设，也导致引资、人才等政策不一致，不利于整体功能的发挥。且大多数园区审批权限仍在市、县一级，尚未下放到园区管委，园区缺乏自主管理权，未能实现封闭式管理。

2. 土地使用效率不高

一是土地管理缺少统筹安排。北部湾经济区土地的规划、开发利用和保护由各市按照行政区域分别管理，缺少统筹安排，不利于区内土地资源的宏观调控。二是土地利用年度计划与实际需要脱节。表现在工业用地指标争取难度大，大部分园区的项目在等待用地指标落地。三是用地效益不明显。土地产出强度是衡量土地管理绩效的指标。钦州市工业园区除钦州港区产出强度（7073万元/公顷）高于自治区对产业园区入园项目产出强度要求（国家级不低于3400 万元/公顷）外，其他工业园区的产出强度均没能达到自治区的要求。

3. 融资平台"造血"功能不强

一是利用资本市场能力较弱势。以间接融资为主要融资方式，直接融资渠

道缺乏，比重偏低，规模偏小，利用资本市场能力较弱。二是金融集聚区推进进程不够快。五象新区总部基地金融街虽有多家金融机构入驻，但由于自治区缺乏针对集聚区发展的扶持及配套政策等，制约了金融集聚区的进一步发展。三是融资渠道比较单一。园区均缺少融资服务平台，入驻企业大多处于发展起步阶段，普遍存在获得信贷支持少、自有资金缺乏等困境，严重制约了入园企业的发展。四是金融创新力度还不够。发展跨境人民币业务的先行先试力度不够，跨境人民币回流机制有待健全，利用跨境人民币结算推动跨境贸易投资力度有待加强。

4. 同城化建设有待提升

一是中心城市能级不足，辐射周边功能递减。北部湾经济区内部尚未形成合理的城市分工和层级体系，与其他城市群中心城市相比，南宁综合实力较弱，导致对周边地区的辐射带动作用不足，枢纽功能发挥受限。二是产业一体化问题。沿海三市的产业同构现象相对严重，这会导致重复建设、资源浪费，影响区域整体的可持续发展能力。三是户籍准入和管理制度有待完善，四市制定统一的户籍准入条件有难度。此外，国际贸易"单一窗口"重复申报问题仍然存在，"单一窗口"流程和手续有待简化，社会信用平台功能有待健全等。

（二）动能问题

1. 高质量动能不足

供给侧方面，资源要素配置没有向集约节约型转变，还面临生态环境的压力问题。产业仍处于中低发展阶段，企业经济效益欠佳。需求侧方面，中低端产品出口比重过大，国内消费增长缓慢。体制方面，行政性审批事项多，民营企业税费负担相对较重，进入部分市场门槛高，企业实现转型升级难度较大。创新方面，社会原始创新动力不足，尽管近年来科技贡献率、专利申请量的增长都比较快，但在核心领域方面，领军人才短缺，仍受技术瓶颈制约。

2. 科技创新能力和原始创新能力较弱

一是研发投入不足，企业创新能力不强。与其他区域相比，研发投入强度较低。创新成果仍处在较低层次，具有高科技含量和高附加值的新产品数量很少，缺乏市场竞争力。二是科技孵化体系不够完善，科技服务水平不高。"创业+孵化+加速+创投"的现代科技孵化体系尚在建设中，众创空间、孵化器等创新创业孵化平台数量较少，布局不够合理，对在孵企业所急需的投融资、科技服务、法律与信息咨询、管理咨询等关键性孵化服务不足。三是人才匮乏。科技创新人才数量和能力水平还不完全满足科技事业发展的需要，人才结构和布局有待优化。缺乏高精尖制造业、信息产业和新材料等方面的专业人才。管理应用型复合人才少，国际化人才缺乏；创新平台不多，创新能力不强，新旧动能转换的动力不足，支撑力量比较弱。

3. 工业产业聚集和辐射带动功能不强

广西北部湾经济区经济总量不大，工业化水平仍较低，高新技术产业发展薄弱，产业链延伸不足，集群化水平低。以钦州市为例，钦州市初步形成了石化、造纸、能源、冶金、粮油加工等临港工业框架，但是产业总体上处于起步成长阶段，企业数量少，产业链不长，产业集聚效应不强，发展层次不高，与发展产业集群的目标还有相当距离。产业配套能力相对较弱，需要到广东、湖南、山东、浙江等进行配套，不仅增加了企业的经营成本，还增加了生产的不确定性。资本、技术密集型的装备制造业、高新技术产业少，企业规模偏小，尤其是缺乏在全国有影响的龙头企业。

（三）路径问题

1. 开放平台的政策功能作用尚未充分发挥

一是国家级开放平台对外开放的政策效应和辐射范围有限。国家级开发园区总体上处于建设发展起步阶段，面向东盟的先行先试政策功能尚未充分发挥，政策优势还没有真正转化为经济优势和开放优势。二是区域合作平台发挥作用受到各方面因素制约。一方面各国政治互信不足，经济合作推进有一定难度；另一方面跨国通道建设需要各方投入大量财力和物力，并不保证所有国家都有足够的热心和能力。三是北部湾经济区自身层面的区域有限，都是寄希望于国家间开放合作或自治区级开放合作平台，合作局面不能打开，缺乏足够的经济实力和影响力。同时，区域合作的项目需要后续的跟进推动，需要便捷的联络协调机制、督查落实机制。平台渠道有待整合、服务功能有待优化、内容质量有待提升等。

2. 互联互通建设仍存在较大的完善空间

一是北部湾港口群存在同质竞争。湛江港、防城港都是大宗资源及能源型散货专业码头，两港的经济腹地重叠率高，进出口产品等相似度也很高。倘若港口间未形成良好的战略共识和发展路径，有可能导致环北部湾地区港口之间的竞争，出现诸如港口建设同质化严重等问题，不利于环北部湾地区港口的整体健康发展。二是港口集疏运体系不完善。防城港市企沙工业区以发展重化工为主要方向，由于配套的化工码头尚未建设，引进的化工企业原料和产品运输困难。三是西部陆海新通道铁路运费较高，通过能力不足。贵州省货物从贵阳出发通过西部陆海新通道铁路运输到钦州港上船，比公路运输到深圳港口上船每个集装箱要多花 4000 元。四是港口服务水平和效率有待提高。北部湾港口服务水平和效率有待提高。北部湾港口班轮航线少密度低、业务办理手续繁杂、收费较高以及进出口服务主体竞争力不强。

3. 向海经济有待突破

广西发展向海经济的基础不够牢固，质量发展水平不高。从数量上看，广西的海洋经济总量和产业规模还很小，生产总值仅占全国海洋生产总值的1.7%，占全区生产总值的6.5%。主要海洋产业是海洋经济的核心层，由图2可看出，广西海洋渔业、海洋交通运输业、滨海旅游业、海洋工程建筑业增加值占主要海洋产业增加值比重分别为31.25%、30.14%、20.77%、14.94%，而海洋药物和生物制品业、海洋船舶工业、海洋化工业、海水利用业、海洋矿业五产业仅占主要海洋产业增加值的2.88%，表明广西海洋产业中高端产业发展不足。虽然这些年广西海洋经济规模不断扩大、生态环境不断改善，但也存在"三重三轻"的突出问题，即重近岸开发轻深远海利用，重资源开发轻海洋生态效益，重眼前利益轻中长远发展谋划[①]。特别是沿海三市的海洋产业园区建设雷同、产业结构雷同；海洋渔业发展空间不断被挤压，渔港设施建设滞后于渔业生产，水产品加工副产物综合利用率低；高耗能产业多、低碳型产业少，临港产业布局相似，重复建设问题突出。同时在资金、研发、人才、机制体制方面还存在短板。

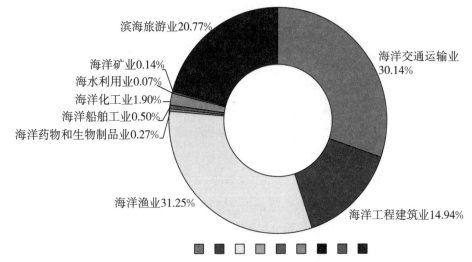

图2　2017年广西主要海洋产业增加值构成

数据来源：《2017年广西海洋经济统计公报》。

4. "数字经济"落地面临惯性"悬空"隐忧

广西是全国第一个出台大数据新政及专项行动计划的民族自治区域、边疆省区，数字广西顶层设计系统走在全国前列。但在政策落实方面，自治区的顶

---

① 张冠年：《加快推进向海经济发展》，《广西日报》2018年3月11日。

层设计在市级层面遭遇搁浅。一些地市政府、产业园区对数字经济市场主体的相关诉求无法回应。同时，还存在数字化基础支撑能力不足，数字技术产业基础较为薄弱，缺少龙头企业，对数字经济发展的驱动能力不强，融合型人才缺口等诸多困难。

5. 对外开放和营商环境有待提升

广西北部湾经济区实际利用外资总额占全广西利用外资总额比重逐年提高，2006 年占比为 58.53％，2016 年上升至 70.23％，2017 年为 70.37％，钦州市利用外资水平位居全区第一。广西北部湾经济区日益成为全区外资聚集地。但总体上看，广西北部湾经济区对外贸易发展水平低，结构不合理，增长速度不稳定。外资利用水平低，实际利用外资规模小。从营商环境来说，以税收为例，现行的促进北部湾经济区开放开发和西部大开发税收优惠政策主要局限于企业所得税、城镇土地使用税和房产税等，在国有大中型企业和装备制造业急需的人才引进、技术创新、资源和生态保护方面的税种优惠效应较弱。税收优惠政策的执行期短，导致投资者集中于投入少、周期短、风险小、收益快的产业，造成出现低水平的重复建设。工业用电方面，广西大工业用电电价相比云南、贵州、湖南高出 20％左右；部分园区电力供应不健全，企业缺电现象时有发生。社会保障方面，缴纳社会保障金对企业来说是大头。一个规范企业通常每个员工"三险"年需缴纳 3000 元，对一些企业来说，负担较重。

6. 环境保护综合治理形势依然严峻

广西北部湾经济区由于在开发建设时未充分考虑战略环评要求和环境承载能力，导致高耗能、高污染产业布局相对集中，产业同质化趋势明显。以钦州市为例，由于工业起步晚，钦州市的能耗指标低，污染物排放指标基数较少，而钦州工业发展势头迅猛，导致未来几年钦州工业发展受到节能减排的约束加大，而财政对淘汰落后产能企业资金扶持的力度还不够。加上部分县区、部门和企业认识不到位，重经济增长、轻节能减排，利用市场机制不够，激励政策不完善，问责制度不落实，监管检查不力等因素，使"十三五"的节能减排工作面临更加严峻的形势。水污染防治任重道远。以南宁市为例，邕江水质保持压力大。2018 年第二季度起国控断面水质出现下降趋势，2018 年 1—6 月按均值评价，南宁市 4 个国家考核监测断面水质达标率为 50％，其中，老口、叮当断面为 III 类水质，未达到 II 类水质的考核要求；已治理的黑臭水体易反弹。污水收集处理体系尚未完善，建成区内外治污统筹协调不足，彻底解决黑臭问题任重道远；城市污水管网不完善，多数老旧小区内部仍为雨污合流制，地下管网复杂，改造难度大。全市 14 个工业园区中有 3 家（伊岭工业集中区、上林县象山工业园区、马山县苏博工业园区）未完成污水集中处理设施建设。[①]

三、国内外经验对广西北部湾经济区的启示

（一）国外自由贸易港经验

国外的自由贸易港迅猛发展，形态多样，有基于海港、航空港的自由贸易港，也有专注于货物贸易的自由化、便利化的港口。国外的自由贸易港开放自由程度高，如科隆自由贸易港企业注册不需要营业执照，都具有"境内关外"特征，报关的要求较为宽松。国外的自由贸易港政策优惠普遍，被设置成税收洼地。我国自由贸易港的建设需因地制宜、体现特色，不断探索和创新体制机制。

表 1　国际自由港建设现状和趋势

序号	形式	经验	代表
1	形态多样	有基于海港自由贸易港，也有基于航空港自由贸易港。货物贸易自由化、便利化，也是业态延伸复合形态	纽约港、科隆港、新加坡港
2	开放自由程度高	自由贸易港属一国境内的特殊经济区域，货物进出都不受国内配额限制	科隆港
3	海关监管便利	报关要求宽松，通过信息技术和简化海关程序提高便利性	科隆、纽约、迪拜
4	政策优惠普遍	国际物流中心，一般被设置成税收洼地	科隆港、迪拜杰贝阿里自由区

（二）国内经验

1. 广东：创新第一引擎

党的十八大以来，广东把创新驱动发展作为总抓手，围绕国家科技产业创新中心的核心定位，推进珠三角国家自主创新示范区的高标准建设。其一，着力推进创新生态系统的基础建设。厘清政府与市场关系，优化营商环境。2014 年以来强化企业的创新主体地位，2015 年以来重点解决创新创业融资难问题。其二，促进科技创新与产业发展相衔接。利用市场化程度高的优势，紧紧围绕解决科技与经济"两张皮"的问题推动科技创新体制改革，重点强化科技同经济对接、创新成果同产业对接、创新项目同现实生产力对接、研发人员创新劳动同其利益收入对接、产业科技与金融对接，让创新真

---

① 南宁市环保部局 2018 年工作总结。

正落实到创造新的增长点上。其三，通过产业转型升级牵引新旧发展动能转换。通过科技创新的产业化应用实现传统产业升级以及新产业、新业态发展，新旧动能实现持续不断的转换是创新驱动发展的主要路径。全力推进产业的转型升级，为新旧发展动能的转换打下坚实基础，包括推动传统产业技术改造升级，促进产业向价值链高端攀升，全力开拓新产业、新业态。其四，加速创新空间组织重构。针对产业和城市发展的特征，加速创新空间组织的重构，包括通过支持建设专业镇公共创新平台、建设跨区域的产业联盟和专业镇联盟来推动专业镇的创新和升级。其五，积极打造开放创新高地。主动参与国际科技、经济的合作与竞争，在局部领域逐步实现从国际产业链的参与者向主导者转变。

2. 贵州："四型"数字经济

贵州大力发展大数据产业，大数据企业达到 8900 多家，产业规模总量超 1100 亿元，获批首个国家大数据综合试验区，为中西部地区开创出一条朝向新产业转型的新路径，这条路径也被称为数字经济的"贵州现象"。其一，思路转变。2013 年，当时贵州面临的难题是，地处西部内陆、经济社会发展较为滞后，如何才能实现振兴？而贵州的选择是大数据产业。贵州省委和省政府积极作为，原本传统产业发展的一些短板，变成了新产业发展的优势。尤其是贵州良好的生态环境，成了适合建设的中国天然的"大机房"。空气洁净、四季温差不大使数据中心运营成本大大降低，水火互济的电力稳定且价廉，多山多洞穴的喀斯特地貌成了数据灾备中心的理想场所。"无中生有""弯道超车"的思路转变，使得贵州把大数据产业作为带动全局的战略举措，打造全省经济发展的新动能和增长极。其二，打造数据经济完整生态。大数据立法、大数据体系构建、大数据交易、企业集群落地等方面快速推进，这一系列数字经济组合拳，让产业从点式突破，升级到了集聚人才、企业等要素，打造了一整套完整的数字经济生态。其三，制度创新。新产业、新业态、新模式的发展，需要新的顶层设计，需要新的制度创新。多个领域在全国率先实现：率先出台数字经济发展规划和意见、率先举办数博会并升格为国家级、率先建成首个省级政府数据集聚共享开放平台——"云上贵州"、率先颁布首个大数据地方法规、率先打造"中国数谷"等。为了从顶层制度设计方面为大数据发展提供政策支持，贵州先后在大数据立法、大数据应用、大数据管理、大数据与实体经济深度融合等方面，作了创造性的探索和实践。

表 2　国内经验借鉴

省份	形式	经验
广东	创新生态系统基础建设	厘清政府与市场关系，优化营商环境，打造金融生态系统
	科技创新与产业相衔接	强化科技同经济对接、创新成果同产业对接、创新项目同现实生产力对接、研发人员劳动同利益收入对接、产业科技与金融对接
	产业转型升级牵引新旧动能转换	通过科技创新的产业化应用实现传统产业升级以及新产业、新业态发展，新旧发展动能实现持续不断的转换是创新驱动发展的主要路径
	创新空间组织重构	通过支持建设专业镇公共创新平台、建设跨区域的产业联盟和专业镇联盟来推动专业镇的创新和升级；促进城市体系与创新体系的耦合，增强珠三角对粤东西北地区创新的辐射带动作用
	打造开放创新高地	主动参与国际科技、经济的合作与竞争，在局部领域逐步实现从国际产业链的参与者向主导者转变
贵州	思路转变	"无中生有""弯道超车"思路转变，贵州把大数据产业作为带动全局的战略举措，打造全省经济发展的新动能和增长极
	数据经济完整生态	让产业从点式突破，全面、系统、深度的生态式突破阶段
	制度创新	大数据立法、大数据应用与实体经济深度融合等方面，作了创造性的探索和实践

总之，广东和贵州是我国经济领跑者和改革创新前沿，其发展经验对广西有如下启示：第一，转变传统发展理念，勇于担当；第二，创新是推动又好又快发展的强大动力，必须扎实推进；第三，转型是实现跨越赶超的关键抓手，必须牢牢抓住；第四，绿色是经济社会发展的底线所在，必须始终坚守；第五，改革是破解发展深层次矛盾的必然选择，必须全力推进；第六，实干是做好一切工作的重要前提，必须切实强化。

四、建立五大新机制：新时代发展的突破口

（一）创新园区管理运行机制

一是赋予园区更多的自主权。园区是承载产业集群的关键平台，应加快推进广西北部湾经济区重点产业园区建设，着力推进开发区管理体制和运行机制创新，围绕产业集聚与集群发展、行政管理与公共服务、债权开发与股权开发，对体制进行的多元化创新。提高行政效能管理，支持开发区建立行政审批局、综合执法局、市场主体信用信息公示系统和政务服务网上办事平台。创新建设运营模式，探索"协会办园""运营商办园"新模式，鼓励社会资本在现

有开发区中投资建设、运营专业产业园、特色小镇，积极探索合作建设"区中园"和"园中园"的新模式。二是创新园区服务链体系。按照服务链一条龙和共享经济的理念，以现代制造业为主导产业，以科技企业孵化器、商住配套、物流配套和教育服务配套为全产业链服务配套，通过建设返乡农民工创业基地、人才培训基地、企业融资平台、公共技术服务平台，企业产品展示中心、员工之家和园区一卡通管理等系列服务和增值服务，吸引物流业、金融业及传统优势制造业为代表的企业集聚，助推北部湾经济区产业转型升级。

（二）完善土地集约利用约束机制

深化土地管理改革，完善城乡建设用地增减挂钩结余周转指标有偿使用制度，推进城乡建设用地增减挂钩结余周转指标有偿使用交易。一是规划先行和示范引领，加快建成一批示范工程。以推进农业供给侧结构性改革为主线，探索建立农业农村发展用地和资金保障机制。按照"增减挂钩+"模式，积极探索乡村振兴新途径。通过编制村庄规划，统筹安排增减挂钩项目和村庄建设、产业发展等，并运用增减挂钩政策来提升有关用地和资金的供给。二是严格用地管理。认真执行用地目录和标准，对承接产业转移项目的要严格项目准入。严禁工业项目擅自改变土地用途，构建低碳的用地结构。三是培育壮大节余指标买方市场。进一步加大调控力度，完善机制，指定政策，采取有效措施确保应买必买，促进增减挂钩政策红利更好惠及更多贫困地区。建立高标准农田建设等新增指标和城乡建设用地指标跨省（区）域调节机制，推动增减挂钩指标跨省（区）域流动。四是建立有利于土地利用方式转变的监管机制，健全征地相关机制和完善土地审批供应机制，推进和规范农村建设用地流转。

（三）创新投融资机制

1. 建设面向东盟的金融开放门户先行区

抓住广西获批《广西壮族自治区建设面向东盟的金融开放门户总体方案》的机遇，强化北部湾经济区面向东盟的人民币跨境结算、货币交易和跨境投融资服务，通过与东盟商业银行建立人民币代理行关系、融出人民币资金、支持建设离岸人民币市场，推动人民币在东盟国家使用。支持在北部湾设立金融开放门户建设专项资金。支持符合条件的金融机构在北部湾经济区组建面向东盟的中后台运营基地。研究探索在北部湾经济区设立中国东盟黄金产业园和保险创新综合试验区，加强跨境金融监管协调[①]。设立北部湾创业投资基金，广西北部湾经济区各产业园区应通过资产证券化、企业债、私募债等多种形式，筹集开发建设资金；逐步建立产业资本投资基金，推动园区产业升级。通过股权

投资、并购和资产证券化等现代金融工具培育和支持符合北部湾经济区规划的重点产业，提升广西北部湾经济区在东盟地区的影响力。此外，鼓励民间资本在园区设立融资性担保等融资服务机构，缓解小微企业融资困难。

2. 推广 PPP 模式，发展直接融资

一是推广 PPP 模式。PPP 模式是指政府通过特许经营、购买服务、股权合作等方式，与社会资本建立的利益共享、风险分担及长期合作关系。PPP 模式有利于实现公共利益最大化。应在传统基础设施、社会服务领域，逐步增加使用 PPP 模式比例。完善北部湾经济区基础设施投资（含 PPP）基金运作机制，吸收金融资本、民间资本等进入母基金，探索建立 PPP 基金。二是大力发展直接融资。积极推动龙头骨干企业到主板、中小板、创业板上市融资。鼓励国有企业以上市资源为目标开展并购重组，大力拓展公司债、企业债等债券融资。

3. 打造沿边金融改革试验区升级版

一是争取扩大沿边金融改革试点。巩固和提升跨境人民币结算业务，保持跨境人民币业务稳健发展态势。拓宽人民币回流渠道，开展人民币跨境双向贷款等跨境融资，建立中国与东盟国家支付清算中心、货币汇价定价中心及运营总部，支持东盟国家财团和法人以人民币投资股权等。建立沿边货币兑换平台，适时在龙州水口、靖西龙邦、那坡平孟等试验区内的其他重点口岸培育个人本外币兑换特许机构。规范发展建立跨境现钞调运机制，与越南建立人民币现钞防伪技术与反假货币培训协作机制。二是争取外汇管理改革新突破。深化外汇管理改革，进一步简化货物贸易外汇管理流程，允许选择不同银行办理经常项目提前购汇和付汇。三是争取在试验区率先实现限额内资本项目可兑换。四是继续推动跨境保险市场发展。建成跨境保险理赔服务中心；开展境外劳务人员人身保险、跨境车辆自驾游保险等跨境保险产品创新。五是构建北部湾经济区参与"一带一路"建设金融服务保障体系。支持中马钦州产业园与马中关丹产业园加强金融政策互动，探索构建中马"两国双园"跨境双向融资服务体系，缓解融资难、融资贵问题，加速产业双向投资，深化与港澳台金融合作交流。

（四）实施强首府带动战略，促进北钦防一体化发展

1. 实施强首府带动战略

强化首府意识、首府标准、首府担当，加快以南宁为核心的北部湾城市群建设，利用扩散效应获取核心城市的功能与经济溢出；以实施南宁强首府带动战略为契机，打造引领经济发展的增长极，进一步增强发展实力，提升经济发展水平，加快产业转型升级，增强辐射力和带动力，提升首府城市的"首位

度"。大力实施全方位开放带动战略，继续用好开放平台，以建设中国—东盟自由贸易区升级版为契机，深度融入"一带一路"建设，参与西部陆海新通道建设，大力发展外向型经济，持续提升"南宁渠道"影响力。积极推进现代特色农业建设，构筑现代农业生产体系、经营体系和产业体系；扎实推进民生建设和脱贫攻坚，努力让人民过上幸福美好的日子；扎实推进生态环境保护建设，营造山清秀美的自然生态。全力打造建设东盟国际门户、绿色文化名城，努力在全区构建"南向、北联、东融、西合"开放发展新格局中发挥核心作用。

2. 加快北钦防一体化发展

完善北钦防城市群一体化规划，发挥北部湾经济区的辐射带动作用，着力做到规划同筹、交通同网、信息共享、市场同体、产业同布、科教同兴、旅游同线、环境同治，形成区域内部梯度发展、分工合理的多层次、宽领域的产业群和优势互补、合作共赢的区域产业协作体系。做大做强北海、防城港、钦州、玉林、崇左重要节点城市，推动"一湾双轴、一核两极"的广西北部湾城市群框架形成，辐射带动中小城市和特色小（城）镇，提高集聚人口和服务周边的能力，从而推动大中小城市和小城镇协调发展，形成科学的空间布局。同时积极推进产业发展布局一体化、城乡统筹与城乡建设一体化、区域性市场建设一体化、基础设施建设一体化、北部湾物流建设一体化、环境保护与生态建设一体化和社会发展与社会保障体系建设一体化。

3. 深化户籍、通关便利化一体化改革

进一步缩小与户籍挂钩的城乡福利、待遇差异，建立四市统一的与城乡统一户口登记相适应的社保、医疗、教育、住房等制度。进一步放宽落户限制，取消北海、防城港、钦州市户籍人口在南宁市落户的社会保险年限条件，在经济区探索实行农村籍高校学生来去自由的落户政策。抓好通关便利等其他领域同城化。如在沿海三市探索设立中心海关，与东盟国家开展"两国一检""多国一检"等。深入推进单一窗口建设，提高数据申报简化率，尝试开发与"单一窗口"企业端相对应的移动综合服务平台，不断拓展"单一窗口"应用领域，提升应用效能。在空间上，适时推动一体化改革从四市扩大到六市，尽快让玉林、崇左共同享受一体化改革带来的红利。

（五）创新合作机制，做大做强现有机制

1. 创新北部湾经济区与"一带一路"沿线国家合作机制

（1）构建"共商共建共享"机制

建立和完善北部湾与"一带一路"沿线国家产业合作协调机制、地方政府会晤机制，以政策沟通、道路联通、贸易畅通、货币流通、民心相通为主要内

容，着力推动海铁公基础设施与公共服务设施共建共享，大力推动北部湾经济区与东盟产业的通力合作。

（2）深化原有合作机制

一是推动中国—东盟港口城市合作网络。重点支持中国—东盟国家主要港口班轮航线、航运服务项目建设，并延伸至贸易便利化、旅游和人文领域的合作。二是加快建设中国—中南半岛经济走廊。与沿线各国、各地区共同制订合作计划，推动战略规划对接，并围绕装备制造、汽车、能源、有色金属、农业等优势产业，加强与沿线节点城市合作，共建国际合作园区等平台。三是推进东兴、凭祥重点开发开放试验区建设。要破除思想障碍，大胆进行改革试验，加快推进东兴、凭祥国家重点开发开放试验区建设，赋予试验区更多先行先试权力，进一步推动政策落地生根，探索形成可复制推广的经验。东兴、凭祥将试点境外边民到试验区务工，实现跨境劳务规范化，改变越南务工人员"候鸟式"的务工模式。

2. 共建北部湾跨省区经济合作区

（1）建立健全北部湾城市群开放合作协调机制

打破行政区划藩篱，建立桂粤琼三省区推进北部湾城市群合作机制，共商跨省区间重大事项。健全广西北部湾城市群协作机制，定期召开推进工作会议，协调推动跨市域重大事项。充分发挥北部湾经济区面向东盟和沿海沿边优势，推进融入粤港澳大湾区的合作机制建设，加强与粤琼、东盟产业合作，有针对性地集聚产业高端发展要素，打造特色鲜明、布局合理、区域联动的现代产业基地。

（2）创新北部湾利益协调机制

筹建北部湾城市群一体化发展基金，支持跨地区基础设施、生态联防联治等建设。探索建立跨行政区水资源开发利用、生态环境保护和生态补偿机制等利益协调机制。深化北部湾地区与港澳台合作，继续推进落实《广西实施内地与港澳建立更紧密经贸关系服务贸易协议的行动计划》《南广高铁经济带发展规划（2016—2025年）》，举办好"一带一路"桂港合作论坛。探索将海南国际旅游岛建设先行先试和北部湾叠加政策的融合，率先在广西北部湾城市群内推广。

五、激发六大新动能：从要素驱动向创新驱动转变

（一）以构建自主创新体系建设为主导，推动创新驱动发展

一是提升自主创新能力，构建特色区域创新体系。以打造广西北部湾经济区高新技术产业带为抓手，积极推进南（宁）柳（州）桂（林）北（海）国家

自主创新示范区建设。加快推进自创区体制机制改革，培育壮大一批创新引领型企业、创新引领型人才队伍、创新引领型平台和创新引领型机构，着力建设一批技术创新平台，建立科技基础设施、大型科研仪器和信息共享机制。二是着力推进科技改革开放，进一步激发创新活力。加快科技创新"放、管、服"改革，深化财政科技计划和资金管理改革，引导社会资本有计划、持续性地加大研发投入。着力在重点领域改革上取得实质性突破。南宁市应围绕铝深加工、石墨烯、新能源汽车和现代农业等领域，进行重大共性关键技术攻关。玉林应在智能制造、新能源、新材料、生物技术、大健康、电子信息、现代物流、节能环保等领域开展产业科技研发攻关。

（二）以国家海洋局第四研究所为载体，建设区域创新研发新高地

一是着力加快主要包括综合科研实验楼、技术与产品中试基地等基础建设。二是按照错位发展、特色发展、合作发展和国际化发展理念建设国家海洋局第四研究所，以服务海洋强国战略为中心，使之建设成为集人才培养、科学研究、学科建设于一体的政策咨询智库和人才培养基地。三是面向全国招标，高起点设计，高标准建设，以吸引高端人才研发创业为目标，着力形成红树林湿地、海洋动植物与现代产业和谐共生的产城融合的典范，建成集科技研发、产业发展、国际合作、生态保护于一体，极具竞争力和吸引力的海洋新城。四是通过举办区域性海洋合作会议，密切与东盟国家海洋科技合作。积极与越南、柬埔寨、泰国等国家围绕红树林等生态系统保护与修复、发展蓝色经济等内容开展项目合作。

（三）以高新区为抓手，使之成为广西产业科技创新中心和新兴产业策源地

根据南宁高新区发展定位要求，加快培育发展智能装备产业、石墨烯产业、新一代信息技术产业、生命健康产业等战略性新兴产业，同时建设苗圃—孵化—加速创新链条和科技金融网络，加快集聚高端创新要素，努力打造创新驱动发展示范引领区。加快培育上市企业，探索种子基金、科技银行等多样化融资模式，强化金融资本支撑。设立"移动式"创业服务平台等公共服务平台，鼓励以政府和社会资本合作（PPP）模式进行高新区公共服务、基础设施类项目建设。积极营造环境，鼓励和支持产业技术创新战略联盟在组织模式、运行机制和发挥行业作用、承担重大产业技术创新任务、落实自主创新政策等方面先试先行。引导行业龙头企业、科研院所、高校围绕主营业务方向和优势专业领域建设众创空间。支持各高新区及其大型企业以产业转型升级为契机，通过盘活办公楼宇和厂房，打造创业文化浓郁的工作空间、网络空间、社交空间和资源共享空间。

（四）以军民融合产业技术创新战略联盟为载体，推动政产学研用协同发展

依托南宁、防城港、钦州优势产业创新平台，加快建设北斗卫星导航应用与运营服务中心，推动卫星导航系统应用核心元器件产业化，推进北斗导航产业链。加快玉林军民融合示范基地建设，积极创建国家军民融合示范区，建成军工企业融入地方经济先导区、军队保障依托社会服务先行区和基础设施建设融合发展示范区。聚焦融合重点，建立军民融合产业技术创新战略联盟，通过建立军政企三方合作共建的创新联盟平台，强化政治引领、高端定位，推动军民科技深度融合。提升基础设施支撑能力，构建军民融合的产业、创新、公共服务体系，提升突发事件应急处置能力，打造边疆海防铜墙铁壁。

（五）发挥企业作为创新主力军的关键作用

鼓励企业开展技术创新、商业模式创新和管理模式创新。加大对企业发明创造的支持和奖励力度，形成一批拥有自主知识产权的新产品，提升原始创新能力。推广以企业为主导的委托研发、技术转让、技术入股等多种合作模式。鼓励引导企业参与技术标准制定，开展技术并购和集成应用。充分发挥大型企业引领作用，利用高新科技手段，延长产业链，推动产业高质量集聚。利用中船钦州修造船项目、中国石油广西石化等大型企业的引领作用，聚集产业要素，不断延长产业链，形成高端化、高质量的产业集聚。鼓励民营企业创新发展。加快建设以市场为导向、企业为主体的技术创新体系，推进政产学研用协同创新。加强与区内外高等院校和科研院所协同发展，开展多方位的产学研用合作。

（六）以人才为支撑，释放经济发展新动能

一是实施人才强区战略，推动开放创新、协同创新。建立国际科技合作交流新平台，积极引进国内外知名的科研机构，吸引国内外人才前来创新创业。二是建立完善高层次人才、特殊专业人才和急需人才引进"绿色通道"机制，加大力度吸引国内外产业领军人才和高端管理人才，特别是创新引领型的高端人才。重点培养和引进港口建设、船舶加工制造、金融、保险等重点产业紧缺人才；积极培养和引进国际贸易、物流管理、企业管理和东南亚小语种等对外贸易紧缺人才。三是全面落实自治区高层次人才政策。高度重视对年轻科技人才的支持，鼓励支持高等院校专业技术人员带项目到高新区进行成果转化和孵化。四是创新体制机制，完善人才成长培训机制，设置人才成长培训基金，为高端紧缺人才的成长营造良好的环境。同时，激发人才创新的潜能，打造一系列功能完善的创新创业平台，为人才施展才华创造条件。

六、选择六大新路径：新时代转型升级的必然要求

（一）以北部湾港为依托，探索建立自由贸易港

一是做好统筹规划和顶层设计。主动对接海南自由贸易试验区和中国特色自由贸易港，以西部陆海新通道建设为抓手，以北部湾港为依托，探索申建自由贸易港，培育新的发展动能，在管理、投资、金融、航运等服务方面积极探索新的机制，建成与国际自由贸易港体制全面接轨的贸易和航运自由港。北部湾自由贸易港将以中马钦州产业园、钦州保税港区、南宁保税物流中心、凭祥综合保税区、北海出口加工区、东兴开放开发试验区为基础，对标国际通行的自由贸易港运行模式，着力在贸易和投资合作、金融创新、税收政策等领域开展先行先试。二是探索自由贸易港管理新体制、新机制。可借鉴迪拜世界贸易中心管理的"小特区"模式，实施启运港退税政策，西南中南地区主要城市作为无水港启运港，而钦州保税港区作为离境港；鼓励境外国际邮轮公司在北部湾经济区设立经营性机构，支持境外大型邮轮公司挂靠北部湾港口；并在邮轮游客离境购物退税、离区购物免税、限时过境免签证等方面先行先试[①]。

（二）做大做强现有平台，拓展新的发展平台

1. 积极融入"一带一路"倡议

一是以开放促进合作，以合作促进开放，有效推动与"一带一路"沿线国家合作，进一步拓展"一带一路"合作的领域和空间，努力形成相互促进、良性互动的局面。二是要推进项目合作。规划建设一批与东盟海上陆上重大合作项目。包括中国—东盟港口城市合作网络建设和推动中国—中南半岛经济走廊建设。规划建设中国—东盟海洋合作试验区。三是加快建设和完善一批标志性落地项目。全面提升钦州保税港区开放核心平台功能，将其建设成为环北部湾集装箱干线港，西南汽车、酒类进口交易和国际商品进口集散基地，西南通用航空交付中心和跨境电商示范区[②]。四是推进中越跨境经济合作区建设。着力在中越凭祥—同登跨境经济合作区中方园区打造商贸物流业、口岸加工业、电子商务、金融服务业、文化旅游业等五大产业。抓好中国东兴—越南芒街跨境经济合作区建设，把该区建设成为中国—东盟跨境旅游合作区和沿边产业合作发展新高地。五是积极推进贸易便利化合作。建立口岸通关协调例会制度和日常联络制度，加大互联互通 QIC（即检疫检验、出入境和海关通关制度）便利化合作，并建立信息交流共享机制，通过优化口岸关检机制等举措，提升地区

---

① 《广西北部湾欲申建自贸港区》，http://gx.people.com.cn/n/2014/0128/c229228-20490487.html。

② 《钦州市国民经济和社会发展第十三个五年规划纲要》，http://www.gxqzrd.gov.cn/news/show-4394.aspx。

贸易投资自由化和便利化水平。

2. 加快国际产能合作示范基地建设

一是拓展重点国家重点行业国际产能合作。将越南、老挝、柬埔寨、缅甸等中南半岛国家作为国际产能合作首选国，推动建材、钢铁、有色金属、纺织等优势产业向这些国家转移。积极推进与泰国、马来西亚、印度尼西亚、菲律宾等其他东盟国家在机械、汽车、电子信息、农产品加工等领域的国际产能合作。适时将国际产能合作区域扩展至"一带一路"沿线地区。二是加快推进跨境产能合作示范基地建设。推进境外经贸合作园区建设，鼓励广西有实力的强优企业到园区投资办厂。打造经济区优势产能和装备制造向东盟输出的服务平台，积极承接我国东部地区和发达国家产业转移。努力将中马"两国双园"打造成国际产能合作的重要载体和示范园区。

3. 推进"数字北部湾"建设，引领产业转型

一是扎实推进大数据及相关产业发展。借鉴贵州大数据品牌经验，争取优质的发展资源和平台，打造北部湾的数字经济品牌。二是积极推进产业数字化，促进产业转型升级。支持机械、汽车、钢铁、石化、有色金属、食品工业和冶金工业等传统优势产业数字化改造，主动谋划一批重大项目，打造广西北部湾工业互联网特色平台。三是积极打造数字化现代农业生产体系建设，着力推进"双高"糖料基地数字化、高标准农田数字化、特色水果基地和特色林基地数字化。四是积极推进生产性服务业数字化和生活性服务业数字化，培育壮大服务业新模式新业态。五是推动数字经济与实体经济融合发展，培育和扶持区域数字经济产业的发展，培育和孵化一批北部湾经济区本土的"独角兽"和"小巨人"。六是依托南宁五象新区建设面向东盟的数字经济总部基地建设，引领广西北部湾经济区数字化服务业发展。

（三）加强陆海基础设施建设，推进互联互通

1. 打造区域性国际航运中心

要抓住北部湾港务集团和西江集团战略性重组的机遇，着力构建北部湾港口体系和江海联运体系，合力推进中国—东盟区域性国际航运中心建设，积极推进北部湾集装箱码头建设，完善大能力专业化港口体系。加强港口基础设施建设，推进深水航道及配套设施建设，推进港口集疏运系统建设，完善钦州港区作为集装箱干线港的功能。同时，提升港口整体能力，突破行政区划的藩篱，扩大开放，实施更加积极主动的开放带动战略，建立泛北部湾港口联盟，将广东湛江港和海南的海口港整合到一起，解决同质化竞争的问题，形成有竞争力的环北部湾港口群。深化港口建设与经营改革，建立港口与沿海铁路一体化运作机制。着力解决航线归集钦州港后对北海、钦州企业的不利影响。

2. 建设中国—东盟信息港口

广西北部湾经济区要大力推进信息港南宁核心基地的建设。通过实施以信息产业为中心的产业生态战略，打造"互联网＋"生态圈，实施以信息产业为中心的产业生态战略，借助金融投资和服务贸易，聚合人才、技术和服务能力，把中国—东盟信息港打造成为以广西为中心、面向东盟国家的核心通信枢纽和信息产业基地，为中国与东盟国家之间的经济、社会等交流架设沟通桥梁。

3. 加密连接东盟各国主要港口的直航航线

推动开通东盟国家主要港口海上"穿梭巴士"，包括钦州港至泰国林查班港等，开辟至其他国家港口直航班轮航线及远洋洲际航线，力争基本形成以北部湾沿海三市为基地、覆盖东盟国家的港口城市联盟、临港产业带、航运物流带。在广西增开加密内外贸集装箱航线，发展干散货运输、油气运输以及码头运营等业务，提升国际陆海贸易新通道综合服务和保障能力。钦州正着力打造"一带一路"有机衔接的重要门户港，降低企业物流的综合成本，加快建成面向东盟、服务西南中南的北部湾集装箱干线港。

4. 加快西部陆海新通道建设

一是在国家层面编制西部陆海新通道战略规划，成立协调领导小组，推动沿线各省区市全力参与建设。二是以建设西部陆海新通道为突破口，建立以北部湾为枢纽的跨省区、跨境综合交通运输体系，将北部湾铁路项目等关键基础设施项目与国家"十三五"规划、"一带一路"重大项目库、中长期铁路网规划等进行衔接，并给予优先支持。三是在港口货运方面，争取尽快开通重庆至广西北部湾港"五定"（定点、定线、定车次、定时、定价）班列。防城港市加快化工码头建设进度，解决化工企业原料和产品运输困难，促进临海化工产业集群发展。加快钦州集装箱办理站、钦州港东站货场扩建、新加坡（南宁）综合物流园区等项目建设。四是打通重庆至广西到新加坡的国际货运通道。大幅度调整沿海铁路货运价格，降低沿海货运成本。五是推进西部陆海新通道互联互通项目合作机制建设。积极争取国家支持，探索体制机制和政策创新，破解发展瓶颈，努力将西部陆海新通道打造成为现代服务业融合发展的重要平台，成为跨国跨区域合作的成功典范。

5. 加强多式联运体系建设

一是大力发展北部湾港口多式联运。利用北部湾港区的优势，大力发展港口海铁公联运。积极推进"散改集"转运模式，依托防城港亿吨大港优势，推进大宗散货使用集装箱运输，不断提高集装箱多式联运在港口集装箱吞吐量中的比率，提高运输效率，降低物流成本、促进节能减排。积极推进"一单制"的物流服务，把北部湾港打造成为到东盟的重要海铁公联运中转枢纽。二是积极对接中欧班列。以当前"南菜北运"为基础，加快推进北部湾经济区国家第一批多式联运示范工程（贯通欧亚大陆的公铁联运冷链物流通道全国多式联运示范工程）建设，落实中越国际联运集装箱运输协议，推动中越跨境铁路集装箱班列运行，探索开通中欧（广西钦州）班列。三是培育多式联运经营主体。加强港口、货运枢纽、物流园区与铁路、公路的衔接，培育多式联运经营主体。推进铁路、公路、水运骨干运输企业整合核心资源，以资本为纽带，组建大型多式联运企业。强化示范引领，加快培育多式联运龙头骨干企业。

（四）探索向海经济发展的高端高智高效产业体系

1. 着力构建现代向海经济的工业产业体系

一是培植"工业树"，育护"产业林"[①]。按照全产业链思维，推动产业链条延伸到各个领域，打造深度融合的产业集群，抢占价值链中高端，努力提升工业创新能力。着力抓项目，培育工业之"苗"。围绕北部湾工业传统优势产业和战略性新兴产业谋划生成一批项目。着力强龙头，重点帮扶品牌影响大、有市场话语权的大企业大集团，采取"一企一策"帮扶机制；引进一批行业顶尖的央企、民企、外企，发展一批技术含量高、竞争力强的中小微企业，形成大企业和中小企业共同发展的格局。支持补链条，伸展工业"枝叶"。做强北部湾经济区产业链和价值链深度拓展，促进产业集群发展；实施建链补链延链强链计划，使产业链条更完善、功能更齐备。

二是打造六大"千亿级"产业集群。抓住北部湾城市群建设带来的机遇，围绕打造装备制造、电子信息、石油化工、冶金精深加工产业，形成特色产业链，培育壮大一批"千亿级"产业集群，重点打造六大"千亿级"产业集群，重点发展临港产业，着力构建现代向海产业体系。

专栏1　向海六大"千亿级"产业集群

- 打造"三千亿级"电子信息产业集群
- 打造"两千亿级"石油化工产业集群
- 打造"两千亿级"冶金精深加工产业集群
- 打造"两千亿级"轻工食品产业集群
- 打造"千亿级"装备制造产业集群
- 打造"千亿级"生物医药和健康产业集群

资料来源：《广西北部湾经济区升级发展行动计划》。

三是培育壮大10个千亿元园区。广西北部湾经济区应依据规划要求有机整合产业园区，抓好产业发展，明确各个园区的功能定位，引导园区及产业错

---

① 鹿心社：《培植"工业树"　育护"产业林"　开创广西工业高质量发展新局面》，《经济日报》2018年6月15日。

位发展，形成"一园一特色"，避免同质化倾向，推动园区向差异化、集约化发展转变。培育壮大包括南宁高新区、凭祥综合保税区、铁山港（临海）工业区、钦州石化产业园、钦州保税港区、玉柴工业园等10个千亿元园区。

四是加快传统优势产业二次创业。铝业、有色金属、糖业、机械、冶金等传统产业是广西北部湾经济区工业发展的基础力量，要通过产业集群发展，补齐完善一批高水平产业链，推动产业链向中高端延伸；通过科技创新，培育企业创新主体，激发工业高质量活力；通过重点领域的智能化改造升级，打造一批智能工厂车间。积极推动糖业、机械、铝业、冶金、有色金属产业、消费品轻工业和农产品加工业等转型升级，改造提升传统动能。

五是构建具有区域特色的现代产业体系。运用市场化的手段，对北部湾经济区各市的产业升级进行统筹规划，构建布局合理的产业集群。南宁重点支持电子信息、先进装备制造、生物医药，北海重点支持电子信息、临港新材料、石油化工、林纸一体化、粮油加工产业，钦州重点支持石化、装备制造业、能源、粮油加工、冶炼，防城港重点支持钢铁、有色金属、高端装备制造、新能源、新材料、粮油加工六大主导产业，玉林重点支持生物制药、健康产业、不锈钢制品，崇左重点支持边境贸易加工、跨国旅游、食品加工。切实做强做大现有产业，围绕上下游产业链进行精准招商，打造循环经济产业链，增加北部湾经济区在向海经济方面的话语权。

2. 培育壮大海洋战略性新兴产业

深入落实《中国制造2025》广西版，致力于打造北部湾经济区升级版，以重点产业为突破口，大力培育和发展新型显示器等新一代信息技术和新能源、新能源汽车、新材料、高端装备制造、节能环保、海洋药物和生物制品业等战略性新兴产业，提升传统优势海洋产业，加快培育壮大海洋新兴产业，加强生物医药创新能力建设，建设医产学研紧密结合的新药研发平台，提升海洋生物制品和药物科研成果的转化力度，提高海洋新药、高分子材料和功能特殊的海洋生物活性物质产业化开发，打造战略性新兴产业集聚发展示范区，着力将北部湾经济区打造成为广西改革开放的"先行区"和"试验区"。

专栏2 战略性新兴产业集聚发展示范区名单

新一代信息技术业集聚区、高端装备制造集聚区、生物产业集聚区、新材料产业集聚区、节能环保产业集聚区、能源产业集聚区、智能制造基地、培育新经济新产业新业态。

资料来源：《广西北部湾经济区升级发展行动计划》。

3. 加快发展现代服务业

一是以城市发展为平台，发展和培育产业集群。南宁市应发挥核心城市集聚优势，重点发展金融、物流、商贸、会展，打造区域性金融中心和东盟信息港核心基地。着力发展研发、设计服务业。加快建设中国服务外包示范城市。在高新区建设服务外包核心集聚区，大力发展金融、软件和信息技术、交通物流、文化创意设计、工业等领域服务外包，加快培育五象新区、青秀区、南宁经济技术开发区、南宁东盟经济开发区4个服务外包特色集聚区。北海市发展滨海旅游、跨国旅游，打造国际国内知名滨海旅游胜地和生态、宜居的现代服务业滨海新城区。钦州市发展物流等生产性服务业、文化创意产业，建设商贸服务中心。防城港市重点发展港口物流、冷链物流，建成全国唯一连接东南亚国家的海陆冷链物流通道和铁路冷链物流全国发展示范标杆；发展"上山下海又出国"的跨境旅游，打造边境风情旅游城市；创建公共文化示范区，打造边海文化名市。玉林市优先发展新型特色专业市场、现代物流、电子商务、商务会展生产性服务业，大力发展商贸流通、休闲旅游、健康养老生活性服务业，着力打造海上丝绸之路健康养生旅游目的地。崇左大力发展现代物流业、国际商贸业、健康养生和边关旅游。

二是全面提升"北部湾度假"的旅游品牌形象。以推动防城港边境旅游试验区建设为契机，推进广西北部湾经济区全域旅游纵深发展，推进六市所辖县区创建特色旅游名县和创建广西全域旅游示范区工作，打造构建全区域、全要素、全产业链的旅游发展新模式。继续推进北部湾国际旅游度假区建设。加快开发涠洲岛、北海冠头岭—银滩、防城港江山半岛、东兴金滩旅游度假区、钦州茅尾海、三娘湾和左江花山岩画文化景区等国际休闲度假区。建设面向东盟的邮轮母港和国际邮轮码头以及海上游艇基地，打造具有国际水平的亚热带滨海度假地和海上运动休闲胜地。大力发展以滨海旅游为核心的向海经济服务业，积极推进"一带一路"沿线旅游业快速发展。重点突破跨境自驾车辆牌证互认和实现更优惠入境免签政策，试行东兴口岸24小时通关制度，延长入境游客免签停留时间，恢复边境旅游专用通行证赴越南下龙旅游业务。

4. 构建现代渔业产业体系

一是加快现代渔业示范区建设。按照"集聚、集约、生态、高效"的思路，建设集现代水产种业、设施水产养殖业、加工与流通、休闲渔业等各种产业融为一体的现代海洋渔业示范区。加快工厂化养殖示范区建设，改变单纯的以捕捞、设施养殖为主的传统渔业生产方式，实现海洋渔业生产的根本性转变。二是培育和扶持水产品深加工业龙头企业。加大对东兴市现代特色海洋渔业（核心）示范区、广西海世通食品股份有限公司、广西蓝湾渔业有限公司等龙头企业的培育和扶持，形成"龙头连基地，基地连农户"的海洋渔业发展新格局。三是发展远洋渔业。积极开发外海渔业资源，推动海洋捕捞向西沙、中沙和南沙"三沙"海域拓展。加快发展远洋渔业，支持有条件的企业建造专业远洋渔船，建设一批具有国际竞争力的远洋渔业企业和海外远洋渔业基地。四是着力推进海洋渔船升级改造，实施标准渔港建设。五是深入挖掘渔业文化，融入壮乡文化，大力发展滨海休闲垂钓观光、大水面生态养殖观光等休闲渔业，打造内容丰富、形式多样的休闲渔业特色品牌。

（五）加快以东盟为重点的对外开放合作

1. 创新广西与东盟的产业合作模式

一是积极探索建设中国—东盟产业合作示范区。以产业园区为平台和载体，双方政府、商会、企业应联动共建产业合作园区，主动融入国家"一带一路"建设。加快推进与印度尼西亚、新加坡、马来西亚、泰国、越南等国的合作，扎实推进中马"两国双园"、中泰（崇左）产业园、中国—文莱（玉林）健康产业园、中越跨境经济合作区等建设，抓好一批先导性对外投资项目建设，争取经济区在与东盟国家产能合作上有更大作为。二是进一步提升北部湾经济区产业水平，在汽车、新材料、新能源、装备制造、冶金深加工、精细化工等方面提升发展水平，在技术上与东盟国家形成梯度，为双方之间的分工合作创造更好的合作基础。

2. 主动对接粤港澳大湾区建设

一是主动融入大湾区建设，在战略规划、政策设计、港口建设和产业发展等方面全面对接粤港澳，并加快推进湛江—北海粤桂北部湾经济合作区建设。二是加快基础设施互联互通。进一步推进合浦—湛江高速铁路和浦北—北流高速公路，以及相关码头航道建设，全面提升与广东基础设施的互联互通水平。三是主动融入粤港澳产业分工体系。结合自身的比较优势，主动融入大湾区产业分工。加强与大湾区海洋产业合作，优先发展海洋运输、造船业、远洋渔业和海洋能源等产业合作。加强与大湾区金融、服务体系和高端制造业的合作。四是积极承接大湾区产业转移。广东的制鞋、服装、电子制造等产业开始向东南亚国家转移，经济区需要认真出台对策，积极探索承接大湾区产业转移的方法与途径，加强承接产业转移的融合与提升能力，推动加工贸易的"东融"。五是以"创新理念＋创新模式＋创新路径＋创新技术"发展思路，加强与融入大湾区区域技术创新领域合作。加强大湾区高校和科研院所合作，优先发展创新急需的学科专业和产业技术，以解决本地技术创新供给不足的问题。

3. 以优化营商环境促进全方位开放合作

要以创造一流法治化、国际化、便利化营商环境，营造高效便捷的货物和服务进口贸易环境为目标，着力打造高效便捷的政务环境、开放包容的市场环境、保障有力的法治环境、宜商宜居的城市环境、公平正义的社会环境，做好"南向、北联、东融、西合"全方位开放文章。大力提高行政审批效率，不断提升行政审批服务工作质量。制定有利于企业发展的税收政策。进一步完善资产重组税收政策，鼓励制造企业积极实施兼并重组、强强联合、连锁经营、债务重组、改制上市等市场运作，组建具有核心竞争力的行业龙头企业，促进制造业企业做大做强。降低税收优惠政策门槛。

（六）加强生态环境保护，建设现代蓝色港湾

依据 2017 年 12 月发布的《广西海洋生态红线划定方案》，实施海洋生态红线制度。以创建国家生态文明示范市和坚决打好污染防治攻坚战为抓手，高位推动各项环保重点工作深入开展。全面打好"蓝天碧水净土"三大保卫战，建设美丽北部湾。以保护生态环境、提供生态产品为首要任务，加强水源涵养区、水土保持区、生物多样性区的建设与保护。强化政府环保投入主体地位，探索建立与北部湾经济区国民经济发展相适应的环保投入增长机制，逐步提高财政资金中环保投入的比重，增强规划实施的资金保障。全面开展污染防治攻坚战，统筹城乡环境保护治理，推进城乡多污染物综合防治和环境治理，强化水、大气、农业污染及人居环境的整治，全面落实河长制、湖长制，切实管好江河水库，强化全流域治理理念。加强集中式饮用水源保护工作，严格饮用水源保护区建设项目选址的审批，确保水环境质量持续改善。持续开展林地、湖泊、湿地保护工作。积极开展植树造林，持续提高森林覆盖率。严厉打击破坏海洋渔业资源犯罪，重点打击在禁渔区、禁渔期使用禁用工具或者禁用方法进行捕捞，非法收购渔获物，非法越界捕捞，妨害执行公务等犯罪行为，共同加强对海洋渔业资源生态环境的保护力度。

参考文献

［1］广西壮族自治区人民政府办公厅. 广西壮族自治区人民政府办公厅关于印发广西北部湾经济区升级发展行动计划的通知（桂政办发〔2018〕8 号）［R/OL］.（2018 - 01 - 22）. www. gxzf. gov. cn/zwgk/zfwj/zzqrmzfbgtwj/2018ngzbwj/20180202—679104. shtml.

［2］广西壮族自治区人民政府办公厅. 广西壮族自治区人民政府关于印发北部湾城市群发展规划广西实施方案的通知（桂政发〔2018〕2 号）［R/OL］.（2018 - 01 - 05）. www. gxzf. gov. cn/zwgk/zfwj/zzqrmzfwj/20180115—676353. shtml.

［3］广西壮族自治区建设面向东盟的金融开放门户总体方案［N］. 广西日报，2018 - 12 - 29.

［4］中共广西壮族自治区委员会　中共广西壮族自治区人民政府关于推动工业高质量发展的决定（桂发〔2018〕11 号）［R］. 2018.

［5］广西壮族自治区人民政府. 广西工业高质量发展行动计划（2018—2020 年）（桂政发〔2018〕30 号）［R/OL］.（2018 - 07 - 04）. www. gxzf. gov.

cn/zwgk/zfwj/20180713—703450.shtml.

[6] 鹿心社. 培植"工业树" 育护"产业林" 开创广西工业高质量发展新局面 [N]. 经济日报，2018 - 06 - 15.

[7] 冯娟. 推进北部湾经济区一体化的对策思考 [J]. 梧州学院学报，2015 (20)：16 - 22.

[8] 陆桂军. 关于深化北部湾经济区高新技术产业带科技体制改革的思考 [J]. 中国高新技术企业，2014 (23)：1 - 2.

[9] 张思琴. 广西北部湾经济区物流业发展现状研究 [J]. 物流经济，2011 (11)：84 - 86.

[10] 覃元臻. 广西北部湾经济区全面开放开发：成就、做法及经验 [J]. 东南亚纵横，2013 (12)：38 - 46.

[11] 黄建英. 广西北部湾经济区产业结构优化升级的路径选择与策略取向 [J]. 广西社会科学，2015 (1)：30 - 35.

[12] 杨振强. 北部湾经济区开放发展研究 [D]. 北京：中共中央党校，2017.

[13] 周玲. 广西北部湾经济区产业集群发展障碍分析 [J]. 中共南宁市委党校学报，2015 (6)：1 - 5.

[14] 欧胜彬，农丰收，陈利根. 建设用地差别化管理：理论解释与实证研究——以广西北部湾经济区为例 [J]. 中国土地科学，2014 (1)：26 - 32.

[15] 吕金阳，关常欢. 广西北部湾经济区承接产业转移路径研究 [J]. 合作经济与科技，2018 (5)：20 - 23.

[16] 秦登华. 广西北部湾经济区产业结构优化与土地集约利用耦合机制研究 [D]. 南宁：广西师范学院，2014.

[17] 马文. 广西北部湾经济区金融发展研究 [D]. 南宁：广西大学，2013.

[18] 林冠群. 广西北部湾经济区六市协同创新研究 [D]. 南宁：广西大学，2014.

[19] 周志超. 深入推进广西北部湾经济区同城化的对策 [J]. 经济论坛，2017 (10)：45 - 48.

课题承担单位：广西产业经济与城乡发展研究会

课题负责人：袁珈玲（广西社会科学院）

主要参加人：吴碧波（广西产业经济与城乡发展研究会）、曹玉娟（广西社会科学院）、曹剑飞（广西社会科学院）、吴坚（广西社会科学院）、宁常郁（广西社会科学院）、刘波（广西社会科学院）、凌云志（广西社会科学院）、陈禹静（广西社会科学院）

乡村振兴与城乡融合发展命运共同体构建

——基于人的发展经济学视角

长期以来，中国城乡二元结构问题直接制约着中国社会主要矛盾的解决和以人民为中心发展经济的目标实现，为破解该难题，党的十九大报告和2018年党中央一号文件提出了乡村振兴战略，建立城乡融合发展体制机制和政策体系，这彰显了构建城乡融合发展命运共同体在新时代中国社会主要矛盾中的地位和解决这一问题的重要性、紧迫性。我国编制完成的《乡村振兴战略规划（2018—2022年）》，制定了我国推进乡村振兴战略的五年规划，明确了乡村振兴战略的指南和纲领，旨在把农业农村发展摆在更加重要的地位，加大农业农村现代化发展支持力度，推进农村生态环境建设、提高农村现代化治理能力、提高人民生活水平，以此增强居民生存和发展的再生产保障、家庭保障、社会公共保障等，处理好生产关系与生产力发展、人的发展等相适应问题，更好地实现人与社会、经济、自然的协同发展，最大限度满足人民日益增长的美好生活需要，加快实现全体人民共同富裕进程。由此而言，乡村振兴与城乡融合发展命运共同体构建是同向的、互为融合的，城乡融合发展命运共同体构建中遇到的问题和难题，将在实施乡村振兴战略中得到破解。

一、乡村振兴战略的内涵与特征

（一）乡村振兴战略的基本含义

乡村振兴战略是在党的十九大报告中提出的，乡村振兴战略的目标导向是解决我国的三农问题，通过加快农业农村现代化步伐、优化农村生态环境、推进乡村文明建设、提高农村现代化治理能力和人民生活水平，着力破解城乡二元结构难题、解决人民日益增长的美好生活需要和不平衡不充分的发展之间的矛盾，最终实现全面建成小康社会和全体人民共同富裕。乡村振兴战略的目标超越了农村发展层面，着力于打通城市和农村资源要素自由流动、有效利用的通道，通过实现两者的相互融合、共建共治共享，为决胜全面建成小康社会、全面建设社会主义现代化国家提供强有力的支撑和良好基础。

（二）乡村振兴战略的特征

1. 人民性

以人民为中心是中国推进经济社会改革的核心要义和战略指导。长期以来，中国农村发展滞后于城市，农村居民生存和发展水平偏低于城市居民，三农问题没有得到根本性解决，没有真正走上可持续发展道路，其直接体现和最终影响对象就是农村居民。乡村振兴战略"产业兴旺、生态宜居、乡风文明、治理有效、生活富裕"的总要求，体现了未来乡村发展的方向、趋势、原则、任务和目标。产业兴旺涉及农村农业现代化发展、农民就业、农村经济基础等问题；生态宜居涉及农村生态环境保护与农民生产生活环境问题，即人与自然的和谐共生问题；乡风文明涉及农村传统文化的挖掘、传承和保护等问题，是农村居民精神文明道德建设和精神文化需求满足的问题；治理有效涉及农村现代化治理模式问题，旨在提高农村发展的全面性、科学性和可持续性；生活富裕涉及农民生存发展的物质保障、农村生活水平的提高以及巩固问题。上述五方面，尽管侧重点有所差异，但其核心始终围绕着怎么样让农民生活得更好、实现更好的发展来展开，是落实以人民为中心的发展思想的具体实践和实现人的全面自由发展的创新探索。

2. 长期性和复杂性

乡村振兴战略具有长期性、艰巨性和复杂性，这既取决于长期以来我国农业农村发展复杂且多元差异的形势，又与乡村振兴战略的内容及要实现的目标有关，特别是三农发展的规律。乡村振兴战略以实现"产业兴旺、生态宜居、乡风文明、治理有效、生活富裕"为总要求，注重完善农村基本经营制度、推进现代产业体系建设、提高农村现代化治理水平和能力、强化生态环境保护、提升乡风文明成效、改善农民生产生活条件等方面，这些内容既有各自的规律和特点，相互之间又紧密相关、相互作用，乡村振兴不可能依靠行政化思维一蹴而就，必须深入调查，全面掌握情况，遵循三农发展规律，因地制宜推进乡村振兴战略。首要任务是建立乡村振兴战略的体制机制，构建科学有效的政策框架体系，明确乡村振兴战略的目标、方针、路径、步骤、措施等；进一步理顺城乡融合发展体制机制，完善基础设施配套，消除制约城乡要素流动的藩篱；建立起完善的乡村振兴的体制机制和政策体系，彻底解决城乡鸿沟问题[①]。

3. 整体性与全面性

从目标任务来说乡村振兴战略涉及产业、生态、乡风、治理、生活五大方面，如果据此细分，可分为城乡融合发展、农业农村现代化、农村土地制度改革、国家粮食安全、农业现代化体系建设、生态环境保护、传统文化挖掘与保护、乡村治理体系和治理能力现代化、人民生活水平等方面。可见，乡村振兴战略涉及领域广、内容丰富，而且所涉及的内容紧密关联、相互影响、不可分割。如果将乡村振兴战略的五个方面分割开，或只是实现其中的部分，那么就不可能是乡村的全面振兴，就不能实现与城乡的融合发展，更不可能实现"两个一百年"的奋斗目标。

4. 融合性

一是指乡村振兴战略内容的融合与互动。乡村振兴战略所要实现的产业、生态、乡风、治理、生活五大目标中，各内容或目标之间具有极强的内在关联性。如产业发展、产业兴旺对生态环境影响极大，产业发展难以避免对生态环境产生影响；如实现农民生活富裕的基础在于实现产业兴旺，产业发展不起来，产业不兴旺，农民就难以实现充分就业，生活水平就难以提高，也就难以实现富裕。二是指乡村振兴战略与其他目标的融合。乡村振兴战略既立足但又不局限于三农，而是定位于乡村振兴战略对促进或实现与城乡的融合发展、人与自然的和谐共生、"两个一百年"奋斗目标等。

二、城乡融合发展命运共同体的内涵及其特征

（一）城乡融合发展命运共同体的内涵

城乡融合发展命运共同体是以城乡产业联动发展和生产力共同提高为物质基础，以城乡生产要素自由流动为通道，以城乡劳动分工演变为内在动力，以城乡分配正义与公平为激励，以城乡社会生产力和生产关系优化为突破，以保障城乡劳动者的生存和发展为核心，以城乡生产方式和生活方式的和谐统一、

---

① 钟钰：《实施乡村振兴战略的科学内涵与实现路径》，《新疆师范大学学报（哲学社会科学版）》2018年第9期，第3页。

人与自然和谐共生为实现目标的一种发展空间与利益优化的可持续发展模式。从历史来看，中国城乡关系的演变是社会生产力发展和人的生存发展方式变化的共同结果。新中国成立后，中国城乡二元结构出现的根本原因是没有处理好人的发展与经济发展的关系，主要表现在城乡资源配置、城乡收入分配结构、城乡社会公共服务供给失衡等方面。城乡融合发展命运共同体是对原来的城乡二元结构、城乡统筹等理念和机制体制的扬弃。一方面，城乡融合发展命运共同体继承了农村优良的传统风俗、乡村文化、自然生态等及城市的古建筑保护，强调人与自然、资源、社会、文化和谐共生；另一方面，城乡融合发展共同体是对传统的重城市轻农村、重工业轻农业、重经济发展轻生态资源保护等的局限性的摒弃。从人的发展经济学角度而言，城乡融合发展命运共同体的目标是通过城乡联动和融合发展来创造城市、农村居民发展的良好条件，最终实现农村和城市居民共享经济社会发展成果，人与自然和谐共生。即基于人的发展经济学的城乡融合发展命运共同体超越了传统的城乡一体化发展局限，它不是单纯的产业结构优化、土地规划布局、生产要素自由流动、社会公共服务资源配置等物化层面问题，上述只是一种途径或手段，而是将人的生存发展始终置于城乡发展或经济社会发展的首要核心位置，以促进城乡居民联动发展、互惠互利、共同提高生存发展保障水平，进而实现共同富裕。

（二）城乡融合发展命运共同体的特征

1. "人"的联动融合与平等发展

在城乡融合发展命运共同体框架下，内部成员在就业、住房、教育、医疗、社会公共服务等方面享有平等权利，并且通过劳动所获得的收入应能够维持劳动力生产耗费补偿，保障劳动者及其家庭成员生存和发展的需要，不会因为居住、就业的区域差异或行业差异等而在生存和发展保障水平出现差别，更不能以牺牲农村居民利益换取城市居民利益需求的满足。

2. 城乡发展关系的互促、互补、融合、繁荣

城乡融合发展命运共同体不仅体现在双方经济增长的同向性和增长速度的平衡性方面，更重要的是体现在城市和乡村之间要形成内生的联动性、互补性，使之形成有机结合、紧密配合、相互支撑的机制。

3. 城市和乡村的无条件等值

城市和乡村劳动者的劳动即使具有区域、行业、岗位等方面的差异，但所获得的劳动价值应具有等同性；不管是生活在城市还是农村，都要能够实现人与自然和谐共生以及平等的生活目标。城市和乡村的劳动者结合自己的意愿、专长和特质性，具有从事工业或农业及其相关生产活动的自愿选择权，以及在各种生产劳动之间进行转换和组合。

4. 城市和乡村居民发展的平等性和协调性

长期以来，城市和乡村居民发展的差异性不是人类发展的特有本质，而是由于制度和体制机制的影响导致不同区域、不同群体的生存发展保障水平、生活方式在特定阶段出现的状态，这恰恰是以人民为中心的经济发展需要解决好的核心问题。在城乡融合发展命运共同体下的城市和农村居民的发展是平等、和谐的发展，应享有相同的发展机会、发展资源、发展空间、发展保障，相互间形成紧密的联动关系，不因被区域、群体、行业等因素的影响而扩大差距，更不能以损害其他人的利益来实现另一部分人的发展。

三、乡村振兴战略与城乡融合发展命运共同体构建的逻辑关系

（一）乡村振兴战略和构建城乡融合发展命运共同体都是实现以人民为中心的经济发展重要途径

党的十九大报告明确了以人民为中心的发展思想，并作为中国经济改革的重要指导思想，要求经济社会发展与改革必须坚持以人民为中心，增强全体人民共享经济社会发展成果的普惠性、公平性。从人的发展经济学角度看，城乡发展差距问题就是城乡居民生存发展保障的失衡问题，以人民为中心的经济发展强调的是发展主体的全面覆盖，不解决好城乡居民生存和发展的均等性保障问题，就不可能实现真正的以人民为中心的经济发展。

中国特色社会主义经济发展就是要坚持以人为目的的生产，通过经济的发展使社会主义社会中的每一个个体都获得较好保障，城乡居民的共同发展，并不是单纯侧重于城市居民或农村居民的任何一方，而是要实现乡村振兴，构建城乡融合发展命运共同体，把两者作为一个整体来推进和发展，紧紧围绕怎么样能让农民生活得更好，实现更好地发展来展开。城乡融合发展命运共同体就是要建立健全城乡融合发展体制机制和政策体系，统筹和优化农村整体布局，解决好关系农村居民切身利益的就业、收入、教育、医疗、养老等问题和赖以生存的农村生态环境治理与保护问题，用以满足农村居民日益增长的美好生活需要的公共文化、娱乐等社会公共服务有效供给等，真正实现农业强、农村美、农民富，使农村居民与城市居民共享经济发展成果，实现共同富裕和全面自由发展。实施乡村振兴战略、促进城乡居民同步发展和构建城乡融合发展命运共同体，是坚持以人民为中心经济发展的内在要求，是为了更好地使人的生存发展得到更好保障。

（二）乡村振兴战略对构建城乡融合发展命运共同体的作用

1. 实施乡村振兴战略有利于推进农业现代化和乡村社会的整体发展

通过实施乡村振兴战略，坚持以质量发展为重点、绿色发展为原则，以农

业供给侧结构性改革为主线，着力构建和完善集现代农业产业体系、生产体系、经营体系等为一体的农业发展制度框架，提高农业全要素生产率，增强农业发展的创新力和竞争力，尊重自然、顺应自然、保护自然，推进乡村绿色发展，提高山水林田湖草系统治理水平，加强农村突出环境问题综合治理，建立市场化多元化生态补偿机制，增加农业生态产品和服务供给，加强农村公共文化建设，构建乡村治理新体系等将有力地解决农业和农村发展不充分的问题。

2. 实施乡村振兴战略有利于解决城乡发展的非均衡问题

乡村振兴战略重点优先发展农业农村和农村教育事业、提高农村劳动力就业质量和收入水平、完善农村基础设施、建立健全农村社会保障制度、改进农村人居环境等。立足乡村的产业、生态、文化等资源，加大对三农发展的资源要素配置支持力度，增强农村可持续发展的动力、内生力、活力，扩大农村发展空间，建立健全城乡融合发展体制机制，破解城乡制度壁垒，建立城乡优势互补、产业联动、发展共促、成果共享的新型城乡关系，有利于统筹协调解决好三农问题，推动城乡融合发展。

3. 实施乡村振兴战略有利于构建城乡融合发展命运共同体的生产关系

我国城乡发展的失衡问题，从根源上应归结于人的发展与经济发展的错位，这种错位不利于城乡融合发展和人的发展。过去基于该理念建立起来的社会生产关系没有能够很好地与城乡融合发展密切结合起来，其结果导致城乡发展失衡和农民生存发展保障水平与经济发展速度的不匹配。乡村振兴与城乡融合发展，要从重塑和优化农村生产关系进行破题。乡村振兴战略把"建立健全城乡融合发展体制机制和政策体系"作为重要内容，紧紧抓住"钱、地、人"等关键环节，围绕巩固和完善农村基本经营制度、完善农业支持保护制度、全面建立职业农民制度、建立市场化多元化生态补偿机制、鼓励引导工商资本参与乡村振兴战略等方面，全方位强化乡村振兴战略的制度供给，强化国家战略规划引领、党内法规保障，通过制定和实施国家质量兴农战略规划、数字乡村战略、农村人居环境整治行动、坚决打好精准脱贫攻坚战行动、产业兴村强县行动等重要战略、重大行动和重大工程，目的就是要建立农村与城市融合发展通道，促进互联互补、发展协同和成果共享。

（三）构建城乡融合发展命运共同体在乡村振兴战略中的地位和作用

1. 构建城乡融合发展命运共同体促进乡村振兴是解决农业农村发展不平衡不充分问题的根本出路

发展不平衡是我国农业农村发展的顽疾。如农村空心化问题突出；农业产业结构不合理，现代化水平不高；农村公共产品供给及公共服务有效供给不足；农村治理滞后；农村生态环境问题突出；农民增收空间有限等。解决这些问题必须以新型工业化、信息化、城镇化带动农业现代化，进而带动农村现代化；建立城乡融合发展体制机制，以新型城镇化和乡村振兴战略引领城乡统筹发展，推动城乡一体化发展；要坚持以人为本理念，更多关注乡村人口的全面发展需求，以新型职业农民和农村居民推进农业农村现代化。因此，以城乡融合促进乡村振兴是解决城乡差距大、农业农村发展不平衡不充分问题的重要突破口。

2. 构建城乡融合发展命运共同体促进乡村振兴是克服乡村衰退衰落困局的有力举措

改革开放以来，我国城镇化发展一直以高速度领跑于三农发展，存在农业发展水平不高、环境污染严重、人口双向流动体制不健全、农村被边缘化突出、城乡发展差距大等问题。乡村振兴战略需要解决的重要问题是深化农村改革，增强农村发展新动能，推动农业实现现代化发展，凝聚乡村重建的社会力量，提高乡村治理水平，建立三农的生态发展机制等。构建城乡融合发展命运共同体有利于拓宽工业反哺农业、城市反哺农村的渠道，培育和增强农业农村发展新动能，完善城乡融合发展的体制机制和政策体系，破除制约农业农村现代化发展的体制壁垒，实现资金、人才、技术、产业、生态保护、基础设施、公共服务等资源要素在城乡之间的充分流动并有效发挥作用，通过城乡融合推动农业农村现代化[①]。

四、乡村振兴战略与城乡融合发展命运共同体构建的研究现状

（一）乡村振兴与城乡融合的关系

大部分学者对乡村振兴与城乡融合关系的认识都比较趋于一致：实现乡村振兴是促进城乡融合发展的重要途径，是解决农业农村发展不平衡不充分的有效手段。

（二）城乡融合发展的主要问题

从掌握的文献资料来看，学术界对城乡融合发展存在问题的焦点主要集中在城乡发展不平衡、城乡差距大、城乡规划布局不合理、城乡基础设施发展不均衡、生态环境污染问题突出、农业基础薄弱等方面。如中国科学院、北京师范大学刘彦随教授把乡村发展与振兴的短板归纳为科学规划缺、制度体系缺、长效机制缺、创业人才缺，以及建设主体弱、资源支撑弱、产业基础弱、科技创新弱、公共服务弱；城乡融合发展的困境则在于城乡发展不平衡、城乡差距

---

① 付翠莲：《新时代以城乡融合促进乡村振兴：目标、难点与路径》，《通化师范学院学报》2018年第1期，第3页。

巨大，农业基础不牢固、发展压力加大，"乡村病"严重、多种矛盾加剧①。温州大学付翠莲结合温州实际提出城乡融合发展的难点：城乡一体规划缺乏，社区、村镇布局不合理，户籍人口城镇化滞后，城市化水平"虚高"，城乡居民收入差距明显，消费水平亦存在差异，基础设施发展不均衡，人居环境改善有限，耕地面积急剧减少，城乡就业压力增大，生态环境污染，可持续发展难度加大②。

（三）推进城乡融合发展的主要措施

学术界关于推进城乡融合发展集中在城乡关系优化、公共服务均等化体系建设、生产要素流通机制优化、农业农村现代化建设、农村土地和要素市场改革、生态环境保护与治理、户籍制度与就业制度改革、农村集体产权制度改革等。有学者从重塑城乡关系、实现乡村生态宜居和有效治理等方面探索了乡村振兴与城乡融合发展问题，研究认为，城乡关系的重塑要重点解决好三大方面问题，一是建立覆盖全面、共享普惠、城乡一体的基本公共服务体系；二是建立工农互促、城乡互补、全面融合、共同繁荣的新型工农城乡关系；三是建立引导城市资金、技术、人才、管理等生产要素流向农村的城乡融合体制机制③。中国科学院、北京师范大学刘彦随教授重点研究了城乡融合与乡村振兴战略的对象及其通过乡村振兴推动城乡融合发展的方向问题。他认为，乡村振兴战略要把优化城乡融合系统作为重点，加快建设城乡基础网、乡村发展区、村镇空间场、乡村振兴极等所构成的多级目标体系；要创建城乡融合体制机制，推进乡村极化发展，按照产业兴旺、生态宜居、乡风文明、治理有效、生活富裕的要求，构建乡村地域系统"转型—重构—创新发展"综合体系④。华南师范大学张凤超教授、厦门大学张明从马克思空间正义角度论述了城乡融合发展的改进向度：推进城乡产业联合发展，形成劳动过程融合、劳动决策融合、劳动价值融合为核心的城乡分配正义、城乡生产正义和城乡发展正义⑤。中共新乡市委党校陈婉馨认为，应该通过创新城乡要素融合机制、农村基本经营体制、城乡融合规划机制、生态保护机制等方面，重塑城乡关系，促进城乡融合发展⑥。

---

① 刘彦随：《中国新时代城乡融合与乡村振兴》，《地理学报》2018年第4期，第439页。
② 付翠莲：《新时代以城乡融合促进乡村振兴：目标、难点与路径》，《通化师范学院学报》2018年第1期，第4—6页。
③ 王喜成：《以乡村振兴战略带动实现城乡融合发展》，《区域经济评论》2018年第3期，第123页。
④ 刘彦随：《中国新时代城乡融合与乡村振兴》，《地理学报》2018年第4期，第637页。
⑤ 张凤超、张明：《乡村振兴与城乡融合——马克思空间正义视阈下的思考》，《华南师范大学学报（社会科学版）》2018年第2期，第70页。
⑥ 陈婉馨：《乡村振兴与城乡融合机制创新研究》，《学术前沿》2018年第2期，第72—76页。

综上，学术界对乡村振兴和城乡发展的研究虽然比较丰富，但主要是研究城乡产业发展失衡、生产要素流动受阻、公共服务不均衡、城乡居民发展权利不对等方面，这些问题虽然较直观地呈现了城乡发展失衡的诱因，在一定程度上体现了城乡发展失衡的结果，但这些均没有真正抓住城乡发展失衡的本质和促进城乡融合、城乡共生共荣的发展规律，更没有把城乡融合发展作为共同体进行研究。

五、中国乡村振兴与城乡融合发展命运共同体构建存在的主要问题

（一）城乡居民的生存发展保障能力与水平差距明显

1. 城乡收入差距问题

国家统计局数据显示，2017 年全国居民人均可支配收入 25974 元，同比增长 9.0%。如果按常住地来分，2017 年全国城镇居民人均可支配收入、农村居民人均可支配收入分别为 36396 元、13432 元，两者倍差继续缩小[①]。城镇居民拥有各类补贴、劳保福利、社会保障等非显性收入，如果将上述福利纳入统计范畴，两者仍存在较大差距[②]。

2. 教育资源问题

中国城乡教育事业发展差距主要体现在城乡教育资源存量和流量的失衡。在教育资源存量方面，农村学校办学水平低，教师学历与职称偏低、素质参差不齐，教学基础设施不完善，学校达标率低。在教育资源流量方面，农村教育投入严重不足，生均公用经费、办公经费偏低，教师晋升与培训机制不完善，优质师资、生源和社会捐助少等。

3. 社会保障方面

2016 年底，全国 60 岁及以上老年人口 23086 万人，不论是城市还是农村社区养老的人群及地理覆盖面均不够：从老年人口政策补贴来看，享受高龄补贴、护理补贴、养老服务补贴的老年人分别为 2355.4 万人、40.5 万人、282.9 万人；从床位总数来看，我国社区养老床位数仅有 340.73 万个，对于老年人总数而言杯水车薪。在总量不足的情况下，城乡差别表现得更为明显。2018 年第一季度民政统计季报数据显示，城市共有社区服务站 14.36 万个，而农村只有 7.55 万个。《2016 年社会服务发展统计公报》数据显示，城市社区服务中心

---

① 危昱萍：《2017 年城乡居民收入差距继续缩小 就业目标超额完成》，《21 世纪经济报道》2018年 1 月 19 日。
② 周良书、朱宏霜：《中国农村发展历史逻辑研究（1949—2017）》，《河南社会科学》2018 年第1 期，第 6 页。

（站）覆盖率 79.3%，而农村社区服务中心（站）覆盖率只有 14.3%。

（二）农村经济发展乏力弱化了农村居民生存发展的再生产保障能力

1. 农村种植业方面

土地的使用权、经营权分散化、碎片化带来现代农业集中连片的规模化、集约化经营的不利影响，化肥和除草剂的过度使用对地力的损害及恢复，农药、抗生素和农作物激素的滥用导致农产品的不安全，劣质种子、化肥、农药仍然大量流通等问题的存在，对种植业再生产保障造成影响。农村农业中的养殖业再生产保障问题也不少。

2. 农村工业和商贸物流服务业方面

中国城市对农村生产资源的过度抽吸，使得广大农村地区原来很多乡镇企业转移到农村，成为城市经济发展的组成部分和城市工业的主要力量。同时，受限于农村地区人才、电力、燃料、交通、技术、创新体制机制等诸多方面的影响，农村工业企业数量占比较低、规模小、能力不足。由于农村基础设施不完善、工业发展水平较低等方面的影响，中国农村大部分地区的商贸物流业发展水平较低，对城乡居民生存发展的再生产保障能力不足。

3. 农村林业方面

林业主要集中在地处山区的农村地区，影响林业发展的主要问题是山界林权问题、木材运输道路修建中的成本分摊及相邻权的处理问题。

（三）农村劳动生产力多数流向城市

一是农村常住人口逐年减少。长期以来的农村人口外流造成部分农村出现空心化甚至凋敝现象，具体体现在家庭空巢率日益提高、大量房屋被闲置等方面。二是农村老龄化问题严重。大部分农村的劳动力主体主要由 50 岁以上的老年人组成。国家统计局数据显示，2016 年全国农村外出务工劳动力人数达 16934 万人。农业农村部的数据显示，2018 年第一季度中国农村外出务工劳动力总量达 1.74 亿人，继续呈增长趋势。2017 年，全国农村社会 60 周岁及以上人口超过 2 亿人，预计到 2020 年提升至 2.5 亿人，农村老龄化率将接近 20%[1]。近年来，尽管由于城市就业压力的增大、农村创业创新政策的完善，各地大力发展新农民新技术，建立了一批农民创业创新园区，农村多种新业态兴起，农村一二三产业加快融合发展，吸引了越来越多的在城市有作为的农民工、大中专毕业生、退伍军人和科技人员返乡创业创新，但农村劳动力流向城市的趋势没有得到根本遏制，劳动生产力特别是创新型、知识型劳动生产力短

---

① 王成礼、薛峰：《城乡二元社会解构与乡村振兴的耦合》，《河南社会科学》2018 年第 7 期，第 16 页。

缺依然是重要的瓶颈问题。农村劳动生产力乏力不仅会带来农村空心化，更为严重的是由此及其他因素的综合作用使农村生产力和生产关系遭遇前所未有的危机。这一危机如果得不到有效化解，不但会造成城乡间发展的极不均衡，还会反过来阻碍城镇化的持续健康发展。

（四）城市经济发展对农村生态环境的影响

党的十八大以来，党中央对生态文明建设的重视程度不断提高，并制定了一系列相关措施来保护和优化生态环境。其中，对农村生态环境的保护和改善就是国家推进生态文明建设的重要内容和组成部分，并取得了显著成效。但不能回避的事实是，我国农村生态环境治理问题还没有得到根本解决。特别是随着我国城镇化进程的推进，在农村城镇化过程中占用农村生态环境，对资源和能源的消耗也不断增加，这在一定程度上打破了原有农村生态系统的平衡性，其中表现最为重要的就是包括耕地生态环境退化在内的农村生态系统服务功能退化问题。近年来，我国耕地资源退化面积超过40％，受污染的耕地面积占耕地总面积的10％以上，导致农村生态安全压力日趋增大。此外，农村水环境安全问题形势严峻、农村布局性结构性环境风险日益突出、农村累积性生态环境风险依然存在等问题①，在一定程度上制约了对农村生态环境的改善。

六、中国乡村振兴与城乡融合发展命运共同体构建问题产生的原因分析

（一）传统的资本导向型的经济发展模式对保障城乡居民生存和发展保障不足

人的发展是经济发展的目的，经济发展是服务于人发展的手段。中国城乡融合发展问题实质上体现为城乡居民生存和发展的保障水平及全面性、均衡性问题，这就要求必须把保障好城乡居民的生存和发展当作城乡经济发展的最终目的。由于当时经济发展条件、发展水平的制约以及国际经济竞争的影响，中国一段时间内实施的是粗放型的经济发展模式，目的在于通过提高经济效率、扩大经济规模来尽快缩小中国与世界发达国家的经济发展差距，尽可能创造更多的物质财富来满足人们日益增长的物质文化需求，为国家基础设施、公共服务事业和其他领域提供有力的经济支撑。在此过程中，由于没有足够好地处理好投资、生产、消费和积累等方面的关系，再加上就业、医疗、住房、教育、公共服务等方面的制度不够完善，导致出现了经济发展和民生保障与改善问题之间的关系不够紧密，城乡居民生存和发展的保障不够强，使其对经济社会发

---

① 王会芝：《构建多层次农村生态环境风险防范体系》，《经济日报》2019年8月2日。

展成果的享受度、普惠性和公平性等问题没有得到很好的解决。在城乡经济发展过程中，一些地方政府大力推动生产力的快速发展而没有注重其与社会生产关系的调节，没有把城乡生产的发展、经济的发展和城乡居民的生存与发展紧密联系起来。在这种情况下，是不可能把保障城乡居民生存和发展作为经济发展的根本性目标的，那么城乡发展失衡以及城乡居民生存和发展保障水平偏低、覆盖面不够大、失衡性突出等就成为必然结果。

（二）城市偏向的赶超型重工业优先发展战略导致城乡关系失衡

新中国成立初期，中国不但经济基础薄弱，而且还面临着经济被封锁、政治被孤立的严峻形势，要实现当时党和政府提出的消灭城乡差距，实现社会主义工业化的目标困难重重。这就决定了中国要在短时间内实现这伟大目标是不可能的，不可能先按照其他国家的工业化发展道路："先农业、后轻工业、再重工业。"为了迅速发展中国经济，改变落后的事实，提升中国在国际中的地位，党和政府便选择了优先发展重工业的赶超型经济发展战略，先重点发展工业，在产品价格、投资、税收、金融、外贸等各个方面优先支持城市发展，并实施严格的"农产品统购统销制度、人民公社制度、城乡户籍制度以及与之相关的粮油供应、就业和福利保障制度"，这一非均衡发展战略使得城乡发展逐步沦为"城市—工业偏向"的状态，通过工农产品剪刀差手段使生产资源过度向城市流动与集中，进而严格控制城乡人口流动，实行城乡分割，共同保护城市的工业化和群体发展利益①。20世纪80年代的农村土地改革、市场化改革、乡村工业化和城市化改革，虽然赋予了农民、农业和农村更多发展的权利，但是乡村工业化、农民自主城镇化仍然被限制在本乡本土，城市优先发展、城市主导乡村的战略导向和格局并没有得到根本扭转。特别是20世纪90年代后期，园区工业化的兴起带动了中国工业化、城市化的快速发展，尤其是以沿海为主的园区工业高速增长，使中国成为世界制造工厂。在城乡二元结构体制下，城市的快速发展并没有带动农村、农业和农民的同步发展，出现城乡发展差距扩大、农民收入不合理、农业功能窄化、农村产业发展受阻、农村生态环境恶化、农村民俗乡风民貌凋敝等现象，以及出现的新矛盾，这些直接阻碍了农村生产力的提高和社会生产关系的优化，形成农村发展的新型阻力。

（三）城市偏向的二元土地制度形成城乡融合平等发展的障碍

土地是农村仅次于劳动力的重要的资源，也是影响农村产业发展、农民收入、农村劳动力流动、农村空间布局等的重要因素。通过分析中国土地制度改

---

① 武小龙：《中国"城乡关系"的现实境况与发展指向——基于城市偏向理论的基本解释》，《中共四川省委省级机关党校学报》2014年第2期。

革可以发现，中国土地制度改革的一个重要内容就是农村土地转用问题，由此对农村与城市相互之间的资源流动、农村劳动力流动、资本流动等产生深刻的影响。在改革开放后的 20 年中，土地因素对劳动力和生产要素从农村流向城市的影响还没有那么严重，因为在 1987 年实施的《中华人民共和国土地管理法》，保留了农村土地进入非农集体建设土地的三个通道①，只要符合这三个通道的要求，农村土地就能转化非农集体建设土地。1992 年和 1999 年的农村土地政策改革逐渐关闭了农村土地转化为非农集体建设土地的通道，只能通过征地转用的方式推进农村土地建设，建设用地只能使用国有土地。特别是 1998 年修订的《中华人民共和国土地管理法》沿袭了征地公共利益原则、城乡分治格局和原用途补偿。现行的土地配置制度是农地转用一律实行征收、建设用地只能使用国有土地，土地用途、规划、年度计划指标和所有制管制，城市政府独家供应土地是一套高效保证和促进土地向城市转换的组合，它将乡村用地权力关闭，形成城市用地通道。2006 年国务院 31 号文件规定允许在"符合规划并严格限定在依法取得的建设用地范围内，农民集体所有建设用地使用权流转"。城乡格局从单向转向城乡互动后，人口和劳动力从乡村到城乡的单向流动转向城乡之间的对流，城里人对乡村的需求上升带来乡村产业的复活与发展，乡村机会的增加又引致资本下乡。人口和资本配置变化带来的乡村经济活动的变革，凸显了土地制度的不适应。

七、中国特色社会主义城乡融合发展命运共同体构建的逻辑与对策

（一）确定以保障城乡居民生存和发展为核心的城乡经济发展目标

人的发展经济学聚焦的是经济发展保障个体生存和发展的目的性及如何通过研究人的发展与经济运行规律的关系来实现人的发展的目的，即人的发展经济学基于保障个体的生存和发展的生产力与生产关系的融合与匹配性问题。因此，城乡融合发展命运共同体构建的前提和基础就是要确立保障人的生存和发展在其中的中心地位，然后才是为实现该目的的制度建构和优化问题。如果脱离了这个目的，那么城乡融合发展命运共同体就可能会走偏，成为与传统城乡经济发展模式趋同的另一种名称的发展方式而已。这其中的个体必定涵盖城市居民和农村居民，否则也是偏离以人民为中心的发展思想的。因为，如果不把

---

① 农村土地进入非农建设还保留有三个通道：一是只要符合乡（镇）村建设规划，得到县级人民政府审批，就可以从事"农村居民住宅建设，乡（镇）村企业建设，乡（镇）村公共设施、公益事业建设等乡（镇）村建设"。二是全民所有制企业、城市集体所有制企业同农业集体经济组织共同投资举办联营企业，需要使用集体所有土地时，"可以按照国家建设征用土地的规定实行征用，也可以由农业集体经济组织按照协议将土地的使用权作为联营条件"。三是城镇非农业户口居民经县级人民政府批准后，可以使用集体所有的土地建住宅。

城乡居民（包括每一个家庭和每一位居民）的生存和发展作为城乡发展生产、发展经济的目的，生产发展得再好、经济发展得再快，也与城市每一个家庭、每一位居民的生存和发展得到好的保障无关。在确定经济发展目的定位于保障人的生存发展上，农村与城市不能完全等同。这与两者的经济基础、发展条件、政策资源与社会公共服务等要素有关。由于历史和国家的经济战略导向原因，仅仅依托农村经济无法做到以保障好农村居民的生存和发展为目的的发展，因为农村经济主要包括了农村农业、农村工业、农村商贸物流服务业，其中的农村工业、商贸物流服务业不是农村能够独立运行的产业，其必须以城市经济为依托才能运行。由此决定，农村家庭及农村居民生存和发展的保障，必须超越农村经济发展范畴，纳入区域经济社会发展的总体目标，由区域生产资源规模化、集约化高效地组织起来的社会化大生产来解决区域农村居民的生存和发展保障问题。

（二）处理好城乡经济发展与城乡居民生存和发展的三重保障问题

1. 城乡经济发展与城乡居民生存和发展的再生产保障

社会生产的基本规模是城市经济发展的基础，也是城市居民生存和发展保障的基础。社会生产的简单再生产就是使城市的生产能够以既有规模继续进行的生产，城市经济发展中的再生产保障就是在生产安全、生产组织、生产资金、生产运行的保障等方面都安排有经费给予落实。值得关注的是，再生产部分的生产资金的保障，要根据生产发展的实际情况来运作。首先，有经费确保尽量多的生产资金有活动能力并在再生产中发挥作用。一般情况下，生产资金会有运行疲劳，需要放慢运行速度、暂停或休眠调整。这就需要有经费来保障需要放缓速度的生产资金能够适当地放缓运行速度、需要暂停或休眠的资金适时地得到暂停或休眠。其次，有经费确保能够修复或唤醒一定量的活力降低或失去活动能力的生产资金。对于那些放缓速度、暂停或休眠的资金，要适时对其进行增速修复或唤醒。再次，有经费确保上一轮生产中的流动资金不沉没且保有一定的周转率，以便能够以良好的状态再生产。在城市经济发展中，再生产的保障往往过于注重扩大再生产。生产规模量的扩张是必要也是必需的，但生产规模中质的提高更重要。量的扩张与人口增加、劳动力增加相应，但生产的质是保本。因此，科技创新、管理创新，重点应放在使生产的质的提高和可持续能力的提高上，生产规模的扩张，应在质的提高的基础上进行。

就农村而言，处理好区域农村经济发展与农村居民生存和发展的再生产关系，具体就是要做好农村农业、农村工业、农村商贸流通服务业、农村林业的再生产保障工作，做好城市对农村再生产保障工作的支持。一是做好农村农业再生产的保障。农村农业已难以单独担当保障农村居民生存和发展的任务，以致一些农村居民在用农业收益应付家庭生存和发展保障的耗费之后，无力解决再生产保障问题。尽管如此，农村农业还是当下中国农村居民生存和发展保障的重要方面。对于农村农业再生产和扩大再生产的保障，需要有针对性地具体问题具体分析具体解决。切忌不做深入细致的调查研究就盲目决策，也不应该把异地的经验当成解决本地问题的法宝在本地强制推行，更不应该简单照搬城市经济发展中的做法。这需要到农村中去，到农民中去，从农村、从农民的切身利益、切身感受中寻找解决问题的方法。二是做好农村工业和商贸物流服务业再生产的保障。从现实来看，中国农村工业发展整体偏弱、发展滞后，与经济发展的趋势和人民的生产生活需要出现一定程度的不适应。推进城乡融合发展、增强城乡经济发展对城乡居民生存和发展的保障，对于农村而言，农业在此过程中发挥了积极有效的作用，但是如果仅仅依靠农业功能的发挥是远远不够的，必须从加强农村工业发展方面寻求新的突破口。从某个角度来说，相比较于农业，工业在促进经济发展、拉动就业、增加收入、增强经济发展竞争力等方面具有更为明显的优势。因此，必须进一步加大对农村工业发展的支持力度，挖掘工业发展潜力、扩大发展空间，增强农村工业对城乡居民生存和发展的保障作用。农村商贸物流服务业涵盖了第三产业所有方面，但前者相对于后者来说，处于较低的发展阶段。农村商贸物流的流向与城市的正好相反，工业品由城市流向农村，农副产品由农村流向城市。另外，农村商贸物流服务业也呈现出其在农村经济发展中自身所具有的特点。因此，对农村工业和农村商贸物流服务业再生产的保障，需要从实际出发，有针对性地具体问题具体分析具体解决。值得注意的是，农村商贸物流服务业对城市农副产品的供给，是城市居民生存和发展保障的重要方面，需要在城乡统筹发展中给予周密规划并扎实贯彻落实好。城市应对农村再生产保障的支持。农村经济发展中的再生产保障，就是在生产安全、生产组织、生产资金、生产运行的保障等方面都安排有经费给予落实。没有城市的支持，靠农村地区本身是难以做得到、做得好的，需要城市为农村的发展作出贡献。

2. 处理好城乡经济发展与城乡居民生存和发展家庭保障的关系

城乡居民生存和发展的家庭保障，与劳动力耗费的补偿进而是劳动力生产耗费的补偿有关，直接表现为有就业和获得合理的收入。一是在城市居民方面。城市居民中有劳动能力者都能就业，前提是城市经济发展中要有能够容纳这些有劳动能力者就业的生产规模。但有就业不等同于获得了家庭成员生存和发展保障所需要的收入，不等于是获得了合理的劳动力生产耗费补偿。因劳动力生产耗费补偿与家庭成员生存和发展保障的耗费补偿基本相当，城市经济发展与城市居民生存和发展家庭保障的关系，可以看作是城市经济发展要能够确保城市居民中有劳动能力者有就业和获得相应收入，至少要做到每一个家庭至少有一人就业。可见，以保障好城市居民生存和发展为目的城市经济发展，必须使经济发展的成果能够真正用于解决好每一位城市居民生存和发展保障，即使每一个家庭生存和发展保障的耗费得到应有的补偿。二是在农村居民方面。农村居民生存和发展的家庭保障，也主要依靠劳动力耗费补偿进而是劳动力生产耗费补偿，直接表现为能就业和获得一定收入。不过，农村的就业以自己投资组织生产，种植农作物和进行水产、畜禽养殖为主，替别人打工为辅。农村居民中有劳动能力者都能就业有两个条件：一是农村家庭有条件自己组织生产，二是有能够吸纳农村不能自己组织生产或无需参与家庭生产的过剩劳动力就业的非农生产活动。从我国经济发展的实际情况来看，处理农村经济发展与农村居民生存和发展家庭保障的关系问题，农民就地生产和就地就近就业才是最好的策略。正因为这样，农村就地就近工业化应当成为中国特色社会主义经济发展的重要内容，要站在国家发展战略的高度，及早规划，尽快实施。

3. 处理好农村经济发展与农村居民生存和发展社会公共保障的关系

居民生存和发展的社会公共保障与家庭保障关系密切，不能单纯用具体数字来评判保障的好坏。在人生存和发展的社会公共保障中，最为关键的是要使公共保障真正做到能够尽量多地减少人生存和发展的家庭保障支出。如医疗卫生公共保障、养老公共保障、公共交通公共保障、食品安全公共保障等各项指标，都应本着减少居民生存和发展家庭保障耗费的原则来统筹安排和实施。

有限的农村工业和农村商贸物流业多以个体户的形式存在，绝大多数农村地区农村居民生存和发展的社会公共保障不能依靠农村经济发展来解决。这就决定了区域农村经济发展与农村居民生存和发展社会公共保障的关系，必须转变为由区域城市经济发展来支持农村居民生存和发展的社会公共保障。因为，除了城市化水平较高、还没有被纳入城市区域的农村地区，其财政收入还能够有一定的经费用于居民生存和发展的社会公共保障外，绝大部分农村地区没有能力开展对农村居民生存和发展的社会公共保障工作。因此，处理好区域农村经济发展与农村居民生存和发展社会公共保障的关系，是义不容辞的责任。这一点也正好说明，以人民为中心发展必须把农村经济发展以及农村居民生存和发展的保障，看得与城市居民生存和发展的保障一样重要。

（三）构建以产业联合、要素整合、劳动价值融合一体化的城乡生产力和生产关系融合体系

1. 城乡产业联合问题

这是消解城乡二元结构、强化城乡共生、促进城乡共同发展的物质基础。现代市场经济体系遵循的是资本逻辑，创业发展模式创新、产业转型升级及由此带

动的经济发展是瓦解传统的城市极化发展模式、创建一种新的更高级的城乡融合发展模式的前提条件。在城乡二元结构框架下，农村主要承担和扮演的是为城市提供生产发展原料的角色，两者之间是农村到城市的单向性发展模式。城乡融合发展命运共同体下的城乡产业联合必须打破农村产业发展的地域性、低层次性等局限，包括农产品等在内的农村产业链要延伸至城市，培育和发展与双方关联密切的共生领域——以农产品深加工产业链为依托，将农业产业化与工业化紧密融合，通过工业化的生产流程、生产线、工艺技术等，改变传统农产品的物理形态，将更多工业劳动活动嵌入农产品，提高农产品的附加值。依托于产业链的方式，以劳动过程为媒介，将农业生产者、工业生产者和相关服务业者融入一个统一的生产运作流程，成为同种商品中不同环节或节点且不可或缺的组织。

2. 增强农业生产者在城乡产业联合发展中的地位和自主权

城市工业生产者或组织凭借长期以来所积累的资本优势、技术优势、市场优势、资源优势等，在产品或商品的资本运营、商品设计、价值开发、品牌运作、市场整合等方面形成了绝对优胜于农产品生产者或组织者的能力，因而在整条产业链的组织构建、发展决策、管理控制等环节中具有主导性的劳动决策权力。基于这种情形，在城乡产业发展中就必然会出现农村生产者或组织只能居于决策响应者，而城市工业生产者或组织是城乡产业发展的决策者和主导者的两种不平等的状态，农村生产者或组织只能被排斥在最终商品价值创造与价值分配权力中心之外。城乡生产者必须获得同等的劳动决策权力，双方能够公平地直接决定和影响最终商品的价值创造和创新体系。这就必须实施乡村人力资本提升与改造工程，重点是要建立完善职业农民教育制度，加强中高等农业职业教育，鼓励和支持地方高等学校、职业院校灵活设置专业，创新人才培养模式，开发适用于农民企业家的劳动决策才能在线培育课程体系，满足农民企业家自主学习、能力训练、案例分析、模拟决策、讨论交流等需求，为乡村振兴战略培养专业化人才，提升农民人力资本和经营能力。通过制度创新，改变政府公共服务的供给方式，拓宽农民企业家劳动决策才能培育渠道。还要推进知识型、技术型农民返乡工程，吸引部分年轻人返乡从事新农业、新产业、新业态，造就一批引领乡村产业发展和农民致富的乡村企业家。培育更多的农民企业家并提升他们的劳动决策才能，促使农民企业家及其所代表的农村集体组织谋求掌控农产品深加工产业链的劳动决策权力，推进产业联合领域的劳动决策融合，提高农业生产者或组织在城乡产业联合发展的地位，从而实现劳动价值平等，瓦解劳动秩序的垄断性，弥补价值创造与价值分配的差距。

3. 劳动价值融合问题

以人民为中心的城乡融合发展共同体，城乡劳动者依托不断发展的"质"

的特殊性和差异性，可以按照自己的意愿自由地从事包含工业、服务业等在内的各领域的生产劳动，而且能够在不同的生产劳动之间进行转换和组合。这就要求必须打破原有的城乡之间劳动要素、生产要素自由流动的制度壁垒，建立完善的公平的城乡劳动者就业体系，保证在土地、技术、资本、信息、机器、设备、工具、原料和环境等劳动的客观条件，不管是农村劳动者还是城市劳动者，都应拥有等同的获取、使用、支配和控制的权利，形成和强化有利于劳动者发挥其主动性、创造性的支撑，至少不应该存在制约劳动者主动性、创造性的因素。此外，要有科学的机制保证城乡全体劳动者能够实现劳动内容、劳动方式的自由选择、转换和组合。在此过程中，劳动者具有较高的劳动主体性，自身的技能和内在需求是劳动者自觉、自主进行劳动的决定性因素，而不是受困于人和物，更不是被区域、身份、群体等因素所限制。商品交换的实质是等量劳动互换，即凝结在商品中的等量必要劳动时间相交换。应完善农村、农业、农民价格补偿机制，对于偏低于其价值的价格来交换的农产品予以科学补偿，用以提升农村生产能力，从而提高农村经济保障农村居民生存和发展的能力。

（四）深化土地制度和要素市场改革，促进城乡要素融合和平等发展

一是改革土地配置方式，实现乡村平等发展权。在城市土地优化方面，重点是优化土地利用结构，降低工业用地和基础设施总量，扩大土地存量。特别是要聚焦于城中村，赋予城中村农民集体利用集体土地直接提供租赁房，扩大进城农民城市居住的住房需求供给，提高城中村农民收入水平。在符合规划和用途管制前提下，允许集体经济组织和农民利用集体建设用地从事非农建设，享有出租、转让、抵押集体建设用地的权利。在农村土地方面，深化农村土地流转及产权制度改革，以及承包地退出改革、宅基地退出改革和集体经营性建设用地入市改革，完善承包地"三权"分置制度，优化农村集体土地流转，实现城乡用地制度的有效衔接，激发农村土地等要素活力，吸引城镇现代要素注入乡村，破除城乡要素融合制度障碍。二是优化农村土地规划与空间布局，扩大农村发展空间，增强城乡融合的契合性。按照城乡融合的空间形态，农村分化与聚集、人口流动趋势，通过农村的科学合理布局实现农村的"人口集中、土地集约、产业集聚"，为乡村振兴和城镇化联动提供空间载体。三是积极推进农村集体产权制度改革，重点是要以农村土地确权登记为基础，坚持不改变土地公有制性质、不突破农村耕地红线、不损害农民利益的原则，加快推进农村土地征收、集体经营性建设用地入市、宅基地制度改革试点进程。四是要深化农村集体资产股权化改革，优化农村集体资产经营权利配置结构，完善集体产权交易服务机制，加快农村资本优化流动，有效激发农村资本的潜在效益。

（五）城市要为农村农业发展做好市场融合工作

由于资本的介入，资本收益最大化及相应的交易市场资源商品化（最典型的例子就是农民在农贸市场销售农产品由无需支付租金变成要租场地、交租金、缴交易管理费），使得农产品在城市、在工业原料市场的流通受到人为的阻隔，农产品很难直接低成本甚至无成本地与城市消费者完成交易。因此，要做好城乡一体化融合发展，需要城市资本放弃对农产品在城乡商品流通中交易场地、交易过程的商品化分占，恢复农产品在城市的无地租（无场地租金）交易。由城市政府建设足够的农贸市场，农产品交易场、站、点，免费提供给农村的农产品生产单位，使农产品与城市消费者的交易无需成本或只需极少量的场地卫生清洁费。同时，做好农产品储运和深加工的政策性扶持工作，为城乡融合发展提供可靠的物质性和制度性保障条件。

（六）农村要主动与城市资源融合起来发展农村的产业

农村产业的发展不少资源需要从城市中获得，这就要求农村产业发展不能走纯粹的农村线路，要主动与城市相融合，通过整合、运用城市资源提升农村产业发展的驱动力和支撑力。从农村产业发展的趋势、资源拥有量、对资源依赖性及其强度等来看，城市中的人才、技术、金融、互联网、交通、物流等资源对农村产业发展最为关键和紧迫。实现农村产业发展与城市资源的融合很关键的问题就是要打通城市资源由城市流向的通道，这就要求从根本上破解城乡之间的制度壁垒和利益栅锁，保障农村产业发展所需要的资源能够按照产业发展的需求方向和需求量进行自由流动。同时，建立和完善农村产业发展与城市资源整合的共建共享机制。城市资源的聚集和积累并非是无条件的，农村产业发展与城市资源的融合必须由完善的激励或者利益机制作为保障。这个问题可以通过尝试建立农村产业发展与城市资源融合发展的共建共享机制来解决，其重点是要明确双方或者多方的利益分配比例、模式，这些如果仅仅依靠群众或者市场的力量是难以甚至无法有效解决的，必须由政府牵头统筹协调。

参考文献

［1］钟钰. 实施乡村振兴战略的科学内涵与实现路径［J］. 新疆师范大学学报（哲学社会科学版），2018（5）：1-6.

［2］熊小林. 聚焦乡村振兴战略 探究农业农村现代化方略：乡村振兴研讨会战略综述［J］. 中国农村经济，2018（1）：138-143.

［3］廖彩荣，陈美球. 乡村振兴战略的理论逻辑、科学内涵与实现路径［J］. 农林经济管理学报，2017（6）：795-802.

［4］张锟. 以城乡融合发展推动乡村振兴战略实施［N］. 河南日报，2018-

01-02.

[5] 湖南省中国特色社会主义理论体系研究中心. 实施乡村振兴战略 走城乡融合发展之路 [J]. 求是, 2018 (6).

[6] 魏桂霞. 乡村振兴战略 新时代城乡融合发展的动力源泉 [N]. 鞍山日报, 2018-01-08.

[7] 郑风田. 利用"城乡融合"新途径实现乡村振兴 [N]. 北京日报, 2017-11-20.

[8] 李慧. 以乡村振兴战略引领城乡融合发展 [N]. 光明日报, 2017-12-30.

[9] 范毅. 乡村振兴战略的城乡关系新方位 [J]. 中国乡村发现, 2018 (1): 40-43.

[10] 张立冬. 乡村振兴: 城乡发展的重大战略转变 [J]. 群众, 2017 (10): 20.

[11] 郑瑞强, 翁贞林, 黄季焜. 乡村振兴战略: 城乡融合、要素配置与制度安排——"新时代实施乡村振兴战略与深入推进农业供给侧结构性改革"高峰论坛综述 [J]. 农林经济管理学报, 2018 (1): 1-6.

[12] 王成礼, 薛峰. 城乡二元社会解构与乡村振兴的耦合 [J]. 河南社会科学, 2018 (7): 13-18.

[13] 陈婉馨. 乡村振兴与城乡融合机制创新研究 [J]. 学术前沿, 2018 (2): 72-76.

[14] 黄道新, 艾永梅. 乡村振兴与城镇化协调发展思考 [J]. 农村金融研究, 2018 (4): 56-60.

[15] 冯道杰, 程恩富. 从"塘约经验"看乡村振兴战略的内生实施路径 [J]. 中国社会科学院研究院学报, 2018 (1): 12-22.

[16] 刘守英, 熊雪锋. 我国乡村振兴战略的实施与制度供给 [J]. 政治经济学评论, 2018 (4): 81-96.

[17] 刘海军, 王平. 共享发展理念下的农村命运共同体建构 [J]. 西北农林科技大学学报 (社会科学版), 2017 (3): 23-30.

课题承担单位: 广西人的发展经济学研究会

课题负责人: 王政武 (《改革与战略》杂志社)

主要参加人: 巫文强 (广西人的发展经济学研究会)、黄锡富 (南宁师范大学)、何球敬 (广西人的发展经济学研究会)、张强 (广西社会科学界联合会)

广西扩大工业有效投资研究

前言

（一）研究背景

多年来，投资一直是广西工业增长的重要引擎，投资对优化工业供给结构起到了关键性作用。工业是广西的主导产业，现阶段稳增长仍然离不开稳定工业投资增长。但广西工业经济的一个显著特征，就是投资规模不断增长但投资效益却出现了明显下降的趋势。因此，优化广西工业投资结构，提高投资质量，实现产业的转型和升级，提高投资的有效性，是新时代广西加快经济发展方式转变、努力促进经济高质量发展的重要内容。在此背景下，本课题将更深入、更全面地了解广西工业行业投资结构及投资效率状况，从而提出符合广西区情的工业行业投资导向策略，对优化广西工业投资结构，提高工业投资有效性，促进经济高质量发展，具有重要的现实意义。

（二）主要内容①

本课题通过深入调研和大量的统计分析、数学模型的构建，基于广西三次产业结构及其投资结构背景、工

---

① 本课题力求使用公布的最新数据。在一些分析中，使用了截至 2018 年 1—9 月的数据。大部分数据采用到 2017 年数据，但很多细分数据最新只能获取到 2016 年数据，为了便于对比及本报告的建模分析，在部分章节，课题组只能使用截至 2016 年的数据。本报告如不特别说明，所使用的数据均来源于《广西统计年鉴》或"广西统计信息网"发布的数据。

业发展存在问题，以及工业固定资产投资的现状和变化特点的分析，从投资结构、投资效率、边际效应等方面，对广西工业内部各行业的投资效率进行分析，揭示广西部分工业行业投资规模越大、单位收益越小的边际效应现象。同时，基于稳增长、调结构和提高投资效益等多重目标，通过投资纯技术效率和投资规模效率的聚类分析，对广西工业内部行业进行归类分析，为广西工业行业结构调整提出具有参考价值的分类投资导向策略，从而提出扩大广西工业有效投资的对策建议。

一、广西工业发展及投资结构分析

（一）广西三次产业结构及产业投资结构背景

1. 广西三次产业结构变动

改革开放以来，广西推进工业化、城镇化、农业产业化进程，加大投资力度，大力发展第二、第三产业，加快经济结构调整步伐，产业结构不断优化升级，完成了由以第一产业为主导的传统的"一二三"型向具有工业化中期特征的"二三一"型的转变，第一产业比重在大幅下降，第二、第三产业比重在波动中交替逐渐提升，2017 年三次产业结构为 14.2∶45.6∶40.2。

广西产业结构的明显问题，就是第三产业所占比重过低。2017 年，广西第三产业的占比比全国（51.6%）低了 11.4 个百分点，第三产业的比重在全国排位倒数。

"十一五"和"十二五"期间，广西工业化进程加快，工业进入高速发展期，工业主体地位逐步增强，尤其在 2002—2011 年，第二产业占比逐年增加，第三产业占比不断下降，明显地体现出第二产业对第三产业的"挤出效应"[①]。

从产业高级化的角度来进行广西与全国的对比，我们会发现，全国产业高级化的路径，是发展以服务业为代表的第三产业。1978 年至 2017 年期间，全国第三产业占比稳步上升，第一产业占比稳步下降，第二产业保持平稳。而广西的产业高级化，则明显是"工业化"在唱主角，第二产业占比大幅提升，第一产业占比稳定下降，第三产业占比在工业化加速推进期间被"挤出"。"十一五"以来广西实施工业强区战略，工业化进程加快，"十二五"时期经济发展进入工业主导型的工业化中期阶段。随着向工业化中后期阶段迈进，广西开始进入新常态。根据三次产业结构演进的一般规律，工业化中后期产业结构优化升级的主要特征，即为第三产业比重不断提高并逐步占据主导地位。但近年来

---

① 此处引用的是课题组的另一课题成果——2012 年广西壮族自治区发展改革委委托课题"广西产业投资结构研究"的研究成果，课题承担单位为广西社会科学院数量经济研究所，课题负责人为陈洁莲。

广西第三产业比重虽有小幅回升但回升缓慢，比重仍为全国倒数。

2. 广西三次产业投资结构

"十二五"期间①，广西固定资产投资结构的变动特征是，第三产业投资占比呈下降趋势，这与全国明显不同，全国同期呈上升趋势（参见表1）。与此同时发生的是，广西第二产业投资占比呈上升趋势，而全国是下降趋势；第一产业投资占比则和全国一样，呈上升趋势。

广西投资结构的特征与其产业结构体现出的特点高度吻合。即广西第三产业投资占比呈下降趋势，有助于解释广西第三产业比重过低这一现象。

至此，综合分析广西产业结构与投资结构的特点，我们得到以下结论：广西固定资产投资侧重于投向以工业为代表的第二产业，而以服务业为代表的第三产业得到的投资份额呈减少趋势，多年的累积效果，造成广西第三产业占比为全国最低这样一个产业结构现状。

表1　2010—2017年广西与全国三次产业全社会固定资产投资占比（%）②

年份	广西			全国		
	第一产业	第二产业	第三产业	第一产业	第二产业	第三产业
2010	3.4	36.3	60.2	2.9	42.5	54.7
2011	3.9	37.1	59.0	2.8	42.5	54.7
2012	3.8	41.3	54.9	2.9	42.2	54.8
2013	4.7	40.5	54.7	3.0	41.6	55.4
2014	4.6	40.8	54.6	3.2	40.7	56.0
2015	5.3	40.5	54.2	3.7	40.0	56.2
2016	5.4	37	57.6	3.2	38.7	58.1
2017	6	35.2	58.8	3.3	37.3	59.4

（二）近期广西工业发展存在的突出问题

1. 工业经济增长乏力，短期波动明显

"十三五"以来，广西第二产业增速持续下滑，对经济增长的贡献由2015年的45.8%下降到2017年的41.9%，下降了3.9个百分点。其中，工业增加值增速下滑成为拉低经济增速的主要原因。2017年，工业增加值拉动地区生产总值增长仅2.57个百分点，比2015年低0.82个百分点；工业增加值对地区生产总值增长的贡献率下降到35.6%，较2015年下降了6.2个百分点。2018年以来，工业增加值增速延续"十三五"前两年下滑态势，上半年规模以上工业增加值增速下滑到3.0%，在全国排在倒数第三。

工业短期波动明显，回升乏力。2018年第一季度开始，广西规模以上工业

---

① 2017年分行业的全社会固定资产投资数据尚未公布，此节的数据截至2016年。

② 广西数据根据Wind数据计算，全国数据按照《全国统计年鉴2016》表10—16数据计算。

增加值增速出现明显下滑态势，全年月度增速均低于全国。上半年骤然下滑，由 1—2 月的 7.3％下滑到 1—5 月的 1.4％，下滑幅度高至 5.9 个百分点。下半年起开始回升，从当月看，增速跌至 4 月份的－10.8％，6 月份实现由负转正，9 月份增长至 10.4％左右，呈"U"型回升态势。前三季度累计增速回升到 4.9％，但仍低全国水平 1.5 个百分点。

2. 投资增长制约突出

全区工业投资增速由 2015 年的 14.4％下降到 2017 年的 6.7％，增幅下降了 7.7 个百分点。其中，作为实体经济重要构成的制造业投资增速由 2015 年的 13.0％下降到 2017 年的 7.7％，2016 年曾出现负增长的情况。工业投资占固定资产投资的比重下降明显，由 2015 年的 41.38％下降到 2017 年的 35.18％，比重下降了 6.2 个百分点。截至 2017 年底，全区工业投资、制造业投资年均增长仅为 3.44％、3.25％。在去产能、去库存压力不断加大的背景下，行业竞争明显激烈，市场容量趋向饱和，利润空间和投资回报率不断下降，再加上融资难融资贵、经营成本上涨、投资回报率下降、激励民间投资力度不足等问题，导致民间投资的意愿急剧萎缩。

3. 传统工业占比较高，倚能倚重特征明显

一是传统优势产业占比偏高，且增长动力减弱。糖、铝、有色金属、建材等传统资源型产业占全区工业比重达 78％，这些传统产业多数低效低端，随着产能过剩倒逼淘汰落后产能加速，增长动力呈现减弱态势。二是产业发展倚能倚重更加突出。2017 年，在全区规模以上工业中，六大高耗能产业占比 39.7％，比全国平均水平 29.7％高 10 个百分点；八大高耗能行业中有 5 个行业企业综合能源消费量实现增长，其中造纸及纸制品业企业综合能源消耗总量同比增长了 13.7％；轻重工业之比不到 3：7，重工业增加值比重比轻工业增加值比重高了 45.68 个百分点，占比差距较 2015 年扩大了 3.1 个百分点。

4. 新旧动能转换接续乏力

（1）旧动能增长放缓

全区千亿元产业仅 10 个，以传统资源加工型产业为主，由于受去产能、市场价格波动、原材料价格上涨和劳动力成本提高等影响，传统产业对经济拉动力减弱。优势产业增长放缓，以汽车、电子信息产业为例，2017 年这两大优势产业增加值同比分别增长 5.3％、19.7％，增幅与贵州相比差距明显，比贵州分别低 14 个百分点、67.2 个百分点。

（2）新兴产业和高技术产业贡献偏低

总体来看，广西战略性新兴产业和高技术产业的比重依然偏低，对经济增长的贡献不高。2017 年，战略性新兴产业占规模以上工业增加值的比重为

9.77%，在全国排在倒数第四位；高技术制造业占比仅为7.8%，低于全国平均水平（12.67%）4.87个百分点，与广东、重庆、贵州等地区相比，分别低21个百分点、9.2个百分点、0.3个百分点。广西战略性新兴产业和高技术产业新产品生产供给能力偏弱，低端产业比重仍然较高，高端技术支撑不足，产品附加值依然偏低，尚未形成高附加值、高效益的发展格局。

（3）推动新旧动能转换的要素支撑不足

当前，广西推动传统工业改造升级、培育壮大新兴产业所需的技术、人才、资金等高端要素支撑仍显不足，如快速发展的云计算、大数据、人工智能、机器人等行业面临高层次复合型人才严重不足的制约，特别是大数据分析挖掘算法、大数据建模等高端人才更为缺乏。创新能力不足，技术转移转化困难，企业作为创新主体的体制机制尚未建立起来，企业从事科技创新意愿和能力不足。

（4）对传统发展路径的依赖以及相关政策效果不理想

一是对传统发展路径比较依赖，导致新旧动能转换不畅。二是推动新旧动能转换的政策效果不理想。当前，由于部门间各自为政和缺乏统筹协调，出台的相关政策碎片化问题仍然突出，针对如何改造提升传统动能没有顶层设计，政策作用的有效发挥受到一定制约。

5. 工业行业经营困难，停产企业数量偏多

到2017年底，全区停产企业426家，占全部规模以上工业企业数的7.5%。主要分布在农副食品加工业、黑色冶炼业、非金属矿物制造业、木材加工和汽车制造业。除了制糖企业和松香加工企业陆续于2017年11月、12月开工，其余行业停产企业复工复产难度较大。部分下游粗加工企业由于原材料价格连续上涨经营困难，如铁合金、汽车配件企业；部分电子企业外迁退库，如北海的百创科技、国钰电子、长城能源。

规模以上工业企业存量和培育量均偏少。2017年，全区规模以上工业企业数量为5658家，与江西（11734家）、重庆（7010家）差距较为明显。2012—2017年，全区规模以上工业企业净增419家，而同期的江西（4517家）、重庆（2025家）、贵州（2848家）、云南（1148家）、四川（1425家）均净增1000家以上，差距非常明显。

6. 工业大市和重点行业增长乏力[①]

到2017年底，柳州、桂林、梧州等工业大市增长持续偏低，对全区工业

---

① 引自广西壮族自治区工业和信息化委员会的《广西壮族自治区国民经济和社会发展第十三个五年规划纲要（工业和信息化）中期评估报告》。

稳增长形成较大的下拉态势。其中，柳州市受汽车产业增速低迷、梧州市受打击地条钢等因素影响，规模以上工业增加值年均增速仅为 5.38％和 7.65％；受汽车产业增速低迷影响，全区汽车产业增加值年均增速仅增长 6.1％。受打击地条钢影响，全区冶金行业增加值年均增速下降 5.31％，受去产能因素影响，全区煤炭工业增加值增速仅增长 6.4％。

7. 企业创新能力不足

目前，全区有专门的科研机构和设施的企业还不多，导致企业关键技术自给率低，引进消化吸收能力弱，自主创新能力不强，产业技术多数仍处于追踪、模仿阶段，以科技创新为引领的新业态尚未成型，科技支撑产业高质量发展的能力仍显不足。全区规模以上企业研发投入强度仅是全国平均水平的 54％，有研发机构的企业数占比仅为 5.5％，企业技术研发中心数量处在全国后列水平。

（三）工业行业内部投资结构

从 2017 年全社会分行业工业投资情况来看，2017 年广西工业行业投资中，作为实体经济重要构成的制造业投资完成 5585.3 亿元，占工业投资的比重为 81.8％，比 2010 年的占比提高了 4.3 个百分点，年均增长 5.1％；采矿业投资完成 270.1 亿元，占工业投资的比重为 4.0％，比 2010 年下降了 3.3 个百分点，年均增长 15.5％；电力、燃气及水的生产和供应业这一基础产业实现投资 975.6 亿元，占工业投资的比重为 14.2％，比 2010 年下降了 1 个百分点，年均增长 13.6％。

2017 年，广西食品加工、汽车、有色金属、石油化工、机械、电子、冶金、电力、建材、造纸与木材加工等 10 个千亿元产业支柱行业发展加快。其中以糖业为主的食品加工业产值突破 4000 亿元，成为全区第一个 4000 亿元产业。新增加了有色金属、造纸与木材加工 2 个 2000 亿元产业，全区 2000 亿元产业达到了 8 个（有色金属、汽车、石油化工、机械加工、电子信息、冶金、建材、造纸与木材加工）。高新技术产业日益成为推动经济增长的重要引擎，2017 年，广西高技术制造业增加值增长 15.4％，占规模以上工业增加值的比重为 7.8％。战略性新兴产业发展取得重要进展，已初步形成新一代信息技术、智能制造、节能环保、新材料、新能源汽车、大健康等战略性新兴产业体系。2017 年，经自治区认定的战略性新兴产业规模以上企业达到 565 家，占全部规模以上工业企业数的比重达到 10.2％。这些行业成为工业投资的重点。

从制造业的内部来看，就绝对量的增长而言，2017 年，广西化学纤维制造业、文教体育用品制造业、计算机通信和其他制造业、家具制造业、食品制造业、仪器仪表制造业、专用设备制造业、汽车制造业等行业的投资额分别是

2010 年的 16.0 倍、12.5 倍、12.1 倍、5.4 倍、4.9 倍、4.7 倍、3.3 倍、3.2 倍。从占工业投资的比重来看，非金属矿物制品业的投资占比较高，达到 12.9%；木材加工和木、竹、藤、棕、草制品业投资的占比为 7.6%，较 2010 年提高了 2.5 个百分点；汽车制造业、农副食品加工业的投资占比分别为 6.6%、6.3%，分别较 2010 年提高了 1.3 个百分点、0.8 个百分点；化学原料及化学制品制造业、有色金属冶炼和压延加工业等行业占比分别为 4.2%、3.7%，较 2010 年均略有下降。从表 2 可看出，广西制造业中，建材、食品、冶金、机械、石油化工、有色金属、造纸等高能耗资源型传统制造业占比较大。

表 2　广西制造业主要行业固定资产及占比情况

（按 2017 年占比排序）

行业 （按国民经济行业大类分）	主要工业	2017 年		2010 年	
		投资额 （亿元）	占比 （%）	投资额 （亿元）	占比 （%）
非金属矿物制品业	建材工业	878.5	12.9	374.6	14.3
木材加工和木、竹、藤、棕、草制品业	木材加工	521.4	7.6	133.5	5.1
汽车制造业	汽车工业	452.9	6.6	140.5	5.3
农副食品加工业	食品加工	430.8	6.3	144.4	5.5
计算机、通信和其他电子设备制造业	电子信息	290.4	4.3	54.2	2.1
化学原料和化学制品制造业	石油化工	285.3	4.2	116.8	4.4
食品制造业	食品加工	254.9	3.7	52.5	2.0
有色金属冶炼和压延加工业	有色金属工业	251.2	3.7	199.4	7.6
专用设备制造业	机制工业	218.9	3.2	66.5	2.5
电气机械和器材制造业	机械工业	217.6	3.2	60.9	2.3
金属制品业	机制工业	189.0	2.8	68.6	2.6
通用设备制造业	机械工业	187.8	2.7	67.7	2.6
橡胶和塑料制品业	石油化工	155.4	2.3	38.9	1.5
医药制造业	医药工业	138.8	2.0	43.3	1.6

二、广西工业行业投资效率的数据包络分析法（DEA 法）分析

工业在广西经济增长及产业结构调整中占据非常重要的地位。在稳增长、调结构和提高投资效益的多重目标下，对广西工业各行业的投资效率开展研究，对提高投资的有效性进而促进经济增长，具有重要的现实意义。本章利用广西固定资产投资总额、新增固定资产投资额、工业总产值、吸纳就业人员人数、利润总额等数据，采用数据包络分析法（DEA 分析法），对按国民经济行业分类的广西 40 个工业行业固定资产投资的规模效率、技术效率以及规模收

益（投资收益）等指标进行测算；在此基础上进行聚类分析，对广西 40 个工业行业提出不同的投资导向，为改善广西投资结构、提高投资效益、促进产业转型升级，进而保持广西经济持续健康发展而提供参考意见。

（一）数据包络分析法（DEA 法）的介绍

DEA，全称为"数据包络分析"（Data Envelopment Analysis，DEA），这是运筹学、管理科学与数理经济学交叉研究的一个新领域。该方法根据多项投入指标和多项产出指标，利用线性规划的方法，对具有可比性的同类型单位进行相对有效性评价。DEA 方法这一数量分析方法及其模型自 1978 年由美国著名运筹学家 A. Charnes 和 W. W. Cooper 提出以来，已广泛应用于不同行业及部门，并且在处理多指标投入和多指标产出方面，体现了其独特的优势。DEA 是一个线形规划模型，表示为产出对投入的比率。通过对一个特定单位的效率和一组提供相同服务的类似单位的绩效的比较，试图使服务单位的效率最大化。在这个过程中，获得 100％效率的一些单位被称为相对有效率单位，而另外的效率评分低于 100％的单位被称为低效率或无效率单位。

（二）广西工业行业投资的边际效应

边际效应，通常是指当其他投入不变时，连续不断地增加某一种投入，其每投入单位产生的新增收益反而减少。对广西工业行业的 DEA 分析结果表明，广西工业行业固定资产投资的边际效应十分明显。

本报告的 DEA 分析得到的"规模收益"指标，是衡量行业投资是否出现边际效应的最好指标。"规模收益"指标有三种结果，第一种是"不变"，说明投入和产出的关系达到最佳平衡点；第二种是"递增"，表示增加投入会得到更大比例的产出，即投入收益是递增的；第三种是"递减"，代表增加投入不会得到更大比例的产出，即投入收益是递减的。第三种表现，就是边际效应现象。在对广西工业行业固定资产投资效率的 DEA 分析中，"规模收益"即投资收益。

表 3 是按投资比重排序的 2016 年[①]广西工业行业投资效率 DEA 分析结果。广西 40 个工业行业中，有 28 个行业投资收益递减，出现边际效应现象。出现投资边际效应现象的行业数，占全部工业行业数的 70％，其投资占比高达 93.4％。只有 10 个行业的投资收益体现出递增，这些行业占 25％，投资占比仅为 6.5％。

投资比重排前 18 位的行业，占据了广西工业行业 80％的固定资产投资，这些全部是投资收益递减、出现投资边际效应现象的行业。排在投资比重排行

---

① 截至交稿时间，2017 年细分行业的工业投资数据尚未公开，因此只能使用 2016 年数据。

榜末端的，全部是没有出现投资边际效应的行业。由此可见，广西工业行业的投资结构有以下特点：广西工业行业投资比重较高的行业，无一例外地出现投资收益递减的边际效应现象，而投资比重最低的一批行业，其投资收益仍然是递增的。

研究表明，广西工业出现投资规模越大、单位收益越小的边际效应现象。而广西大量投资于中上游的重化工业和基建，其产出中的利润及税收（GDP的重要构成）增长显然不明显，拉动的往往是外省的生产总值。从广西的生产总值构成来看，广西按支出法计算的货物和服务净出口增加值一直为负数，且呈逐年扩大之势。广西货物和服务净出口为净流入，由 2000 年的 44.40 亿元扩大到 2016 年的 3880.66 亿元，净流入速度在加快。这意味着广西的货物和服务以流入为主，流出不足。也就是说，由于有效供给不足，广西投资的产出效益受到制约，广西投资的增加，其贡献主要体现在拉动外省相关产品的增长，而对广西区域内的经济增长直接驱动非常有限。

表 3　按投资比重排序的广西工业行业投资效率 DEA 分析（2016 年）

工业行业	行业投资占工业固定资产投资的比重	投资比重排位	纯技术效率	规模效率	规模收益（投资收益）
非金属矿物制品业	13.85%	1	1	0.026022	递减
木材加工和木、竹、藤、棕、草制品业	8.30%	2	0.520953	0.029757	递减
电力、蒸气、热水的生成和供应业	7.61%	3	0.819878	0.047935	递减
交通运输设备制造业	6.73%	4	1	0.053787	递减
农副食品加工	5.12%	5	1	0.066636	递减
化学原料及化学制品制造业	4.39%	6	0.589321	0.060092	递减
专用设备制造业	3.90%	7	0.146671	0.116745	递减
电气、机械及器材制造业	3.48%	8	0.432136	0.108508	递减
非金属矿采选业	3.07%	9	0.09242	0.215815	递减
金属制品业	3.03%	10	0.149539	0.156113	递减
有色金属冶炼及压延加工业	2.93%	11	0.846297	0.109017	递减
通信设备、计算机及其他电子设备制造业	2.82%	12	1	0.106047	递减
通用机械制造业	2.65%	13	0.093052	0.18036	递减
食品制造业	2.60%	14	0.174066	0.148952	递减
饮料制造业	2.43%	15	0.476821	0.114101	递减
橡胶和塑料制品业	2.31%	16	0.099059	0.189034	递减
医药制造业	2.23%	17	0.331401	0.134894	递减

工业行业	行业投资占工业固定资产投资的比重	投资比重排位	纯技术效率	规模效率	规模收益（投资收益）
黑色金属冶炼及压延加工业	2.22%	18	1	0.118498	递减
自来水的生成和供应业	2.15%	19	0.008869	0.80231	递增
造纸及纸制品业	2.03%	20	0.187831	0.154426	递减
纺织服装、鞋帽制造业	1.86%	21	0.024554	0.622084	递减
家具制造业	1.82%	22	0.01378	0.781572	递减
煤气生成和供应业	1.61%	23	0.020231	0.614537	递增
工艺品及其他制造业	1.51%	24	0.013704	0.533946	递增
废弃资源和废旧材料回收加工业	1.38%	25	0.124774	0.230231	递减
有色金属矿采选业	1.38%	26	0.25291	0.180199	递减
纺织业	1.35%	27	0.149227	0.165106	递减
印刷业、记录、媒介的复制	1.17%	28	0.038833	0.636607	递减
皮革、毛皮、羽毛（绒）及其制品业	1.02%	29	0.021981	0.874534	递减
黑色金属矿采选业	0.92%	30	0.095862	0.406394	递减
石油加工、炼焦及核燃料加工业	0.79%	31	1	0.150572	递减
仪器仪表及文化、办公用机械制造业	0.39%	32	0.047093	0.618476	递增
金属制品、机械和设备修理业	0.23%	33	0.07999	0.210376	递增
其他采矿业	0.23%	34	0.073602	0.205601	递增
煤炭采选业	0.17%	35	0.102959	0.393391	递增
烟草加工业	0.12%	36	1	1	不变
石油和天然气开采	0.08%	37	0.207413	0.913474	递增
开采辅助活动	0.07%	38	0.213663	0.255712	递增
化学纤维制造业	0.07%	39	0.210778	0.187475	递增
文教体育用品制造业	0.01%	40	1	1	不变

（三）纯技术效率和规模效应视角下的分析

DEA分析还有两个重要的指标，一是"纯技术效率"，二是"规模效率"。纯技术效率高，说明投入通过技术因素获取收益的比例大，反之，则说明通过技术因素获得收益的比例小。规模效率高，说明投入通过规模效应获得收益的比例大，反之，则说明投入通过规模效应获得收益的比例小。

表4是按纯技术效率排序的2016年广西工业行业投资效率DEA分析结果。除了烟草加工业、文教体育用品制造业这两个投资比重极小的行业，纯技

术效率排位居前的行业有非金属矿物制品业、交通运输设备制造业、通信设备、计算机及其他电子设备制造业、黑色金属冶炼及压延加工业、石油加工、炼焦及核燃料加工业、有色金属冶炼及压延加工业等。这类行业，大多属于对技术、人才、资金、管理都有较高要求的重工业和高新技术行业，因此，投资通过技术因素获得收益的比例较大。这类行业，体现出规模效率不足的共同特点，因此，立足于扩大规模效应的固定资产投资，对增加收益会有积极作用。但应当注意到这类行业的投资占比已经相当高，而且均出现投资收益递减的边际效应现象。

纯技术效率较低的行业，大多是技术门槛较低、规模效益较好的行业。此类行业的共同特点是：投资比重较低，其中很多行业的投资收益是递增的，还没有出现边际效应现象。因此，此类行业增加以技术更新改造为目标的固定资产投资，对增加投资收益会有明显的作用。

表 4　按纯技术效率排序的广西工业行业投资效率 DEA 分析（2016 年）

工业行业	行业投资占工业固定资产投资的比重	投资比重排位	纯技术效率	规模效率	规模收益（投资收益）
非金属矿物制品业	13.85%	1	1	0.026022	递减
交通运输设备制造业	6.73%	4	1	0.053787	递减
农副食品加工	5.12%	5	1	0.066636	递减
通信设备、计算机及其他电子设备制造业	2.82%	12	1	0.106047	递减
黑色金属冶炼及压延加工业	2.22%	18	1	0.118498	递减
石油加工、炼焦及核燃料加工业	0.79%	31	1	0.150572	递减
烟草加工业	0.12%	36	1	1	不变
文教体育用品制造业	0.01%	40	1	1	不变
有色金属冶炼及压延加工业	2.93%	11	0.846297	0.109017	递减
电力、蒸气、热水的生成和供应业	7.61%	3	0.819878	0.047935	递减
化学原料及化学制品制造业	4.39%	6	0.589321	0.060092	递减
木材加工和木、竹、藤、棕、草制品业	8.30%	2	0.520953	0.029757	递减
饮料制造业	2.43%	15	0.476821	0.114101	递减
电气、机械及器材制造业	3.48%	8	0.432136	0.108508	递减
医药制造业	2.23%	17	0.331401	0.134894	递减
有色金属矿采选业	1.38%	26	0.25291	0.180199	递减
开采辅助活动	0.07%	38	0.213663	0.255712	递增
化学纤维制造业	0.07%	39	0.210778	0.187475	递增
石油和天然气开采	0.08%	37	0.207413	0.913474	递增

工业行业	行业投资占工业固定资产投资的比重	投资比重排位	纯技术效率	规模效率	规模收益（投资收益）
造纸及纸制品业	2.03%	20	0.187831	0.154426	递减
食品制造业	2.60%	14	0.174066	0.148952	递减
金属制品业	3.03%	10	0.149539	0.156113	递减
纺织业	1.35%	27	0.149227	0.165106	递减
专用设备制造业	3.90%	7	0.146671	0.116745	递减
废弃资源和废旧材料回收加工业	1.38%	25	0.124774	0.230231	递减
煤炭采选业	0.17%	35	0.102959	0.393391	递增
橡胶和塑料制品业	2.31%	16	0.099059	0.189034	递减
黑色金属矿采选业	0.92%	30	0.095862	0.406394	递增
通用机械制造业	2.65%	13	0.093052	0.18036	递减
非金属矿采选业	3.07%	9	0.09242	0.215815	递减
金属制品、机械和设备修理业	0.23%	33	0.07999	0.210376	递增
其他采矿业	0.23%	34	0.073602	0.205601	递增
仪器仪表及文化、办公用机械制造业	0.39%	32	0.047093	0.618476	递增
印刷业、记录、媒介的复制	1.17%	28	0.038833	0.636607	递减
纺织服装、鞋帽制造业	1.86%	21	0.024554	0.622084	递减
皮革、毛皮、羽毛（绒）及其制品业	1.02%	29	0.021981	0.874534	递减
煤气生成和供应业	1.61%	23	0.020231	0.614537	递增
家具制造业	1.82%	22	0.013780	0.781572	递减
工艺品及其他制造业	1.51%	24	0.013704	0.533946	递增
自来水的生成和供应业	2.15%	19	0.008869	0.80231	递增

（四）聚类分析

通过对 2016 年广西工业行业投资效率的 DEA 分析结果作聚类分析，我们可以得到更为细致的行业归类。表 5 是聚类分析结果，分类变量是纯技术效率和规模效率。行业的分类由 SPSS 软件自动完成，类特征是我们对计算机分类结果的解读，分类名由我们根据类特征给出。

从表 5 可知，最佳类只有两个行业，纯技术效率和规模效率都是最大值，规模收益不变，即说明投资与产出的关系处于最佳状态，但这两个行业投资比重极低。

技术类和次技术类由一批对技术、人才、资金、管理都有较高要求的重工业和高新技术行业组成，该类的特征是纯技术效率较高，投资比重较大，明显出现投资收益递减的边际效应现象。

规模类和次规模类行业主要由资金和技术门槛要求较低的行业构成，该类的特征是规模效率较高，投资比重较低，较多行业处于投资收益递增状态，边际效应现象不明显。

一般类由纯技术效率和规模效率处于中间偏下地带的行业构成，该类行业投资比重中间偏低。该类共有 15 个行业，除了投资比重最低的 4 个行业其投资收益是递增的，其余行业的投资收益是递减的，投资边际效应现象也很明显。

表5　对广西工业行业投资效率 DEA 分析结果的聚类分析（2016 年）

类名	类特征	工业行业	投资比重	投资比重排位	纯技术效率	规模效率	规模收益
最佳类	纯技术效率和规模效率均最高，投资比重低	烟草加工业	0.12%	36	1	1	不变
		文教体育用品制造业	0.01%	40	1	1	不变
技术类	纯技术效率高，规模效率低，投资比重大，投资收益递减，边际效应明显	非金属矿物制品业	13.85%	1	1	0.026022	递减
		电力、蒸气、热水的生成和供应业	7.61%	3	0.819878	0.047935	递减
		交通运输设备制造业	6.73%	4	1	0.053787	递减
		农副食品加工	5.12%	5	1	0.066636	递减
		有色金属冶炼及压延加工业	2.93%	11	0.846297	0.109017	递减
		通信设备、计算机及其他电子设备制造业	2.82%	12	1	0.106047	递减
		黑色金属冶炼及压延加工业	2.22%	18	1	0.118498	递减
		石油加工、炼焦及核燃料加工业	0.79%	31	1	0.150572	递减
次技术类	纯技术效率较高，但比"技术类"低，投资比重大，投资收益递减，边际效应明显	木材加工和木、竹、藤、棕、草制品业	8.30%	2	0.520953	0.029757	递减
		化学原料及化学制品制造业	4.39%	6	0.589321	0.060092	递减
		电气、机械及器材制造业	3.48%	8	0.432136	0.108508	递减
		饮料制造业	2.43%	15	0.476821	0.114101	递减
规模类	规模效率高，纯技术效率低，投资比重低，行业投资收益有递增、有递减，边际效应不明显	自来水的生成和供应业	2.15%	19	0.008869	0.80231	递增
		家具制造业	1.82%	22	0.01378	0.781572	递增
		皮革、毛皮、羽毛（绒）及其制品业	1.02%	29	0.021981	0.874534	递增
		石油和天然气开采	0.08%	37	0.207413	0.913474	递增

续表

类名	类特征	工业行业	投资比重	投资比重排位	纯技术效率	规模效率	规模收益
次规模类	规模效率较高，但比"规模类"低，投资比重低，行业投资收益递增者居多	纺织服装、鞋帽制造业	1.86%	21	0.024554	0.622084	递减
		煤气生成和供应业	1.61%	23	0.020231	0.614537	递增
		工艺品及其他制造业	1.51%	24	0.013704	0.533946	递增
		印刷业、记录、媒介的复制	1.17%	28	0.038833	0.636607	递减
		黑色金属矿采选业	0.92%	30	0.095862	0.406394	递减
		仪器仪表及文化、办公用机械制造业	0.39%	32	0.047093	0.618476	递增
		煤炭采选业	0.17%	35	0.102959	0.393391	递增
一般类	纯技术效率和规模效率，均处于中间地带。其中投资比重较低的几个行业投资收益递增	专用设备制造业	3.90%	7	0.146671	0.116745	递减
		非金属矿采选业	3.07%	9	0.09242	0.215815	递减
		金属制品业	3.03%	10	0.149539	0.156113	递减
		通用机械制造业	2.65%	13	0.093052	0.18036	递减
		食品制造业	2.60%	14	0.174066	0.148952	递减
		橡胶和塑料制品业	2.31%	16	0.099059	0.189034	递减
		医药制造业	2.23%	17	0.331401	0.134894	递减
		造纸及纸制品业	2.03%	20	0.187831	0.154426	递减
		废弃资源和废旧材料回收加工业	1.38%	25	0.124774	0.230231	递减
		有色金属矿采选业	1.38%	26	0.25291	0.180199	递减
		纺织业	1.35%	27	0.149227	0.165106	递减
		金属制品、机械和设备修理业	0.23%	33	0.07999	0.210376	递增
		其他采矿业	0.23%	34	0.073602	0.205601	递增
		开采辅助活动	0.07%	38	0.213663	0.255712	递增
		化学纤维制造业	0.07%	39	0.210778	0.187475	递增

（五）分析结果

1. 广西工业有较多行业的投资出现边际效应现象

广西工业内部行业中，大部分行业投资出现边际效应，即投资收益呈递减趋势。广西 40 个工业行业中，有 28 个行业投资收益递减，出现边际效应现象。

2. 出现投资边际效应的工业行业其投资占比较高

广西工业行业投资比重较高的行业，无一例外地出现投资收益递减的边际效应现象；而投资比重最低的一批行业，其投资收益仍然是递增的。出现投资边际效应现象的行业数，占全部工业行业数的70%，其投资占比高达93.4%。只有10个行业的投资收益体现出递增，这些行业占全部工业行业数的25%，投资占比仅为6.5%。投资比重排前18位的行业，占据了广西工业行业80%的固定资产投资，这些全部是投资收益递减、出现投资边际效应现象的行业。

3. 广西应重视投资收益递增的工业行业技术更新改造

广西工业行业中，有部分纯技术效率较低的行业，大多是技术门槛较低、规模效益较好的行业。此类行业的共同特点是，投资比重较低，其中很多行业的投资收益是递增的，还没有出现边际效应现象。因此，此类行业增加以技术更新改造为目标的固定资产投资，对增加投资收益会有明显的作用。

4. 广西应综合考虑稳增长、调结构和提高投资效益的多重目标

在广西工业中结合纯技术效率、规模效率和边际效应等情况，分类制定行业的投资导向和投资策略。

（六）工业行业分类投资导向策略

1. 应鼓励扩大投资规模、努力提高投资占比且注重技术提升的行业

食品工业中的烟草加工业，机械工业中的金属制品、机械和设备修理业，纺织服装工业的化学纤维制造业，文教体育用品制造业，其他采矿业及开采辅助活动等行业，其纯技术效率和规模效率较高，投资收益仍处于递增阶段，而这些行业的投资占比较低，应鼓励扩大投资规模、努力提高投资占比，并且要注重扩大更新改造投资规模（见表6）。

表6　广西应鼓励扩大投资规模、努力提高投资占比且注重技术提升的工业行业

聚类分析的归类	类特征	投资策略	工业行业	投资比重	投资比重排位	纯技术效率	规模效率	规模收益	对应的主要行业
最佳类	纯技术效率和规模效率均最高，投资比重低	扩大投资规模，且扩大更新改造投资努力提高投资比重	烟草加工业	0.12%	36	1	1	不变	食品工业
			文教体育用品制造业	0.01%	40	1	1	不变	其他
一般类	纯技术效率和规模效率均处于中间地带，行业投资收益递增	扩大投资规模，且扩大更新改造投资努力提高投资比重	金属制品、机械和设备修理业	0.23%	33	0.07999	0.210376	递增	机械工业
			其他采矿业	0.23%	34	0.073602	0.205601	递增	其他
			开采辅助活动	0.07%	38	0.213663	0.255712	递增	其他
			化学纤维制造业	0.07%	39	0.210778	0.187475	递增	纺织服装

2. 鼓励扩大投资规模、努力提高投资占比的行业

广西的石油化工工业中的石油和天然气开采行业，机械工业中的仪器仪表及文化、办公用机械制造业行业，煤炭工业中的煤炭采选业，自来水的生成和供应业，煤气生成和供应业，以及工艺品及其他制造业等行业，均属于规模效率高且纯技术效率低的行业，其投资比重低，行业投资收益仍处于递增阶段，这些行业技术门槛低，但规模效率明显，应该鼓励扩大投资规模、努力提高其投资占比（见表7）。

表7　广西应鼓励扩大投资规模、努力提高投资占比的工业行业

聚类分析的归类	类特征	投资策略	工业行业	投资比重	投资比重排位	纯技术效率	规模效率	规模收益	对应的主要行业
规模类	规模效率高，纯技术效率低，投资比重低，行业投资收益递增	扩大投资规模，提高投资比重	自来水的生成和供应业	2.15%	19	0.008869	0.80231	递增	其他
			石油和天然气开采	0.08%	37	0.207413	0.913474	递增	石油化工
次规模类	规模效率较高，但比"规模类"低，投资比重低，行业投资收益递增	扩大投资规模，提高投资比重	煤气生成和供应业	1.61%	23	0.020231	0.614537	递增	其他
			工艺品及其他制造业	1.51%	24	0.013704	0.533946	递增	其他
			仪器仪表及文化、办公用机械制造业	0.39%	32	0.047093	0.618476	递增	机械工业
			煤炭采选业	0.17%	35	0.102959	0.393391	递增	煤炭工业

3. 控制投资规模，适当降低投资比重，主攻产业转型升级的行业

广西的电力工业、电子工业，建材工业中的非金属矿物制品业、有色金属工业中的有色金属冶炼及压延加工业，造纸与木材工业中的木材加工和木、竹、藤、棕、草制品业，以及机械工业中的交通运输设备制造业和电气、机械及器材制造业，食品工业中的农副食品加工、饮料制造业，冶金工业中的黑色金属冶炼及压延加工业，石油化工工业中的石油加工、炼焦及核燃料加工业和化学原料及化学制品制造业等行业，虽然其纯技术效率高，但规模效率低且已出现边际效应，这些行业相对来说其投资比重较高，应该控制投资规模，适当降低投资比重，主攻方向为应扩大更新改造投资，通过技术改造、产业转型升级来提高投资效益（见表8）。

表8　广西应控制投资规模，适当降低投资比重，主攻产业转型升级的工业行业

聚类分析的归类	类特征	投资策略	工业行业	投资比重	投资比重排位	纯技术效率	规模效率	规模收益	对应的主要行业
技术类	纯技术效率高，规模效率低，投资比重大，投资收益递减，边际效应明显	控制投资规模，适当降低投资比重，但应扩大更新改造投资，通过技术改造、产业转型升级来提高投资效益	非金属矿物制品业	13.85%	1	1	0.026022	递减	建材工业
			电力、蒸气、热水的生成和供应业	7.61%	3	0.819878	0.047935	递减	电力工业
			交通运输设备制造业	6.73%	4	1	0.053787	递减	机械工业
			农副食品加工	5.12%	5	1	0.066636	递减	食品工业
			有色金属冶炼及压延加工业	2.93%	11	0.846297	0.109017	递减	有色金属
			通信设备、计算机及其他电子设备制造业	2.82%	12	1	0.106047	递减	电子工业
			黑色金属冶炼及压延加工业	2.22%	18	1	0.118498	递减	冶金工业
			石油加工、炼焦及核燃料加工业	0.79%	31	1	0.150572	递减	石油化工
次技术类	纯技术效率较高，但比"技术类"低，投资比重大，投资收益递减，边际效应明显	控制投资规模，适当降低投资比重，但应扩大更新改造投资，通过技术改造、产业转型升级来提高投资效益	木材加工及竹、藤、棕、草制品业	8.30%	2	0.520953	0.029757	递减	造纸与木材
			化学原料及化学制品制造业	4.39%	6	0.589321	0.060092	递减	石油化工
			电气、机械及器材制造业	3.48%	8	0.432136	0.108508	递减	机械工业
			饮料制造业	2.43%	15	0.476821	0.114101	递减	食品工业

4. 应适当扩大投资规模，适当提高投资比重，且加快产品更新换代及技术改造的行业

广西造纸与木材工业中的家具制造业，纺织服装与皮革工业中的纺织服装、鞋帽制造业和皮革、毛皮、羽毛（绒）及其制品业，冶金工业中的黑色金属矿采选业，以及印刷业、记录、媒介的复制等行业，纯技术效率低，技术门槛较低，但投资的规模效率高，且投资占比仍然较低，不过，这些行业已经出现投资边际效应，投资收益递减，可适当扩大投资规模，适当提高投资比重，且通过产品的更新换代以及技术改造来提高投资效益（见表9）。

表 9　广西应当适当扩大投资规模，适当提高投资比重，

且加快产品更新换代及技术改造的工业行业

聚类分析的归类	类特征	投资策略	工业行业	投资比重	投资比重排位	纯技术效率	规模效率	规模收益	对应的主要行业
规模类	规模效率高，纯技术效率低，投资比重低，行业投资收益有递减，边际效应不明显	可适当扩大投资规模	家具制造业	1.82%	22	0.01378	0.781572	递减	造纸与木材
			皮革、毛皮、羽毛（绒）及其制品业	1.02%	29	0.021981	0.874534	递减	纺织服装与皮革
次规模类	规模效率较高，但比"规模类"低，投资比重低，行业投资收益有递减	可适当提高投资比重，加快产品的更新换代及技术改造	纺织服装、鞋帽制造业	1.86%	21	0.024554	0.622084	递减	纺织服装与皮革
			印刷业、记录媒介的复制	1.17%	28	0.038833	0.636607	递减	其他
			黑色金属矿采选业	0.92%	30	0.095862	0.406394	递减	冶金工业

5. 应适当提高投资比重，努力提高产品技术含量的行业

广西的医药制造业，纺织服装与皮革工业的纺织业，机械工业专用设备制造业、金属制品业、通用机械制造业，建材工业中的非金属矿采选业，食品工业中的食品制造业，石油化工工业中的橡胶和塑料制品业，有色金属工业中的有色金属矿采选业，造纸与木材工业中的造纸及纸制品业，废弃资源和废旧材料回收加工业等行业，纯技术效率和规模效率不明显，处于中间位置，虽已出现了投资收益递减的情况，但这些行业属于市场需求较大，且具有较好市场前景，投资占比仍有提升的空间，可注重技术创新，提高产品技术含量，加快产业转型升级，以提高投资有效性，创造有效供给（见表 10）。

表 10　广西应适当提高投资比重，努力提高产品技术含量的工业行业

聚类分析的归类	类特征	投资策略	工业行业	投资比重	投资比重排位	纯技术效率	规模效率	规模收益	对应的主要行业
一般类	纯技术效率和规模效率，均处于中间地带。行业投资收益有递减	可适当提高投资比重，注重技术创新，提高产品技术含量，加快产业转型升级并扩大更新改造	专用设备制造业	3.90%	7	0.146671	0.116745	递减	机械工业
			非金属矿采选业	3.07%	9	0.09242	0.215815	递减	建材工业
			金属制品业	3.03%	10	0.149539	0.156113	递减	机械工业
			通用机械制造业	2.65%	13	0.093052	0.18036	递减	机械工业
			食品制造业	2.60%	14	0.174066	0.148952	递减	食品工业
			橡胶和塑料制品业	2.31%	16	0.099059	0.189034	递减	石油化工

续表

聚类分析的归类	类特征	投资策略	工业行业	投资比重	投资比重排位	纯技术效率	规模效率	规模收益	对应的主要行业
一般类			医药制造业	2.23%	17	0.331401	0.134894	递减	医药工业
			造纸及纸制品业	2.03%	20	0.187831	0.154426	递减	造纸
			废弃资源和废旧材料回收加工业	1.38%	25	0.124774	0.230231	递减	其他
			有色金属矿采选业	1.38%	26	0.25291	0.180199	递减	有色金属
			纺织业	1.35%	27	0.149227	0.165106	递减	纺织服装与皮革

三、主要结论、对策和建议

（一）若干重要观点

1. 广西产业结构欠佳

2017 年，广西第三产业的占比仅为 40.2%，全国则为 51.63%，广西比全国低了 11.4 个百分点，第三产业的比重在全国排位倒数第一，与全国的差距仍在拉大。广西在工业化加速推进过程中明显地表现出第二产业对第三产业的"挤出效应"，产业高级化有待提高。

2. 广西投资结构不合理

第一，广西第三产业投资比重提升缓慢，与全国的趋势明显不同（全国同期呈上升趋势），广西第三产业投资占比总体呈下降趋势。"十一五"以来，广西固定资产投资侧重于投向以工业为代表的第二产业，而以服务业为代表的第三产业得到的投资份额总体呈减少趋势，多年的累积效果，造成广西第三产业占比全国最低的产业结构现状。第二，在广西制造业中，建材、冶金、机械、石油化工、有色金属、造纸等高能耗资源型传统制造业投资占比较大。第三，广西传统服务业投资占比较高，现代服务业份额较小。

3. 广西工业发展及工业投资存在很多制约

主要表现为，工业经济增长乏力、投资增长制约突出、传统工业占比较高和倚能倚重特征明显、新旧动能转换接续乏力、工业行业经营困难和停产企业数量偏多、工业大市和重点行业增长乏力、企业创新能力不足、工业园区的发展制约较多、企业成本抬升和实体经济困难更加突出。

4. 2018 年乃至未来几年，广西处于艰难的"筑底"阶段

广西工业增长动力结构发生变化，工业结构向传统产业和新兴产业协调发展转变，工业增长动力向技术创新驱动和多元消费拉动转变。根据广西资源禀赋、环境容量、市场状况、产业基础等实际情况，加快利用高新技术和互联网科技改造优化传统产业，促进传统产业加快向链条化、高精化方向发展，仍是广西优化工业内部结构的重要基础。要充分意识到消费升级和升级型消费对未来经济发展尤其是供给侧结构性改革的影响，要加大力度提升中高端产品供给能力，对依托资源的产业领域要梳理生产清单，尽快补齐生产加工尤其是中高端加工缺失短板。

5. 广西工业行业的投资效率出现分化，行业投资策略应该综合考虑稳增长、调结构和提高投资效益等多重目标

其一，广西工业有较多行业的投资出现边际效应现象。广西工业内部行业中，大部分行业投资出现边际效应，即投资收益呈递减趋势。广西 40 个工业行业中，有 28 个行业投资收益递减，出现边际效应现象。广西大量投资于中上游的重化工业和基建，其产出中的利润及税收（生产总值的重要构成）所占比例不高，拉动的主要是外省的生产总值。也就是说，广西因有效供给不足制约了投资的产出效益，广西投资的增加，直接贡献体现在拉动了外省相关产品的增长，而对广西区域内的经济增长的直接驱动非常有限。其二，出现投资边际效应的工业行业其投资占比较高。广西工业行业投资比重较高的行业，无一例外地出现投资收益递减的边际效应现象，而投资比重最低的一批行业，其投资收益仍然是递增的。出现投资边际效应现象的行业数，占全部工业行业数的70%，其投资占比高达 93.4%。只有 10 个行业的投资收益体现出递增，这些行业占 25%，投资占比仅为 6.5%。投资比重排前 18 位的行业，占据了广西工业行业 80% 的固定资产投资，这些全部是投资收益递减、出现投资边际效应现象的行业。其三，广西应重视投资收益递增的工业行业的技术更新改造。广西工业行业中，有部分纯技术效率较低的行业，大多是技术门槛较低、规模效益较好的行业。此类行业的共同特点是：投资比重较低，其中很多行业的投资收益是递增的，还没有出现边际效应现象。因此，此类行业增加以技术更新改造为目标的固定资产投资，对增加投资收益会有明显的作用。其四，广西应考虑稳增长、调结构和提高投资效益的多重目标，结合纯技术效率、规模效应和边际效应等情况，分类制定行业的投资导向和策略。

（二）提高工业投资有效性，促进经济增长的对策与建议

广西经济正由高速增长阶段转向高质量发展阶段，处在转变发展方式、优化升级经济结构、转换增长动力结构的攻关期，但广西工业产业结构尚不合

理。广西应努力提高广西工业投资的有效性，必须坚持质量第一、效益优先，深入推进供给侧结构性改革，着力调整工业的行业内部投资结构，努力加快工业转型步伐。

1. 全面推进投资与供给侧结构性改革有机结合

一是去产能与培育新动能要并驾齐驱。按照自治区加快推进供给侧结构性改革的工作部署，在推动传统产业调整结构、转型升级、提质增效方面加大投资力度，加快研发新技术、发展新行业、培育新业态等方面的创新，加大对节能环保、新一代信息技术、高端装备制造等新兴产业的投入力度，关注相关行业的长期健康发展。通过在引导技术进步、提升环保要求等方面加大投入从而推进行业的新陈代谢，在去产能的同时实现行业的优化升级，加快培育和发展新动能，以实现传统动能提升与新生动能成长的"双轮驱动"。

二是增加公共产品和服务供给，聚焦补短板扩大合理有效投资。抓好自治区关于《在关键领域和薄弱环节加大补短板工作力度实施方案》的贯彻落实，在加大政府投入力度的同时，进一步创新投融资机制，激发社会投资的积极性，调动更多资源加大薄弱环节的投资力度，加大对科技创新等与工业相关的薄弱环节的补短板政策扶持力度，加大有效投资力度，强化项目支撑，优化现有生产要素配置和组合，通过补短板扩大有效供给。围绕打造北部湾经济区升级版、发展珠江—西江经济带、振兴左右江革命老区以及建设桂林国际旅游胜地等发展重点，加快政策体系完善和体制机制创新，在基础设施、产业升级、生态环保、民生保障、社会建设等方面加大投资扶持力度。在科技创新方面，加快制定全区创新驱动发展规划和相关实施细则，启动实施科技创新"十三五"规划重大专项，围绕自治区党委、政府要重点打造的传统优势产业、先进制造业、信息技术、互联网经济、高性能新材料、生态环保产业、优势特色农业、海洋资源开发利用保护和大健康产业等产业，加大科技投入，推进实施智能制造装备和产品、新材料应用等 10 个重大科技专项，集中力量攻克一批制约产业发展的共性关键技术，加快推广应用一批新技术、新产品、新装备，为产业和产品迈向产业链中高端提供有力的科技支撑。

三是处理好刚性的去产能政策与灵活的需求波动之间的关系。以 2016 年为例，回顾 2016 年的去产能，应该看到，去产能过程也存在一些问题，其中最为明显的是刚性的去产能政策与灵活的需求波动之间存在一定的矛盾。在去产能政策的约束之下，出现了一些行业对市场需求变化无法作出及时反应，导致阶段性或局域性的供给不足，这在一定程度上影响到去产能工作的整体推进、能源的稳定供应、企业成本的降低。因此，今后推进去产能要更具弹性，更多发挥市场的作用。

2. 加快传统支柱产业"二次创业"

鼓励企业加大技术改造力度，积极运用"互联网＋"、人工智能、节能低碳环保等新技术新标准改造提升传统产业，整合企业产业链、管理链、供应链，以技术改造为重点，积极推进汽车、机械、铝业、冶金及有色金属、化工、糖业、消费品轻工业、农产品加工业等广西传统优势产业"二次创业"向纵深发展，推动传统优势产业转型升级、全链条拓展、集群式发展，在加快传统产业转型升级中挖掘新动能。一是大力推动糖业转型升级。深入推进"双高"糖料蔗基地建设，加快制糖企业战略重组，加快推进制糖企业数字化、网络化、智能化改造，改进生产工艺和技术，加快糖全产业循环利用，推进糖业精深加工，加快建设广西·中国糖业产业园和国家级糖业科技研发基地、总部基地。二是加大投资力度积极构筑铝全产业链建设。加大对铝产业集群、产业链重大项目的投资力度，积极推进产能合作，加快发展铝业精深加工，生产制造商性能铝合金新材料。统筹推进"铝—电—网"一体化，加快构建百色、防城港生态铝基地，柳州、来宾、贺州铝精深加工基地，南宁高端铝研发创新、铝加工和铝加工设备基地，打造全国生态铝产业发展新高地。三是加快机械产业智能化步伐。加快推进广西柳工集团有限公司、广西玉柴机器集团有限公司和南宁、柳州、玉林智能制造城"两企三城"建设，着力推动工程机械、内燃机、通用机床等关键产业链发展。重点支持产业向数字化、智能化、品牌化方向发展，加快发展工程机械、预应力机具、橡胶机械、电工电器等优势产品以及工业机器人、轨道交通装备等新兴产业，形成特色产品优势突出、配套较为完备的机械产业体系。四是加快优化冶金及有色金属产业布局。着力推动重点企业项目向高效绿色节能、产品向高性能高附加值方向发展，进一步优化产业布局，推动重点项目落地，补足产业体量短板。动钢铁产业向装备配套、绿色建筑、消费类钢材产品延伸，着力调整改善冶金产品的供给结构，形成具有国内先进水平的沿海冶金生产加工基地。

3. 推动制造业提质增效

加快实施"中国制造2025"，推进智能制造发展，加强新型传感器、工业软件、智能控制、工业互联网等技术在智能装备中的集成应用。利用集成创新，重点发展机器人、无人机、智能电网设备、高端工程机械、轨道交通装备、现代农业机械、智能数控装备及基础制造装备等智能化装备，抓紧抢占产业制高点。加快建立智能工厂评价体系，加快在重点流程制造、离散制造行业建设智能工厂项目，以提升企业的资源配置优化、实时在线优化、生产管理精细化和智能决策科学化水平。加快发展智能产品与装备，开展智能制造试点示范，鼓励培育一批自主创新能力强、主业突出、产品市场前景好、对产业带动作用大的智能制造骨干企业。积极开拓东盟等国际市场，支持汽车、机械、建材、制糖、电力等行业有实力的企业提高制造业国际化发展水平。

4. 培育壮大新兴产业

广西应结合现有产业基础和产业发展能力，明确产业升级的主攻方向，调整好产业政策实施的着力点和切入点。重视对新型市场模式和消费心理的研究分析，鼓励制造业向个性化定制、柔性化生产、网络化销售等先进制造方式和商业模式转型，加大对先进装备制造、节能与新能源汽车、新一代信息技术、新材料、生物医药、节能环保等6个基础较好的战略性新兴产业的支持，加快培育新的工业增长动力。

加快实施战略性新兴产业倍增发展行动，加快实施产业大招商三年行动计划，瞄准新兴产业中的旗舰型企业，围绕新一代信息技术、高端装备制造、新能源汽车、生物医药、新材料、节能环保等产业项目，强化产业链招商，加快推进新产业、新技术、新项目落地。集中力量打造一批新兴产业园区及基地，大力推进南宁、桂林、贵港等一批电子信息产业园等建设，加快打造南钦北电子信息核心产业带。鼓励工业与互联网融合发展，大力推进中国—东盟信息港、广西电子政务外网云计算中心、"两化"融合示范工业园区等一批重大项目及园区建设。鼓励制造业与服务业融合发展，加快推进柳州汽车城及贺州碳酸钙生产性服务业发展示范区、粤桂合作特别试验区两广服务业合作示范区建设。

5. 加强自主创新，用好用活专项资金

广西应深入实施创新驱动战略，强化企业创新主体作用，打造传统优势产业、先进制造业等创新发展名片，引导激励企业加大研发投入，充分发挥自治区创新发展专项资金和股权投资等作用，培育一批"瞪羚企业"，着力打造一批科技领军企业。深化重点创新载体建设，高水平建设新型创业载体，建成一批具有行业影响力的优质众创空间。精准对标国际先进水平，实施"万企升级"工程，加快建设一批技术开发、知识产权、信息化应用、工业设计、检验检测等公共技术服务平台，为企业提供全方位、全过程创新服务。深化企业"两化"融合，推进基于互联网的产品设计、柔性制造、个性化定制等新型制造模式，推进"互联网+""机器人+""标准化+""大数据+"在传统制造业领域的融合应用。利用电子商务、网络营销等新业态，扩大互联网信息技术在工业领域的应用，促进大宗原材料网上交易、工业产品网上定制、上下游关联企业业务协同发展。加大对首台（套）产品推广应用的支持，提高首台（套）产品保险补偿水平。实施"标准化+"行动，在重点传统制造业领域制定拥有自主知识产权的高水平"广西制造"标准。

6. 支持民营企业发展，全面促进民间投资

一是提高支持非公有制经济发展政策的实效。全面落实国家和自治区促进非公有制经济发展的政策措施，坚持"两个毫不动摇"，认真解决民营企业集中反映的突出问题，坚决破除各种隐性壁垒。二是畅通民间资本投资渠道。凡是法律法规未明令禁止民间资本进入的行业和领域，一律对民间资本开放，不得单独对民间投资设置任何附加条件或歧视性条款。鼓励非公有制企业参与国有企业改制重组和国有经济布局调整。三是健全企业家参与涉企政策制定机制，构建"亲""清""新"型政商关系。规范政商交往行为，因地制宜地制定符合广西实际情况的政商交往的"正面清单"和"负面清单"。探索建立容错纠错机制，各级党委、政府及相关部门结合自身职能，从容错提出、受理、审议、界定等方面细化容错纠错的具体办法。制定涉企相关行业政策等，提高企业家的实际参与度。四是激发和保护企业家精神。要不断增强企业家信心，让民营企业在市场经济浪潮中尽显身手。五是加强对民营企业产权与合法权益的法律保护。尽快清理、修改和废止不利于产权保护的政府规章和规范性文件，坚决杜绝侵害企业自主权和合法财产所有权的行为，营造尊重、激励和保护企业家干事创业的良好环境。

7. 深化金融体制改革，着力支持实体经济发展

提高金融服务实体经济的能力。广西金融业应该主动针对经济发展"结构失衡"及"不平衡不充分"的问题，提出金融服务于实体经济的解决方案，加快金融业由动员储蓄、推动大规模投资的粗放式金融发展模式向利用金融科技、高效配置金融资源的集约型金融发展模式转变。

推动多层次资本市场发展，提高直接融资比例。要立足实体经济的融资需求导向，积极稳妥推进主板、新三板、区域性股权交易以及股权众筹市场建设，协同发展场内和场外、公募和私募、股票、债券和期货等分层有序、功能互补的多层次资本市场体系，支持符合条件的企业通过资本市场融资，提高直接融资占比，拓宽企业的多元化融资渠道。

8. 简政放权，优化投资环境

（1）深入推进行政审批改革

全面推行政府部门权力清单制度。在各级政府全面推行政府部门权力清单制度，在投资领域积极推行"负面清单"管理模式，按照"法无授权不可为、法定职责必须为"的主体要求，将清单内权力纳入行政权力运行平台统一管理。完善行政审批事项目录管理，加强纵横联动，不断提高行政审批事项清理的科学性和含金量，建立健全行政审批事项目录管理制度，向社会公布全区行政审批事项目录，并建立取消和下放审批事项效果的定期评估机制。改革前置

审批制度，进一步精简前置审批条件，清理行政审批前置中介服务。

（2）深化技改投资审批制度改革，促进企业投资意愿回升

工信主管部门实行技改项目备案权限省级"零保留"、备案办理"零前置"、一般行业能评"零审批"，同时完善工业投资（技术改造）管理信息系统，形成部门联动实施机制。对属于企业自主经营权的事项，核准机关能够用征求相关部门意见或者通过后续监管等方式解决的事项，一律不再作为前置审批。

（3）深化商事制度改革

扎实推进简政放权工作，为企业松绑减负，以提供更加优质的公共产品和公共服务为目标，着力清除市场壁垒、降低制度性成本、鼓励创业创新，不断释放市场活力和社会创造力。重点推行以下改革：一是取消和下放行政审批事项，将直冠"广西"名称核准权限、企业登记权限、户外广告登记权限等一大批行政审批事项下放至市、县区一级，方便企业就近就便办理。二是持续推进"多证合一"改革。在全面落实"六证合一、一照一码"及"两证整合"的基础上，巩固和扩大改革成果，进一步整合多部门信息资源，持续推进"证照整合"，更大幅度地缩短市场主体从筹备开办到进入市场的时间。三是深化推进"先照后证"改革。完善广西工商登记后置审批事项目录，严格履行后置审批事项"双告知"职责，实现与其他相关审批部门的有序衔接。四是加快推进登记注册全程电子化改革。在试点的基础上，全面推行市场主体登记注册全程电子化。实现以电子营业执照为支撑的网上申请、网上受理、网上审核、网上公示、网上发照，进一步提高注册登记的便利化水平。

参考文献

［1］肖红松. 固定资产投资对 GDP 影响的实证研究：以武汉市为例［J］. 湖北经济学院学报（人文社会科学版），2015，12（11）：23-25.

［2］文小才. 中国固定资产投资的增长效应和波动效应：基于1981年~2012年的时间序列数据［J］. 经济经纬，2014，31（5）：150-155.

［3］瞿华，夏杰，长马鹏. 我国消费、投资、出口与经济增长关系实证检验：基于1978—2010年数据［J］.《经济问题探索》，2013，（3）：37-41.

［4］金巧艺. 我国固定资产投资与经济增长相互关系的研究［J］. 中国市场，2013（7）：94-96.

［5］宋敏慧，席斌，刘暾东. 基于多重时间序列模型的城市固定资产投资与 GDP 的动态关系［J］. 厦门大学学报（自然科学版），2011（1）：13-16.

［6］谭姝琳. 固定资产投资与 GDP 的辩证关系分析［J］. 中国商界，2010

(6)：63-64.

[7] 刘竹蓉，孔荣. 基于 DEA 的陕西省行业固定资产投资效率研究 [J]. 技术经济，2009，28（12）：54-57

[8] 范德成，王晓辉. 我国产业投资的波动效应分析 [J]. 科技管理研究，2009（5）：161-163.

[9] 张亮. 我国投资与 GDP 增长的实证分析 [J]. 社会科学家，2007（6）：97-100.

[10] 赵家章，胡碧玉. 技术进步与中国经济增长：基于全要素生产率的实证研究 [J]. 开发研究，2005（6）：60.

[11] ［美］达摩达尔·N，古扎拉蒂. 计量经济学基础 [M]. 北京：中国人民大学出版社，2005.

[12] 孙敬水. 计量经济学教程 [M]. 北京：清华大学出版社，2005.

[13] 高铁梅. 计量经济分析方法与建模 [M]. 北京：清华大学出版社，2009.

[14] 曼昆. 宏观经济学 [M]. 北京：中国人民大学出版社，2009.

课题承担单位：广西数量经济学会

课题负责人：陈洁莲（广西社会科学院）

主要参加人：张鹏飞（广西工业和信息化厅）、张卫华（广西宏观经济研究院）、郭南芸（广西大学）、毛艳（广西社会科学院）、邵雷鹏（广西社会科学院）、柯丽菲（广西社会科学院）、云倩（广西社会科学院）、陈禹静（广西社会科学院）、陈智霖（广西社会科学院）

广西建立租购并举住房制度研究

一、建立租购并举住房制度的时代要求

（一）建立租购并举住房制度的新时代背景

1. 新时代社会主要矛盾与党的十九大精神

在党的十九大上，以习近平同志为核心的党中央作出了"中国特色社会主义进入新时代，我国社会主要矛盾已经转化为人民日益增长的美好生活需要和不平衡不充分的发展之间的矛盾"这一重大历史阶段研判。作为广大人民群众美好生活的必要条件，同时也是党的十九大精神中增进民生福祉，实现住有所居的现实要求，住房问题始终是党中央高度重视并且下决心花大力气解决的重点问题。党的十九大报告明确指出："坚持房子是用来住的、不是用来炒的定位，加快建立多主体供给、多渠道保障、租购并举的住房制度，让全体人民住有所居。"这一提法，是党中央在总结我国住房市场化改革二十年发展经验基础上作出的重要制度论断，政策意涵丰富，精练、准确地概括了我国住房制度建设的基本定位、指导思想、重点任务、发展方向和最终目标。

"房住不炒"是未来住房制度建设的基本定位和指导思想。近年来，由于我国房地产相应法律法规不健全、税收政策不完善、监管较为薄弱，伴随着房地产市场的火热，房地产行业投资投机属性凸显，这不仅会恶性抬高房价，产生房地产泡沫，对国家经济社会发展造成不良影响，还会损害部分群众的利益，阻碍民生福祉的发

展。2016 年中央经济工作会议首次提出"房住不炒"的思想，党的十九大报告的再次强调和重申就是为了促进住房回归居住属性。

"建立多主体供给、多渠道保障、租购并举的住房制度"是未来住房制度建设的重点任务和发展方向。长期以来，我国住房市场"重售轻租"现象严重，这是因为对于过去主要供给方房地产开发商而言，售房比租房资金回笼快，更有利于提高企业周转率，维持高效益，而对于需求方而言，租购不同权、购房的财富效应以及我国传统思想会使租房效用远低于买房。党中央从我国国情出发，敏锐精确地指出了改革路径，一方面实行"多主体供给"，从供给侧结构性改革下手丰富住房供给主体，盘活各方面力量建立健全我国住房供应体系；另一方面保证"多渠道保障"，创新与保障住房获取途径，为有不同住房需求层次的人群都提供一个可以预期的获取住房的渠道。而租购并举将"租"放在"购"前是要大力发展住房租赁市场，补齐租赁住房短板，这涉及稳定租赁关系、保障租赁权益等基础性制度设计以及鼓励住房租赁专业化机构等具体措施。

"让全体人民住有所居"是未来住房制度建设的最终目标，这是社会保障体系建设的一环，同时也是对"人民日益增长的美好生活需要"的回应。

2. 快速城镇化与新市民、"夹心层"住房困难

改革开放以来，伴随着工业化进程加速，我国城镇化经历了一个起点低、速度快的发展过程。1978—2017 年，城镇常住人口从 1.7 亿增加到 8.1 亿，城镇化率从 17.9% 提升到 58.5%，年均提高 1.04 个百分点。快速的城镇化为城市带来了大量的劳动力，促进了城市的现代化发展，但传统粗放的城镇化模式也存在产业升级缓慢、资源环境恶化、社会矛盾增多等诸多风险，其中新市民和"夹心层"的住房难问题尤其突出。

新市民主要是指原籍不在当地，因工作或上学等各种原因来到一个城市的各种群体的集合统称，在我国主要是由刚毕业大学生和农民工构成，他们住房难的问题表现在租房权益难以保障、购房财力难以支持。国家统计局数据显示，2017 年末高校毕业生为 795 万人，对于刚步入社会，工作刚刚起步的他们而言，没有任何经济积累，想要凭借自己的收入买房几乎是不可能的，央行货币政策委员会委员樊纲曾提出的"六个钱包"理论也从侧面印证了买房之难。2017 年末农民工数量更是高达 28652 万人，其中外出农民工为 17185 万人，他们有相当一部分居住在城市边缘地区的城中村、简易房、建筑工棚或地下室等，居住环境简陋恶劣。"夹心层"指的是游离在保障与市场之外的无能力购房的群体，一般是中等偏下收入群体，他们无力通过市场租赁或购买来解决住房问题，但目前我国住房保障体系还不完善，不存在与之匹配的保障房。

3. 住房市场供需错配与供给侧结构性改革

随着经济社会主要矛盾的变化,中国住房市场面临着住房需求与供应的不平衡不充分发展的新矛盾。根据国家统计局公布的数据,2016 年末,我国城镇居民人均住房建筑面积已经达到 36.6 平方米,尽管离美国还有明显的差距,但已经超越英国的 35.4 平方米和法国的 35.2 平方米,因而我国城镇居民的住房条件已经基本脱离总量不足的困境。

但必须认识到的是,人均 36.6 平方米是采用算数平均数计算出来的数值,总量上的充足与供需平衡不代表我国住房市场已经处于良好健康发展的状态,相反,我国住房市场面临着供需错配的问题。一方面,2015 年《中国家庭金融调查报告》指出,我国家庭住房自有率为 89.68%,远高于世界平均水平的60%,但反映出来的问题就是我国公有住房(廉租房、公租房)与租赁住房在住房市场中比例不足,无法覆盖中低收入家庭的住房需求,仍有许多家庭住房问题难以解决;另一方面,我国住房空置率(这一项指标并无官方数据,但《中国房地产报》发起的《2015 年 5 月全国城市住房市场调查报告》显示中国主要城市的住房空置率整体水平在 22% 至 26% 之间)高于国际上较为认可的健康值 10%,对于一线和二线城市主要是住房投机现象严重,对于三四线城市则是库存积压,但不论如何,住房供给都没有很好满足需求。党的十九大以来,随着"房住不炒"住房制度改革定位的逐步落实,住房也逐渐回归居住属性,投机现象与库存积压问题都得到了缓解,但仍需进一步从供给侧发力对症下药。

4. 住房租赁市场不成熟与住房租赁法规不健全

住房租赁市场是住房供应体系的重要部分,但长期以来我国"重购轻租"的住房消费观念使住房租赁市场发展缓慢,发展不成熟,具体体现在:一是租赁关系不够稳定,目前住房租赁市场主要由个人提供房源,但合约的时间较短,约束力不足,承租人处于相对弱势地位;二是中介服务不够规范,虚假信息、扣留押金、违规群租等现象导致交易成本高、风险大;三是机构租赁处于起步阶段,缺少高品质、针对性强、统一规范管理的租赁住房供给;四是政府监管不到位,我国没有设立专门的管理租赁市场的职能部门,并且备案制度也未能很好地落实;五是配套政策尚未落地,财税和金融等方面的政策还停留在国家指导层面,现有环境还不足以推动租赁市场快速发展。

与此伴随的是住房租赁法规不健全,目前,我国尚无住房租赁的专项法律,涉及住房租赁市场的适用法规也不多,仅有 2010 年 12 月颁布的《商品房屋租赁管理办法》、2012 年 7 月针对公租房颁布的《公共租赁住房管理办法》以及一些地方性政策法规。现行法规主要对商品房和公租房两种来源房屋的出租行为进行了规范。但近年来涌现出新型的租赁房屋来源,如厂房改造出租、农村集体建设用地用于租赁房屋建设以及商业用地物业改造进行租赁等，这些不同性质土地上的房屋租赁行为如何规范，亟待法律法规的明确。此外，住房租赁市场上开始推行的诸如"租售同权"等惠民新政也需要相应的立法保障。

（二）建立租购并举住房制度的必要性

1. 切实践行党的十九大精神的需要

党的十九大报告再次强调了"加快建立多主体供给、多渠道保障、租购并举的住房制度"，这既是对长期以来住房市场存在"重购轻租"问题的反思，也是为解决住房领域问题指明了重点任务和发展方向。党的十九大报告同时指出"带领人民创造美好生活，是我们党始终不渝的奋斗目标"。作为广大人民群众美好生活的重要组成部分，住房对于中国人民具备非凡的意义，因此建立租购并举的住房制度，解决目前住房领域存在的问题对于贯彻落实党的十九大精神就显得尤为重要。

2. 加快建设新型城镇化的需要

当前中国新市民住房难问题是住房领域首要解决的问题，也是新型城镇化的关键障碍。新型城镇化是以人为本的城市化，其遵循以人的城镇化为核心，倡导公平共享，合理引导人口流动，有序推进农业转移人口市民化，稳步推进城镇基本公共服务常住人口全覆盖。但一方面高房价带来的购房难扭曲了人口迁移意愿，不利于城镇化的发展；另一方面租房公共服务权利的缺失也与新型城镇化的内涵不符。因此构建租购并举住房制度与新型城镇化是相辅相成的。

3. 房地产供给侧结构性改革的需要

随着我国经济进入新常态，经济增速变缓，房地产行业进入低潮期。但是从 2016 年初开始，一线城市和热点二线城市房价飙升，一房难求，而三四线城市房价负增长，库存堆积，供给侧结构性问题凸显。党中央从实际国情出发，将宏观调控思路从需求侧转向供给侧，一方面房地产需要去库存，这也是全国性供给侧结构性改革的重要组成部分；另一方面住房供给还要优化供给结构，增加有效供给，尤其是租赁住房和保障性住房。在 2017 年 7 月住房城乡建设部联合八部委印发的《关于在人口净流入的大中城市加快发展住房租赁市场的通知》提出"加快房地产市场供给结构性改革和建立租购并举住房制度"，说明房地产供给侧结构性改革的实现离不开建立租购并举住房制度。

4. 住房市场租购协同发展的需要

目前我国多数市民希望通过购房解决住房问题，这既有居住文化的因素，也有住房租赁市场不发达、不规范的因素。住房租赁市场现在是以分散的民间租赁为主，存在对租客的权益保障不足、居住的稳定性不高、租赁住房享受的教育等公共服务不足等缺点。许多城市的流动性人口是阶段性住房需求，也有很多新市民处在经济实力暂不允许购房的阶段，强行进入购房市场不但增加了家庭压力，还扭曲了房价。因此，需要通过建立租购并举的住房制度，大力发展住房租赁市场实现租购平衡发展，满足对于这些不宜通过购房解决住房问题市民的住房需求。

5. 经济社会发展的需要

经过改革开放 40 年的高速增长，中国从 2012 年开始经济增速放缓，进入新常态，经济产业结构开始转型，消费对经济增长的贡献上升，服务业对经济增长的贡献上升。但高房价和高租金一方面使城市中的普通劳动者可支配收入不足，抑制了消费增长；另一方面过高的居住成本使他们无法久居，导致城市劳动力供给不足。在上海、北京这样的一线城市，家政工、服务员、瓦工之类的普通工种收入都已经超过了普通白领的薪资。普通劳动者过高的服务成本，反过来会限制服务业的发展，客观上妨碍了产业升级和经济结构的调整。

因此，建立租购并举的住房制度，强调发展租赁市场，并向市场大规模提供低价租赁房源，服务业的发展和消费的升级将有机会迅速实现。

6. 实现房地产长效机制的需要

长期以来，中国房地产市场调控仅具备短期效应，限售、限价、限购、限贷政策均属于短期调控政策，2016 年、2017 年、2018 年中央经济工作会议都有提到完善促进房地产市场平稳健康发展的长效机制，保持房地产市场调控政策连续性和稳定性。这是对以往"头痛医头脚痛医脚"调控思路的反思，同时也明确了唯有综合运用金融、土地、财税、投资、立法等手段，建立长效发展机制，才能推进房地产行业平稳健康发展。

租购并举是住房制度改革的方向，同时也是近年来党中央为促进房地产行业平稳健康发展构建的基础性制度安排。住房城乡建设部部长王蒙徽在 2018 年两会期间回答记者提问中说道，"加快住房制度改革和房地产长效制度的建设，保持房地产市场的平稳健康发展"需要"要加快建立多主体供给，多渠道保障租购并举的住房制度"。

二、广西推进租购并举住房制度改革：市场现状、问题难点

住房制度改革是国家根据自身经济社会和发展状况，设计、制定或修改住房制度，使本国住房制度与经济发展相适应的过程。随着我国经济进入新常态，房地产行业的发展也出现了新态势，党中央站在历史的高度上提出了建立租购并举住房制度的改革思路，综合考虑了住房的效率性、公平性、经济性等，是促进我国房地产行业平稳健康发展，增进福祉民生的重要举措。广西响

应党中央建立租购并举的住房制度，首先要明确不同时期住房制度的内涵、定位与历史作用；其次对当前历史节点上广西住房市场现状做深入调查分析，厘清住房制度改革环境；最后对广西住房租赁市场发展存在的问题以及建立租购并举住房制度的难点进行深入剖析，提出需要解决的重点问题和突破的难点。

（一）广西"重购轻租"的住房市场供需现状

1. 广西"重购轻租"的住房市场供给现状

从已经售出/租出的住房比例来看，2015 年广西 1‰人口抽样调查结果显示，2015 年全区调查家庭户购买住房比重占 14.3‰，自建住房占 76‰，租赁住房占 7.4‰，其他住房占 2.4‰。广西在住房市场上购买住房的比例远高于租赁住房，租购比例失衡。以全区租购比 0.52 为标准，租房比例最少的地级市是梧州市，租房购房比仅仅为 0.18，随后依次是北海市、桂林市、钦州市、贵港市、玉林市，其余地级市虽然高于全区水平，但比例仍较低。租赁住房比重比较高的柳州市和南宁市，其租赁住房比重分别也只有 17.5‰和 14.2‰。

2012—2017 年的《中国房地产统计年鉴》数据显示，与广西住宅类商品房销售面积从 2011 年至 2016 年稳步上升不同，住宅类商品房出租面积近年来有较大的滑坡，在 2016 年仅有 1063 平方米。目前租赁住房的房源主要来自个人普通租赁和城中村，房地产开发商作为住房供给的最大主体对租赁住房的供给如此之少并逐年减少，广西当前"重购轻租"的住房市场供给现状可见一斑。

土地供应是住房供应的基础，未来的住房供给来自地方政府现期的土地供应，从广西未来的土地供应计划也可以看出整体的土地供应计划向购买倾斜。广西壮族自治区国土资源厅（现为广西壮族自治区自然资源厅）发布的《广西住宅用地供应三年滚动计划公告》显示，未来三年全区计划供地约 4267 万平方米，但租赁住宅用地仅有 52.88 万平方米，占全部供地面积的 1.24‰。

2. 广西"重购轻租"的住房需求偏好现状

2014—2015 年央视《中国经济生活大调查》节目设置了 18 个项目，在全国 204 个城市取样调查。在广西，该次调查根据人口分布情况，于南宁、钦州、梧州 3 个市及 11 个县、城区开展调查，涉及的抽样调查人数 3000 余人。其中，在对于"2015 年计划购买哪些商品或服务"的调查中，广西以 28.84‰的比例成为全国买房意愿最为强烈的地区，其次为西藏、内蒙古、吉林和湖南。出现这一结果，一方面是广西的房价比北上广深较为合理且广西环境宜人，另一方面是由国家和广西住房制度发展历程决定的。具体而言，一是受我国传统观念的影响，"以房立家"思想深入人心，不少男女青年的择偶标准中对住房都会提及要求；二是住房租赁市场不规范，缺乏对租赁住房承租人权益的有效保护；三是住房的财富效应，1990 年至 2017 年广西房地产开发累计完成投资 18152.69 亿元，年度开发投资由 1990 年的 2.19 亿元增长到 2017 年的 2683.48 亿元，年均增长 30.1%，火爆的房地产市场带来房价的持续走高，也增加了住房的价值。

3. 广西住房市场刚性需求测算

本研究报告参考中国产业信息网发表的《2016—2020 年中国城市住房市场供给需求规模预测、需求结构、供需匹配度分布情况分析》[①] 一文中对城市住房需求测算的方法，根据可取的数据进行一定调整，对广西 14 个地级市的住房需求进行测算，并对未来租赁住房的需求进行估计。为了更好地响应党中央对租购并举住房制度的定位——"房住不炒"，本研究报告仅针对住房市场刚性需求进行测算。

（1）住房需求类型分析

以家庭户为单位产生住房需求，将住房需求分解为家庭裂生需求、城镇迁入需求以及拆除改造需求，具体定义和计算方式如下。

①家庭裂生需求：来自城镇人口自然增长及家庭户规模变动

假设各城市城镇人口按 2011—2016 年的年均自然增长率继续增长，家庭户规模保持 2011—2016 年的年均户规模，自然增长家庭户数可以根据以下公式计算：

2017 年自然增长家庭户数＝2016 年家庭户人口数量×自然增长率÷2017 年家庭户规模

2018—2020 年的自然增长家庭户数以此类推。

②城镇迁入需求：来自农村人口流入、集体户转化及其他城市人口迁入

假设各城市城镇人口流入按 2011—2016 年的年均人口净流入率继续增长，家庭户规模变动同上，机械增长家庭户数可以根据以下公式计算：

2017 年机械增长家庭户数＝2017 年城镇人口数量×人口净流入率÷2017 年家庭户规模

2018—2020 年的机械增长家庭户数以此类推。

③拆除改造需求：来自城市住房拆除改造所导致的人口安置

由于我国住房用地使用年限统一为 70 年，基于广西第五次人口普查数据（2000 年）和第六次人口普查数据（2010 年），假设 10 年内建造技术不变，不影响住房拆除速率。计算建于各年代的房龄组 2010—2020 年的拆除率，并递推 5 年进行推算，进而根据 2015 年底各房龄组房屋数推算 2016—2020 年各房

---

① 《2016—2020 年中国城市住房市场供给需求规模预测、需求结构、供需匹配度分布情况分析》，http://www.chyxx.com/industry/201606/422046.html。

龄组住房拆除量。根据数据分组将 1949 年以前分为 A 组，1949—1959 年建成房屋分为 B 组，1960—1969 为 C 组，1970—1979 为 D 组，1980—1989 为 E 组，1990—1999 为 F 组，2000—2010 为 G 组，计算公式如下：

A 组房屋拆除率＝[A 组房屋数量（2000 年）－A 组房屋数量（2010 年）]÷A 组房屋数量（2000 年）

除 G 组（2000—2010 年建成住房）外，其余房龄组以此类推。

2011—2020 年均安置家庭户数＝2011—2020 年房屋拆除数量÷10＝[A 组房屋数量（2010 年）×0＋B 组房屋数量（2010 年）×A 组房屋拆除率＋C 组房屋数量（2010 年）×B 组房屋拆除率＋D 组房屋数量（2010 年）×C 组房屋拆除率＋E 组房屋数量（2010 年）×D 组房屋拆除率＋G 组房屋数量（2010 年）×F 组房屋拆除率]÷10

（2）住房刚性需求测算

广西 14 个地级市中任意城镇住房需求数量可以通过以下公式测算：

广西城镇住房需求数量＝（自然增长家庭户数＋机械增长家庭户数＋安置家庭户数）×户均套数×套均面积

其中，户均套数按 1.08 套/户计算，套均面积由 2011—2016 年趋势推算（运用最小二乘法回归测算）。

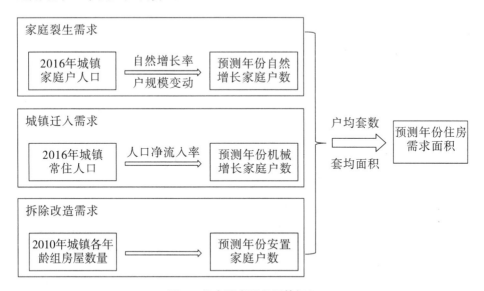

图 1　住房需求面积测算框架

根据上述计算方式，可以得到广西 14 个地级市 2018—2020 年年均住房需求量，如表 1 所示。

表 1 广西 2018—2020 年住房年均需求面积测算

	需求（平方米）	需求占比（%）
南宁市	8998248.875	16.66
柳州市	3852357.921	7.13
桂林市	6658634.394	12.33
梧州市	2887668.882	5.35
北海市	2683711.176	4.97
防城港市	991287.787	1.84
钦州市	3428912.984	6.35
贵港市	5088646.318	9.42
玉林市	5428488.967	10.05
百色市	3308860.944	6.13
贺州市	2647123.458	4.90
河池市	3475405.929	6.43
来宾市	3564565.082	6.60
崇左市	1959458.823	3.63
合计	54011100.58	100.00

从表中可以看出，2018—2020 年广西年均住房需求面积约为 5401 万平方米。对比广西 2017 年商品房销售面积 5171 万平方米，相差不大，与广西房地产市场近年较为火爆的供不应求场面似乎不太相符，这是由于本次预测没有考虑改善型需求和投机需求，低估了总体需求面积。综合考虑各方面因素，排除改善型需求和投机需求，可以认为该测算较具可信度。其中，南宁、桂林、玉林三个城市的住房需求排前 3 位，分别达到了 16.66%、12.33%、10.05%。在全区 5401 万平方米的住房需求中，有 85.73% 是属于迁入型需求，而《中国流动人口发展报告 2017》指出，我国流动人口中 67.3% 以租住私房作为居住模式。按照这一理论，2018—2020 年全区年均 5401 万平方米的住房需求中有 57.7% 是需要通过租赁住房解决的，这还是在未考虑家庭裂生带来的租赁住房需求的情况下得出的结果。也意味着按照目前的供给和需求趋势，广西租赁住房供需之间有较大缺口，大力发展住房租赁市场，构建租购并举住房制度迫在眉睫。

（二）广西住房租赁市场发展存在的问题及租购并举住房制度推进的难点

1. 广西住房租赁市场发展存在的问题

（1）"重购轻租"的固有观念深入人心

广西住房制度改革和发展的历史显示，广西与中央和全国保持一致，很好地完成了住房市场化改革，1981 年广西城镇居民人均居住面积 5.9 平方米，2017 年达到 40 平方米，城镇居民人均住房面积达标率为 58.8%，目前已经从总体上解决了住房不足的问题。但从广西住房市场供需现状分析中可以看出，不论是政府、企业还是居民都存在一定程度的"重购轻租"观念，这一固有观念严重制约了广西住房租赁市场的发展。对政府而言，房地产行业已经成为广西经济发展的重要产业和固定资产投资的重要组成部分，对地方财政收入的贡献日益突出，地方政府对于发展租赁住房的一些政策可能会执行不到位。对企业而言，这里主要是指房地产开发商企业，租赁住房市场利益空间有限，他们没有足够的动力去开发和经营。更重要的是对居民而言，他们不愿意以租赁的方式解决居住问题，无视自身支付能力，能购房就不租房，能买大房就不买小房，无形上提高了购房需求，既掩盖了住房市场租购选择的真实比例，又提高了个人金融杠杆，造成金融系统性风险增高。

（2）供给主体单一，专业化住房租赁企业规模较小

目前，居民自有住房是广西租赁市场最主要的供给来源。当然，各地也会向特定的困难人群提供福利性质的保障性租赁住房。近年来，住房租赁专业性机构纷纷进入广西市场，主要是进驻南宁、柳州等人口净流入城市，通过集中改造和集中建设等方式向住房租赁市场提供增量房源。

因此当前广西住房租赁市场的供给主体主要由个人、政府、专业化住房租赁机构构成，但专业化住房租赁机构占较小比例，个人占据了绝大部分的比例。个体居民虽然能为租赁市场供给房源，却没有时间、精力和专业技能为房屋租赁提供配套服务，因此也缺乏既能为租客提供相关配套服务又能为个人房东提供房屋托管服务的专业化租赁托管中介机构。同时，缺少住房合作社、金融机构、人才住房专营机构、企事业单位、社区股份合作公司和集体等能够参与住房供给的主体。

（3）租赁住房供需匹配存在架构性问题

从需求端侧看，租客的主体农民工和大学毕业生的居住诉求较为简单，对一居室、小户型的房屋有较大需求。58 集团发布的《2017—2018 中国住房租赁蓝皮书》显示，当前 29% 的租客处于独居状态，39% 以伴侣或年轻夫妇形式居住，仅有 27% 是以家庭形式与老人、小孩共同居住。2015 年，住房城乡建设部对 16 个外来人口集中的大城市进行了专项调查，结果显示，75% 以上的租客需求 50 平方米以下的中小户型房屋。

从供给端看，当前住房租赁市场的房源主要来自居民个人拥有的富余存量住房，主要是多居室大户型的房屋。房地产开发商的初衷并不是出租而是销售，房屋的设计和建造是为了迎合以家庭为单位的主力购房客户的偏好，即建

筑面积 80 平方米以上、两居室以上中大户型的房屋。可见，当前市场存在供给端与需求端不匹配的结构性问题，适租房屋的供给严重不足。其结果，一方面，大户型民宅出租困难，导致大量存量住房空置，房屋资源浪费严重；另一方面，中低端租客租房困难，难以找到理想户型的房源，不得不采取"合租""转租"形式的租赁住房。

（4）住房租赁市场基础性制度不完善

目前，广西关于住房租赁市场的基础性制度还不完善，没有很好起到促进作用，有些甚至还阻碍了住房租赁市场的发展。一是土地制度。政府一次性收取 70 年租金的土地出让制度，与租赁住房租金按月或按年收取的制度惯例，在资金上形成了期限错配，极大地增加了租赁住房建设成本，广西还未形成"只租不售"等租赁住房用地的出让模式。二是金融制度。缺乏长期融资渠道的支持，与商品住房开发销售模式不同，租赁住房投资建设需要长期大量占压资金，资金流动性差、变现困难，而现有长期融资渠道也不健全，民间资本难以大量长期投资租赁住房。三是财税制度。财税政策是政府实现调控租赁住房市场领域的最直接手段，但目前广西实施的住房财税政策对于发展住房租赁市场的支持力度不够。四是法律法规。目前，我国尚无住房租赁的专项法律，涉及住房租赁市场的适用法规也不多，对于一些损害租赁市场发展的行为没有很好的规范和约束力。在"重购轻租"的大背景下，法律法规的设立也往往以满足家庭居住需求的商品房为出发点，如《住宅建筑设计规范》中规定"最小套型住宅使用面积不应小于 22 平方米"。随着开发商开始以租赁为出发点进行住房设计建设时，20 平方米左右的单居室房屋已成了主力户型，但这与 22 平方米的最小限定相违背。

（5）全区住房租赁市场信息平台建设未落地

我国的住房交易市场建立了完备的信息登记制度，设立了专职的不动产交易登记中心，能比较完备地掌握每套商品房的历史交易信息。但是，不仅在全国层面，在广西区内层面的住房租赁市场至今也没有完备的信息登记机制，更无明确的专职管理机构。这加大了相关部门对市场的管理难度，也使租客和房东双方都缺少公开可靠的信息渠道，从而加剧了租赁市场信息的不对称，大大提高了市场的寻租空间和交易成本。同时，住房租赁市场上的房东和租客都以个体居民为主，有着基数庞大、素质参差不齐、流动性强的特征，整个市场尚未建立起全区统一的征信体系，使得租客的退租、转租、逃租和房东的毁约、租转售、不提供承诺服务等违背诚信的行为难以得到有效的规范和约束。由于缺乏市场契约精神，有余房的居民会因个别租客失信而选择空置房屋的现象，从而抑制市场房源供给，或提高租金价格。

2. 广西租购并举住房制度推进的难点

（1）"租购同权"的公共服务需求与公共资源的有限性

2017 年 7 月，住房城乡建设部等九部委联合发文《关于在人口净流入的大中城市加快发展住房租赁市场的通知》，通知明确提出"承租人可按照国家有关规定凭登记备案的住房租赁合同等有关证明材料申领居住证，享受相关公共服务"。随后广州率先提出"租购同权、学位到房"，明确了租房者也能享受学区、就近入学的公共服务。"租购同权"这一提法准确地抓住了目前居民进行租购选择的核心因素——租房能否与购房享受对等的公共服务，是推进租购并举住房制度改革的关键举措。以教育权益为例，目前试点城市中就如何实现租房者子女入学均提供了相关政策支持，然而现实是，我国教育资源特别是优质教育资源仍然短缺，无法同时满足购房者和租房者的需求。因而在试点城市中，有户籍有房仍旧是入学优先考虑因素，租房者想要在学区就读需要排队等待在有户籍有房、有户籍无房、有房无户籍等符合条件者的后面，更多的是被安排在其他区域的学校就读，没有实现真正的"租购同权"。简而言之，在公共服务资源稀缺且短时间内无法大量增加的前提条件下，让租房者享受公共服务又不损害住者的权益是一个看似无解的课题，既体现了供给的稀缺与需求的强烈之间的矛盾，也体现了当前享有者与扩充者之间的矛盾。破除这一难题，需要广西政府借鉴试点城市经验，在加快做大"蛋糕"的同时，处理好分"蛋糕"的问题，对相关利益者都作出妥善安排。

（2）专业化住房租赁企业利益需求与行业当前盈利难

鼓励专业化住房租赁企业发展是推进租购并举住房制度的重要一环，尽管中央政府大力支持住房租赁企业发展，许多企业也有意进入这一市场，并将之视为房地产开发企业的重要转型方向，但在目前条件下，住房租赁行业的发展还未能满足专业化住房租赁企业的盈利要求。

专业化住房租赁企业首先是一个企业，盈利是其最本质的追求。但就目前住房租赁业务的投资回报率而言，远低于房地产开发行业的利润，已经成为企业不愿意开展住房租赁业务的主要障碍。在国内大部分城市售租比（住房总价格与月租金在之比）过高的大环境下，住房租赁企业不论是通过盘租存量住宅还是自行开发住房进行出租，得到的租金收入远低于资金成本，无法盈利，但如果通过提高租金实现专业化住房租赁企业盈利，就容易造成"租购并涨"。以广西南宁市为例，中国房价行情网的数据显示，2018 年 7 月南宁市住房月度人均房租为 1086 元，而人均可支配月收入为 2999 元，房租收入比为 36.2%，位列全国前十。一般而言，房租收入比超过 30% 会对生活水平造成较大的影响，因而现今售租比过高的成因并非房租过低，而是房价过高，实现租赁住房企业的盈利模式需要借鉴国外经验，逐步过渡到重资产盈利（即物业运营能力很强）或者轻资产盈利（靠品牌价值输出）的方式。

（3）中低收入家庭保障性住房需求与政府供给困境

我国的保障性租赁房主要由政府主导建设，目的是为城市中低收入群体提供租赁性住房保障，有着保障性、专业性、租赁性和政策支持性等特点。2007年，国务院出台了《关于解决城市低收入家庭住房困难的若干意见》，由此开启廉租房建设。2010年，国务院颁布了《关于促进房地产市场平稳健康发展的通知》，启动公租房建设。2013年，《关于公共租赁房和廉租房并轨运行的通知》出台，廉租房与公租房开始并轨运行，形成了当前的保障性租赁住房供给体系。广西在"十二五"规划建设期间，共建设各类保障性住房和改造棚户区117.65万套（户），累计基本建成64.5万套，解决了350多万城镇中低收入群众住房困难，城镇常住人口住房保障覆盖面提高到20％，越来越多的中低收入群众实现了"住有所居"。在这一份成绩的背后，是广西政府一年比一年加大的保障性住房建设投入。《公共租赁住房管理办法》显示，公共租赁住房的建设和运营资金主要来自政府财政拨款、住房公积金收益、土地出让金计提和租金收入，本就存在财政缺口，再加上公共租赁住房投资回收期长，更加大了地方财政的压力。因而对于中低收入家庭对保障性住房的需求总量而言，单由政府进行的保障房供给，受于财政有限，供给会不充分；而对于中低收入家庭对保障性住房的需求多样化而言，现有保障房的设计具有针对性且较为单一模式化，无法满足全面覆盖。破解这一难题，一方面需要推行多主体供给保障性租赁住房，另一方面政府租赁房保障需要由"实物配租"转向"货币配租"。

（4）因城施策的制度推行要求与政策冲击效应难以预测

房地产行业具有典型的区域性，由于区域发展不均衡，广西各个城市面临的租赁住房需求也不一样，要根据城市的经济发展状况、人口流入流出情况以及公共服务提供质量等因素因地制宜推行租购并举住房制度。但目前，学界缺少对于租购并举制度安排下的土地（如"只租不售"土地供给）、金融（如开发租赁住房税费优惠）、财税（如货币化配租）等政策对住房租赁市场冲击的效应研究，在实践上也没有可以借鉴的成功经验（目前试点城市还处于探索之中）。因而广西建立租购并举的住房制度，需要"摸着石头过河"，在探索中试验，对不同城市政策实施的方向、力度的大小以及覆盖的人群作出把控。

三、广西建立租购并举住房制度的对策建议

2018年3月广西住房和城乡建设工作会议提出，广西将加快租购并举的住房制度建设，选取2～3个人口净流入的大中城市开展住房租赁市场试点，以

点带面推进住房租赁市场发展。自从党的十九大正式提出建立租购并举的住房制度，学界开始广泛讨论和解读租购并举住房制度的内涵、目标与具体措施，而在各级有关部门的研究和推进下，许多试点城市已经作出了有益探索。

广西建立租购并举的住房制度，不能闭门造车，除借鉴国外成功国家的经验外，还需要重点学习国内试点城市作出的有益探索和思考，总结共性和特性，结合自身区情，才能拿出符合实际的政策设计。

2017年7月，住房城乡建设部连同八部委印发《关于在人口净流入的大中城市加快发展住房租赁市场的通知》，要求在人口净流入的大中城市，加快发展住房租赁市场，选取了广州、深圳、南京、杭州、厦门、武汉、成都、沈阳、合肥、郑州、佛山、肇庆等12个城市作为首批开展住房租赁试点的单位。2017年8月，住房城乡建设部又印发了《利用集体建设用地建设租赁住房试点方案》，确定北京、上海、沈阳、南京、杭州、合肥、厦门、郑州、武汉、广州、佛山、肇庆、成都为第一批试点集体建设用地建设租赁住房的城市。以上这些试点城市已经推行促进发展住房租赁市场，建立租购并举住房制度的新政策，取得了良好的效果。2018年8月，南宁市住房保障和房产管理局发布了《关于加快培育和规范住房租赁市场实施意见（征求意见稿）》，作出了探索试点的第一步。

表2　我国试点城市发展租赁住房政策归纳

	供给侧				需求侧			配套政策		政府租赁交易（监管）平台
	租赁用地供给	国企房企转型	住改租商改租	培育专业机构	租购同权	规范租赁行为	货币补贴支持	金融	财税	
北京	√	—	—	√	√	√	√	√	√	√
上海	√	√	√	—	√	—	—	—	√	√
广州	√	√	√	√	√	√	√	√	√	√
深圳	√	√	√	√	√	√	√	√	√	√
杭州	√	√	√	√	√	√	√	√	√	√
南京	√	√	√	√	√	√	√	√	√	√
厦门	√	√	—	—	√	—	—	√	√	—
合肥	√	√	√	√	√	√	√	√	√	√
郑州	√	√	—	—	√	√	√	√	√	√
武汉	√	√	√	√	√	√	√	√	√	√
沈阳	√	√	—	—	√	√	—	√	√	√
成都	√	√	√	√	√	√	√	√	√	√
佛山										
肇庆	√	√	√	√	√	√	√	—	√	√
南宁	√	√	√	√	√	√	√	√	√	√

从表 2 中可以看出，各个试点城市从供给侧、需求侧、配套政策、政府住房交易以及监管平台都作出了有益探索，其中，如增加租赁用地土地供给、培育专业机构、鼓励国有企业和开发商发展租赁住房、政府搭建住房交易平台等措施已经被广泛采用。而"租购同权"、规范租赁行为、租赁用地供给这三个方面因各城市具体情况不同，特别是人口净流入不一，其涉及范围、程度要求也有所不同，是广西在建立租购并举住房制度时需要认真斟酌的。本报告根据前述研究的支持，从供给侧、需求侧以及配套政策和监管机制提出了广西建立租购并举住房制度的对策建议。

（一）供需适配：创新"只租不售"土地供应政策，增加租赁住房供给

"只租不售"土地供应政策是由北京于 2016 年 12 月率先推行，随后广州、天津、上海等地紧随效仿，"只租不售"的土地是指土地上住房仅能用于出租而不能用于销售的土地类型。这一土地类型的出现意味着从源头上增加租赁住房的供应。

目前我国有政策明确或住房租赁市场已有的"只租不售"住房类型有集体租赁住房、公租房、地产商自持商品房等。其中集体租赁住房是农民集体持有的租赁产业（租赁物业），建造在集体建设用地上，可依法出租获取收益，不得对外出售或以租代售。如北京可由各区政府按市场价格整体趸租作为公租房，再向中低收入家庭按公租房价格出租，差价由政府补贴。公租房是指由国家提供政策支持，社会各种主体通过新建或者其他方式筹集房源、专门面向中低收入群体出租居住的保障性住房。而地产商自持型商品房是由开发商自持商品住房，并将全部作为租赁住房，不得销售，此类住房出租将被纳入政府监管，开发商如果用于出售将被取消拿地资格甚至注销资质。地产商自持性商品房是鼓励开发商进行租赁住房供应的巧妙安排，因为对开发商而言，租赁住房资金回报率过低，房地产开发商很难自发地进行租赁住房供给，但住房租赁市场具有庞大的市场潜力，该类用地的出现能够引导房地产开发商良性竞争，增加租赁住房供给。

因此广西发展住房租赁市场，就要从集体建设用地发展住房租赁市场、合理控制公租房建设规模、创新"只租不售"地块作出尝试。首先，推进集体建设用地发展住房租赁市场，必须紧跟中央文件《利用集体建设用地建设租赁住房试点方案》精神，结合试点城市的经验，研究建立快速审批程序、完善集体租赁住房建设和运营机制、探索租赁住房监测监管机制、探索保障承租人获得基本公共服务的权利。其次，合理控制公租房的建设力度，《广西住房城乡建设事业发展"十三五"规划》指出，"十二五"期间，全区共建设各类保障性住房和改造棚户区 117.65 万套（户），住房保障覆盖率达到 20%，保障性住房

总量已经基本脱离不足。而广西是人口流出的省份,对于公租房的建设,就更应该根据城市实际情况制定,不能盲目地追求指标。结合前文关于广西刚性住房需求的测算以及各城市迁入人数预测,建议在南宁、柳州、桂林、梧州、北海、贺州、河池市继续建设公租房,其他城市暂时控制公租房建设规模。最后,推行"限地价、竞商品住房自持比例"的土地拍卖方式。该方式是指土地在拍卖的时候设置一个最高地价,当不同开发商出同价时,比较其自持住房的比例,而自持住房规定必须用于出租。

广西在创新"只租不售"土地的同时,还需要注意的是租售比例的平衡,如北上广三城未来五年租赁用地计划供应面积占同期住宅供地面积比例的26%,这个三成左右的比例是大部分城市所选择的。除了调整好增量外,还需要注意盘活好存量住房,鼓励商改租以及住改租等,协同供给租赁住房。

(二)行业发展:支持专业化住房租赁企业发展,个人与机构出租协同发展

专业化住房租赁是近几年房地产三级市场新兴的行业,通过租赁等方式获取房源后进行装修改造再出租,主要面向年轻高学历群体,又被称为"长租公寓""青年公寓"。专业化住房租赁机构能够将松散的租赁房源整合起来,进行更为集约化的管理,有利于使租赁关系更加稳定,使出租人和承租人的权益更有保障,同时也能够提高租赁住房质量。

党的十九大后,专业化住房租赁行业得到了飞速发展,贝壳研究院发布的《2018年中国住房租赁白皮书》指出,"2018年,住房租赁行业的机构化率进一步提升,众多参与者纷纷试水住房租赁领域,一线城市新开公寓门店增长率超35%",但仍存在行业标准低、企业盈利难、同质化严重等问题,"第一批住房租赁机构企业因经营不善关店,据统计,截至目前,全国公寓门店关店率达到3.6%,资金链断裂、消防不合规、物业纠纷为主要原因"。同时专业化住房租赁目前出现了进入门槛提高、机构集中度增加、出租率下降的趋势。

专业化住房租赁企业是实现多主体供给的组成部分,也是租赁住房供给的攻坚力量,广西除了在政策上要给予优惠(税收优惠、金融支持等)支持专业化住房租赁企业发展,在行业风气上也需要引导住房租赁企业以提高品质、差异化发展为方向,针对和解决好80后、90后对于租赁住房的消费偏好和要求。具体而言,首先,需要营造好培育住房租赁企业的大环境,所谓"上有政策,中有平台,下有企业",通过良好健康的发展氛围吸引专业化住房租赁企业入驻广西。其次,严格把控长租公寓质量关,引导专业化住房租赁企业良性竞争。目前来看,不论是集中式的长租公寓还是分散式公寓,主要收入来源还是租金,也因此前期投入大,回报率低,在资本的逐利性下可能会出现公寓质量不达标、服务差等不利于长租公寓发展的现象。因此，政府不仅需要通过打通平台合作，整合利用资源等方式帮助降低租赁住房前期的运营成本，还需要严格处罚质量不过关的租赁住房企业，引导租赁住房企业未来通过服务延伸产品价值，通过增值服务创造溢价空间实现经济回报。最后，打造一批具有广西特色、符合广西青年人需求的长租公寓品牌。目前广西已经入驻的长租公寓品牌，比如南宁的跨世纪公寓、217青年公寓等，都是标准化长租公寓的建设模式，没有针对广西青年人（80后、90后）的房型需求、生活习惯、娱乐活动、兴趣爱好等进行设计和调整，同质化严重。因此需要在广泛的调研基础上，由政府牵头打造一批具备广西特色，受广西青年人欢迎的，具有归属感的长租公寓，提高长租公寓的居住体验和竞争力。而对于个人房源，应与机构出租协同发展，鼓励个人改善住房条件后出租等。

（三）租赁赋权：保护租房居民公平享受教育、医疗、养老等社会权益，逐步实现"租购同权"

我国传统观念是"有房就是家"，奉行住房自有的观念，长期以来住房租赁市场发展缓慢，破除这一固有观念需要从抑制投机需求、实现"租购同权"、保障承租人权力入手，稳定租房人心理预期，提升承租人安全感。

那么如何破除唯有买房才是"安家置业"固有观念，这需要提升承租人的安全感，需要通过"租购同权"来实现。过去"重购轻租"的住房市场形成最重要的一个原因就是租赁住房公共权利的缺失。居民在进行住房消费时，一套住房除了其本身硬件条件（面积、新旧、装修），附着在其上的软条件是更被看重的，所谓的软条件就是该住房所在地理位置能够享受到的医疗、卫生、养老、教育等公共服务。特别是在教育方面，"天价"学区房的出现从侧面反映了我国居民在选择住房时非常重视子女受教育权益。

但在过去，租赁住房享有公共权益受到诸多限制，因而损失了其"软价值"。"租购同权"制度的推行，能够真正地赋予租房承租人享受公共服务的权利，被众多专家学者视为构建租购并举住房制度的核心。目前试点城市出台的"租购同权"政策制度中，都包含了享有就近入学等公共服务的权益，有的还涉及就业、法律援助、社会救助等。南宁也提出为在住房租赁服务管理平台进行房屋租赁登记备案的承租户提供基本公共服务，涉及教育、卫生、社会保障等方面。但在"租购同权"制度设计的具体细节上，离实现真正同权还有很大一段路要走。就以教育同权而言，上海的规则是优先安排"户籍地与居住地一致"的就近入学，北京也规定非本市户籍适龄儿童少年由居住地所在区教委确定的学校就读。各地在租赁住户"同权"方面或是仍有较高准入门槛，或是在"同权"上仍有一定差距，并未实现真正的"租购同权"。

广西建立租购并举的住房制度，需要重点做好"租购同权"的工作，对于租赁住房的住户，要能享受跟购买住房住户相同的社会公共服务。具体而言，在取得广西各市户口上，只要在当地有合法稳定住所和合法稳定职业，不论住宅面积大小均可落户。在子女接受义务教育方面，应当充分考虑到广西的优质公共教育资源供给能力还不足，同时兼顾公平与效率，租房者和购房者的子女都应该能够享受义务教育。但在学位紧张的区域，安排购房者子女就近入学、租房者子女统筹安排入学。同时应当考虑到，广西基础教育还较为落后，从长远来看也应该加大力度发展基础教育，提供更多的优质公共教育资源，减少住房地段带来的附加值差异。另外，城中村出租屋在广西各市也占了不少比例，尽管绝大部分城中村的住房是违法住房，但它供应成本低、户型较小合适新就业高校毕业生以及农民工租住，较好地解决了外来人口住房问题。因此基于合法租赁关系的租赁备案，可以成为承租人享有基本公共服务的基础，持有城中村租赁备案合同的承租人，可通过积分制申请子女就近接受义务教育、接种疫苗等基本公共服务。

（四）运营转型：政企合作建设住房租赁交易服务平台，实现智慧租赁

2017年7月，住房城乡建设部等九部委联合印发的《关于在人口净流入的大中城市加快发展住房租赁市场的通知》就提出了要搭建政府住房租赁交易服务平台，几乎每个试点城市的发展租赁住房方案都绕不开建设政府租赁交易平台。该平台主要起到整合查验房源、审核并背书承租人信用、对接出租承租双方等作用，能够极大的提高住房租赁市场的运行效率，同时也是地方政府监管和规范住房租赁市场的重要平台。

以杭州市为例，2017年9月底上线的杭州市住房租赁监管服务平台，把公共租赁住房、长租公寓、开发企业自持房源、中介居间代理房源、个人出租房源等全部纳入平台管理，截至2017年10月30日，该平台累计挂牌房源37244套，发布求租信息304条，累计访问量近60万次。有租房需求的用户在锁定房源后，可直接对接租赁企业或者房东，租客与房东若为异地，无法及时当面交流和操作业务的，App还提供双方移动签约和电子签章服务，平台会对挂牌房源实行核验，每套允许挂牌展示的房源，均拥有官方核发的房源唯一编码与二维码。

广西南宁市住房租赁服务监管平台也于2018年9月27日上线进行试运行，截至2018年10月30日，拥有以下两个功能：一是整合房源，南宁市住房租赁服务监管平台将南宁市区范围内所有出租房源全收纳，在核验其真实性后区分为市场房源（个人房源、中介房源、租赁企业房源、开发企业自持房源）和国有房源（国有企业租赁房源、保障房、人才公寓、竞配产权房）；二是信息对接，不论是出租人还是承租人均可以在该平台上注册账号，并进行相关行动，如发布房源或是预约看房等。该平台上线以来，受到各个媒体的报道，也得到了积极的评价，是一次成功的试点，有必要推广至全广西。但目前看来，还有一些功能未能实现：一是网上签约功能。住房租赁服务监管平台区别于一般找房网站的核心功能之一，就是以政府信用作为背书，通过 CA 电子章技术实现网上签约。但目前该技术手段还在调试，包括人脸识别等辅助技术，还需要一段时间的调试才能够正式推出。二是租赁备案监管功能。其得益于网上签约功能的实现，住房租赁服务监管平台能够在全市或者进一步至全区范围内对住房租赁进行备案，一方面通过大数据可以全面把控住房租赁的情况，另一方面在保障出租人和承租人的权利上，有了更好的保障基础。广西建立租购并举住房制度，必须在全区范围内推广住房租赁监管服务平台，在完善应有功能后，还可以进一步探索和拓展监管服务平台的功能边界，比如网上维权、网上法律援助等。

（五）保障支撑：实物配租结合租金补贴，建立多层次、广覆盖住房保障体系及金融支持体系

《广西住房城乡建设事业发展"十三五"规划》提出要加大推进城镇保障性安居工程建设力度，全面保障中低收入群众实现"住有所居"安居梦。同时，到 2020 年基本实现公共租赁住房保障货币化，具体而言，需要以发放补贴为主要方式，实现公租房货币化保障类型的全覆盖。即对符合条件的城市中低收入住房困难家庭、新就业高校毕业生和外来务工人员通过发放租赁补贴的方式支持其在市场上租赁住房。在该规划中，广西还创新地提出了"租房券"模式的货币补贴方式，为实现公租房货币化保障、建立租购并举住房制度给出了一个思路。其流程是由住房保障主管部门按保障家庭租金补贴额度给住房保障家庭发放租房券，住房保障家庭在与房屋产权人签订租赁合同后，通过租房券直接抵房屋租金，房屋产权人凭租房券到住房保障主管部门办理等额租金补贴。

推进公共租赁住房保障货币化并不是摒弃原有的实物配租，而是运用以公租房保障实物配租和租赁补贴并举的方式，形成公租房保障政策的闭合环，建立起多层次、广覆盖的住房保障体系。同时，注意完善公租房货币化保障退出机制。加强部门信息共享，规范基本住房保障年审制度，确保应保尽保、得保应得。

2018 年 4 月证监会、住房城乡建设部联合印发《关于推进住房租赁资产证券化相关工作的通知》，重点支持集体建设用地住房租赁项目和住房租赁企业发行以其持有不动产物业作为底层资产的权益类资产证券化产品，积极推动多类型具有债权性质的资产证券化产品，试点发行房地产投资信托基金（REITS）。这对于租赁住房的供给主体无疑是具有里程碑的意义，通过住房租

赁资产证券化撬动更多资金用于发展租赁住房。

对于广西而言，建立租购并举住房制度，需要建立起完善的保障制度和金融制度，重点关注以下方面。一是货币化补偿的确定和推广。广西创新性地提出"租房券"模式的货币补贴方式，较之实物配租，政府需要用到更多的公共资源。货币化补贴一方面也解决了中低收入群体住房难的问题，另一方面增加了租赁住房的需求，帮助出租方回笼资金，但是在补贴数额和申请条件上，需要展开进一步的研究，同时应该因城而异，制定符合广西各城市的标准。综合考虑保障对象的支付能力、房租，确定该市的补贴标准，并根据经济形势变化每两年进行一次调整。补贴面积方面，根据人均住房面积，可以制定标准补贴面积为 16 平方米/人，单人户家庭为 24 平方米，且每个家庭保障面积总和不超过 60 平方米。补贴系数方面，根据人均收入与该市城镇居民最低生活保障标准差距情况，由高到低分为 1、0.8、0.4 三个档次。家庭人均收入越高，补贴系数越低。二是加大租赁住房金融支持，对于开发租赁住房的企业而言，前期投入大，资金回笼慢，是一个难以解决的问题，因此在金融支持方面要适当程度的放宽，积极推动试点发行房地产投资信托基金（REITS），搭建综合金融服务平台，为住房租赁市场各类主体提供综合金融服务。从供需两端出发，根据广西区情鼓励和引导金融机构创新金融产品，为培育和规范住房租赁市场提供资金支持。

（六）市场规范：逐步实施住宅租赁相关规章制度，构建"承租人优位"的住房租赁市场

2016 年国务院办公厅印发《关于加快培育和发展住房租赁市场的若干意见》就曾明确指出，到 2020 年要基本形成市场规则明晰、政府监管有力的住房租赁法规制度体系。这要通过一系列相关规章制度的落地，对租赁市场的参与者和行为进行规范，明确可以做的和不能做的事情，并且设计这一系列规章制度的目的，是要塑造一个"承租人优位"的住房租赁市场。如 2017 年住房城乡建设部出台的《住房租赁和销售管理条例（征求意见稿）》对鼓励长租、规定不得暴力驱赶租户、不得随意提高租金等有所规定，北京市政府进一步出台了《北京市住房租赁合同》及配套使用的《北京市房屋出租经纪服务合同》，详细规定了"租房合同期内不许随意涨租金""合同终止后 3 个工作日内房主就应退回押金""出租期间不得采取暴力、威胁或者其他强制方式驱逐承租人"的条款，这是目前国内对承租人权益保护力度最大的制度。但需要注意的是，"承租人优位"不等同于"承租人说了算"，矫枉过正反而会伤害到出租人的利益进而减少个人出租房源特别是优秀房源的供应，这块在目前的规章制度设计中还处于被忽略的状态。

广西建立租购并举的住房制度，必须制定好清晰明确的市场规则，从房源发布到交易进行，界定相关参与主体的行为，明确禁止的行为，以规章制度保证承租人租房的稳定预期。具体而言，可以分为个人租赁和机构租赁。个人租赁的，出租人要对房屋的质量及维护负责，不得随意涨租金，不得提前收回房屋；承租人要按照约定的方式使用房屋，并对房屋进行保护，同时不得随意转租。机构租赁的，机构出租方必须确保租赁房屋质量，负责公寓治安的维护和调解，以及按质按量提供承诺的服务；承租方则需要按照规定使用房屋，按时交付租金等。不仅在租赁行为方面，其余物业、安保以及转租等，都需要出台规章制度明确市场行为，并以法律背书保证规章制度的效力。

（七）监管到位：完善监管平台功能，明确参与政府部门职责

政府因其公信力高、获取信息优势大、协调能力强、配套服务能力强、非营利性等特性，天生就被赋予了对房屋租赁市场进行监管的职责。目前，各试点城市的房屋租赁监管平台都是整合在房屋租赁交易平台中，基于房屋租赁交易平台的交易备案，对整个城市的住房租赁市场进行监管。目前，距离住房城乡建设部等九部委联合印发《关于在人口净流入的大中城市加快发展住房租赁市场的通知》已经过去了一年多，各个城市的住房租赁服务监管平台都已经具备了基础的功能——发布房源、联系出租承租双方、交易备案，但在监管方面的功能还未完善。

广西构建租购并举住房制度，一定要做好监管工作，做到监管范围广、执法力度大。在技术方面，寻求互联网企业对需求分析、功能设计、数据分析、大数据模型设计等技术咨询和服务支撑。比如北京市与京东集团深度合作进行开发租赁监管平台，采用了"1+N"模式，"1"是住房租赁监管平台，"N"是链接到这个监管平台的各种住房租赁交易服务平台。根据文件规定，房地产经纪机构、住房租赁企业、行业组织、商业网站都可成为网络交易平台的运营主体，"1+N"的模式让政府的租赁监管平台能够更全面地对全（区）市的住房租赁交易市场进行信息备案与监管，扩大了政府房屋租赁监管平台的监管范围。在管理方面，明确参与政府部门职责，防止"踢皮球""互相推诿"。具体而言，可以学习成都市经验，以网格化管理为抓手，多部门联动规范管理，以市政府部门牵头、区（市）县政府保障、街道办事处（乡镇政府）实施、社区居民委员会（村民委员会）自治管理，构建四级规范管理体系。对涉及的政府部门（公安机关、发展改革部门、房管部门、税务部门、城市管理综合行政执法部门、工商部门、电子政务部门、司法行政部门）进行明确的责任划分，并加强信息共享和联动管理。建立住房租赁信用管理体系，形成守信联合激励和失信联合惩戒机制。设立多种投诉监督方式，严惩政府不作为行为。

参考文献

［1］ Di W，Peng G，Jichang D. Game-theory-based Analysis of and Proposed Solution to the Indemnificatory Housing Lease Default Problem ［J］. Management Review，2011（2）：001.

［2］ Chi-man Hui E. An empirical study of the effects of land supply and lease conditions on the housing market：A case of Hong Kong ［J］. Property Management，2004，22（2）：127－154.

［3］ Shroder M. Locational constraint，housing counseling，and successful lease-up in a randomized housing voucher experiment ［J］. Journal of Urban Economics，2002，51（2）：315－338.

［4］ 申文金，张文主. 新常态下房地产租赁市场体系建设研究 ［J］. 现代管理科学，2018（9）：82－84.

［5］ 杨现领. 住房租赁市场的问题与应对 ［J］. 中国金融，2018（16）：40－41.

［6］ 陈小亮. 构建房地产长效机制的对策探析：基于"长效"的视角 ［J］. 人文杂志，2018（8）：33－41.

［7］ 李玲燕，陈诗祺. 培育与发展住房租赁市场的政策结构剖析：基于政策工具与产业链双视角 ［J］. 福建论坛（人文社会科学版），2018（8）：28－37.

［8］ 刘金祥，邢远阁. 租购并举中公共服务均等化路径选择研究 ［J］. 学术探索，2018（7）：46－51.

［9］ 刘晓君，张宇静，郭晓彤. 中国住房租赁市场交易主体议价能力差异性研究 ［J］. 价格理论与实践，2018（3）：159－162.

［10］ 汪宏程. 德国租购并重的房地产发展模式 ［J］. 中国金融，2018（10）：40－41.

［11］ 黄燕芬，李志远，张超. 坚持"房住不炒" 深入推进房地产市场供给侧结构性改革：2017 年房地产政策回顾与 2018 展望 ［J］. 价格理论与实践，2018（1）：18－23.

［12］ 张金艳. 长效机制下的我国房地产宏观调控：现状、困境与出路 ［J］. 税务与经济，2018（1）：8－15.

［13］ 张协奎、代晓玲. 三线城市住宅商品房房价泡沫风险实证分析：以南宁市为例 ［J］. 数学的实践与认识，2018（13）：91－102.

［14］ 张协奎、代晓玲. 我国高房价与金融风险的关系分析：基于 VAR 模型 ［J］. 价格月刊，2018（7）：7－14.

［15］ 国家开发银行"住宅金融制度改革研究"课题组. 多措并举调控房地

产市场 [J]. 中国金融, 2017 (24): 81-83.

[16] 黄燕芬, 张超. 加快建立"多主体供给、多渠道保障、租购并举"的住房制度 [J]. 价格理论与实践, 2017 (11): 15-20.

[17] 陈杰, 胡明志. 共有产权房: 住房供给侧改革何以发力 [J]. 探索与争鸣, 2017 (11): 110-115.

[18] 向为民, 甘蕾. 抑制和稳定房价背景的"租购同权"政策匹配 [J]. 改革, 2017 (11): 148-157.

[19] 易宪容. "房地产化"经济的转型与房地产长效机制的确立 [J]. 探索与争鸣, 2017 (8): 108-114.

[20] 林永民, 吕萍. 基于住房属性视角下的住房供给侧改革路径研究 [J]. 现代管理科学, 2017 (8): 97-99.

[21] 张江涛, 闫爽爽. 房价稳定与政策性住房金融体系: 德国的启示 [J]. 金融与经济, 2017 (6): 47-53.

[22] 张协奎, 张练. 房价波动对地方经济的影响: 基于35个大中城市的动态面板分析 [J]. 城市问题, 2017 (6): 90-95, 103.

[23] 邬思怡, 张协奎, 张练. 中国房价上涨对城市扩张的驱动效应研究: 来自69个大中城市门限模型的经验证据 [J]. 广东财经大学学报, 2017 (3): 16-27.

[24] 何芳, 滕秀秀. 德国住宅租赁管制与租金体系编制的借鉴与启示 [J]. 价格理论与实践, 2017 (3): 93-96.

[25] 高红. 房地产供给侧改革: 由"去库存"到"公共服务+" [J]. 中国行政管理, 2016 (10): 74-80.

[26] 秦虹. 标本兼治推进房地产供给侧改革 [J]. 理论视野, 2016 (8): 1.

[27] 赵净. 典型国家的住房保障货币补贴制度及对我国的启示 [J]. 经济研究参考, 2016 (37): 65-70.

[28] 张协奎, 邬思怡. 我国利率波动对商品住宅库存影响的动态研究: 基于供给侧改革下房地产去库存的分析 [J]. 价格理论与实践, 2016 (11): 136-139.

[29] 张协奎, 樊光义. 中国房地产压力指数构建及实证分析 [J]. 城市问题, 2016 (11): 90-98.

[30] 张协奎, 乔冠宇, 徐筱越. 新常态下土地财政面临的问题及对策思考 [J]. 改革与战略, 2016 (6): 61-65.

[31] 唐焱, 周琳, 关长坤. 我国住房保障制度变迁与政策选择: 一个文献评述 [J]. 中国行政管理, 2014 (8): 97-100.

[32] 中国行政管理学会课题组, 贾凌民, 陈永杰. 房地产市场短期政策与

长效机制政策研究 [J]. 中国行政管理, 2014 (5): 34-38.

[33] 崔裴, 胡金星, 周申龙. 房地产租赁市场与房地产租买选择机制: 基于发达国家住房市场的实证分析 [J]. 华东师范大学学报 (哲学社会科学版), 2014, 46 (1): 121-127, 155-156.

[34] 代刃, 张亮. 论我国住房保障制度的历史脉络 [J]. 人民论坛, 2013 (26): 173-175.

[35] 国务院发展研究中心课题组, 刘卫民, 邵挺. 着手建立房地产市场平稳健康运行的长效机制 [J]. 中国发展观察, 2013 (9): 15-17.

[36] 罗斌, 王花. 基于系统动力学的房地产调控政策动态仿真模型 [J]. 技术经济, 2013, 32 (6): 111-119.

[37] 欧江波. 城市房地产调控的理论与模拟实证研究 [D]. 广州: 暨南大学, 2012.

[38] 国务院发展研究中心课题组, 侯云春, 韩俊, 等. 农民工市民化进程的总体态势与战略取向 [J]. 改革, 2011 (5): 5-29.

[39] 李晔. 广西城市住房制度改革研究 [D]. 南宁: 广西师范学院, 2011.

[40] 沈悦, 周奎省, 张金梅. 异质有限理性预期与住宅价格动态反馈机制系统仿真 [J]. 经济理论与经济管理, 2010 (9): 20-28.

[41] 刘维新. 中国住房制度的历史演变及住房保障体系的构建 [J]. 学习与实践, 2010 (9): 5-13.

[42] 李云. 我国房价波动机理及其政府规制 [J]. 广东社会科学, 2010 (5): 37-43.

[43] 张协奎, 张婧, 刘若曦, 等. 城市农民工住房保障实证研究: 以北部湾港口城市为例 [J]. 社会科学家, 2010 (12): 105-107, 115.

[44] 张协奎, 袁红叶. 城市农民工住房保障问题研究: 以南宁市为例 [J]. 广西大学学报 (哲学社会科学版), 2010 (3): 1-5.

[45] 丁燕, 张协奎. 我国住房保障制度的研究综述 [J]. 改革与战略, 2010 (5): 176-178.

[46] 冯璐, 张佩, 刘晓君. 西安市住宅房地产市场调控政策研究 [J]. 中国经贸导刊, 2010 (2): 38.

[47] 张协奎, 韦玮. 房地产宏观调控政策下地方政府的应对行为研究 [J]. 广西民族大学学报, 2009 (2): 114-117.

[48] 曾国安, 李少伟. 关于中国住房社会保障的几个问题的宏观思考 [J]. 西北大学学报 (哲学社会科学版), 2008 (5): 43-49.

[49] 余凯. 中国房地产宏观调控的长效机制研究 [J]. 首都经济贸易大学

学报，2008（4）：65－69.

［50］李嫣. 我国城镇居民住房制度：历史变迁及改进对策［J］. 中州学刊，2007（3）：134－136.

［51］张协奎，陈伟清，刘娟. 品牌——房地产市场竞争的法宝［J］. 中国房地产，2002（5）：50－52.

［52］张协奎，宋欣欣. 电子商务在房地产业中的运用［J］. 中国房地产，2001（2）：48－51.

［53］张协奎，陈伟清，朱仁友，等. 新型城镇化视角下的中国房价合理水平研究［M］. 南宁：广西人民出版社，2018.

［54］张协奎，陈伟清，赵黎丽，等. 广西城乡住房保障制度研究［M］. 北京：科学出版社，2013.

［55］张协奎，陈伟清，巫德富，等. 广西北部湾经济区房地产业可持续发展研究［M］. 北京：经济科学出版社，2011.

［56］张协奎. 房地产估价方法与应用［M］. 武汉：武汉工业大学出版社，2000.

［57］张协奎. 城市规划中地价评估方法研究［M］. 北京：中国人事出版社，2000.

［58］张协奎. 房地产估价方法［M］. 北京：中国城市出版社，1993.

［59］张协奎. 知识经济时代的房地产业发展战略［J］. 中国房地产，1999（7）：18－20.

［60］我国住房制度改革历程回顾［DB/OL］.（2014－03－03）. http：//www.ce.cn/cysc/fdc/fc/201403/03/t20140303_2403808.shtml.

［61］广西壮族自治区统计局. 改革开放40年广西房地产业发展成就显著 有力保障人民群众住有所居［DB/OL］.（2018－09－06）. http：//www.gxzf.gov.cn/gxsj/sjyw/20180906－713236.shtml.

课题承担单位：广西房地产及住宅研究会

课题负责人：张协奎（广西大学）

主要参加人：朱仁友（广西大学）、陈伟清（广西大学）、彭路（广西大学）、刘宇洋（中南财经政法大学）、樊光义（广西大学）、刘绍涛（广西大学）、陈敬安（广西大学）

广西定点扶贫单位绩效考核方法研究

推进政府绩效管理是党的十八大、十九大报告精神，作为政府管理下的扶贫工作，从职能上、任务上均应推进绩效管理，提高管理效率，完成中国共产党提出的"两个一百年"奋斗目标任务。广西是全国贫困人口较多的区域之一，完成全面建成小康社会任务尤其艰巨，必须发挥所有扶贫力量的作用，高质高效地完成任务。目前，定点扶贫单位成为承担扶贫的主力，应用绩效考核机制实施专项绩效考核，能促进定点扶贫单位从管理上、行动上提高扶贫效率。因而，为促进广西定点扶贫单位真正发挥扶贫主力作用，有力地承担起广西按时按标准完成全面建成小康社会任务，并在今后稳定脱贫中发挥持续作用，在广西目前尚未建立适合的定点扶贫单位绩效考核体系情况下，研究定点扶贫单位绩效考核方法和设计适合广西定点扶贫单位的绩效考核模式，为 2020 年全面建成小康社会助力，利于广西圆满完成脱贫攻坚任务。

一、实施定点扶贫单位工作考核的重大意义

定点扶贫单位包括履行政府管理和建设职能的党政机关单位、事业单位、国有企业等一切参与定点帮扶的单位。从 20 世纪 80 年代末我国实施扶贫攻坚战以来，我国就重视机关单位干部入村驻村参与扶贫工作的作用，不断地派出干部，参与县乡镇扶贫管理与组织工作。进入 21 世纪，逐步地形成定点扶贫单位，把各级贫困区域

的党政机关单位、事业单位、国有企业单位定点到贫困村落实具体扶贫工作。近几年来，以任驻村第一书记形式，派出驻村干部，代表定点扶贫单位开展扶贫工作。相对过去，定点扶贫单位的作用更受重视，在新的扶贫历程中要完全承担起定点扶贫村的最后脱贫任务和维持稳定脱贫的任务。因而无论是全局扶贫任务要求，还是对定点扶贫单位的扶贫职能要求，均面临任务重、时间紧迫势态。这样，建立绩效考核机制，推动定点扶贫单位定位工作职能，提高扶贫效率，对按期实现全面建成小康社会任务有着重要意义。以近年的定点扶贫形式为重点，主要有如下意义。

（一）有利于执行党的务实扎实保质扶贫路线

2017年2月21日，习近平总书记在中央政治局第三十九次集体学习时强调，要把握好脱贫攻坚正确方向，量力而行，保证质量，防止形式主义，扶真贫，真扶贫，扶贫工作必须务实，脱贫工作过程必须扎实，脱贫结果必须真实，让脱贫成效真正获得群众认可，经得起实践和历史检验，要实施最严格的考核评估，开展督查巡查，对不严不实，弄虚作假，要严肃问责；要注重扶贫同扶志、扶智相结合。这说明，扶贫工作务实扎实是党的扶贫坚决态度，扶贫同扶志、扶智相结合和严格考核评估是党的扶贫路线。所有扶贫行动都必须体现"言必信，行必果"的务实扎实态度和全面建成小康社会的决心；所有扶贫行动都严格考核评估，不得弄虚作假。开展定点扶贫单位绩效考核是执行扶贫务实扎实保质行动路线的表率，通过合理可行的方法针对性地进行考核，有利于执行务实扎实保质的路线，提高扶贫质量与效率。因而也表明作为实现脱贫攻坚目标最后行动承担者的定点扶贫单位，实行严格考核问责是无疑的，只有严格的考核问责，才能促动扶贫行动务实扎实，取得真正绩效，才能使整体扶贫工作获得群众认可，兑现党全面建成小康社会的承诺，充分树立党在群众中的威望。

（二）有利于广西组配好扶贫资源

中国共产党强调扶贫过程与扶志、扶智相结合，实质是指明定点扶贫单位的扶贫职能，只要定点扶贫单位发挥好知识智慧和组织行动的投入作用，就能较好补充贫困村发展所缺，发挥出人在扶贫中的组配人才（扶智：脱贫目标的规划、策划、行动等的落实）、劳动力（扶志：脱贫目标的决心与行动等的配合）、物力、科技、资金、管理资源最大作用，提高扶贫效率。因而对定点扶贫单位实行严格的考核，能够大力度地促进定点扶贫单位履行职能，组配好资源，把该利用的、能利用的、必须利用的资源都有效调动组织起来，增强扶贫动力，提高扶贫效率。主要意义体现如下。

1. 有利于充分利用定点扶贫单位的知识智力资源

中国共产党提出的"两个一百年"奋斗目标，即一个是在中国共产党成立一百年时全面建成小康社会，一个是在新中国成立一百年时建成富强民主文明和谐美丽的社会主义现代化强国。其中全面建成小康社会与扶贫工作息息相关，要全面建成小康社会，首要是使贫困人口脱贫致富，要使贫困人口脱贫致富必须有效投入人力、物力和配套的财力。其中人力主要是发挥人的组织策划作用，即科学管理和知识智力投入的组配作用。以目前扶贫情况，这些投入缺一不可，尤其是人力投入，若是没有代表知识智力的人力投入，则物力、财力大部分可能被浪费，这样则不可能有完成全面建成小康社会任务的真正效果。这些问题已被重视，在提出全面建成小康社会的同时大力安排人力、物力、财力投入扶贫脱贫工作。其中派出政府职能部门（单位）入村定点扶贫是重要人力投入体现，代表单位集体的知识智力投入的人力投入，是扶贫工作中不可缺少的重要组成部分。对定点扶贫单位扶贫进行绩效考核，将促进定点扶贫单位发挥人力资源方面的知识智力的重要作用，有效配套扶贫的投入。目前，全面建成小康社会任务时间紧迫，发挥代表单位集体知识智力投入的人力资源有重要作用，通过建立绩效考核机制进行专项、整体考核（指政府职能部门年度整体考核），形成压力，促进定点扶贫单位把扶贫脱贫作为一项重要职能工作，深入负责，落实行动，发挥好知识智力资源配套作用。

2. 有利于定点扶贫单位衔接定点村扶贫工作，提高管理效率

在过去的定点扶贫工作中，任务内容是落实党在农村的脱贫致富、基层组织建设、乡村文明和谐建设政策，以及各项中心任务，包括组织发展生产、建设人畜饮水和交通等基础设施、新农村建设、农村基层组织建设、解决矛盾纠纷等，这些任务内容多且超过工作人员能力范围，如所有发展建设都需要融资、落实技术，驻村人员难以办到。此外，驻村工作人员对所有组织、策划、规划、发动、协调工作不熟悉，落实不到位。在这种情况下，单位定点扶贫基本无法定位职能，无法衔接相关扶贫工作，定点扶贫的管理与行动基本没有。因而通过适合的绩效考核，党委、政府能明确定点扶贫单位的人力对扶贫工作的中心任务，使定点扶贫单位定位职能，有目的地建立绩效目标，派出可胜任工作的人员驻村任职，深入衔接扶贫工作，在各项扶贫建设中，发挥贫困村优势，有序地推进扶贫组织、发动工作，提高扶贫管理效率。

3. 有利于利用社会资源提高扶贫效率

定点扶贫单位作为新的履行扶贫任务的承担者、责任者，提高效率和组织好、利用好社会的政府的投入扶贫资源，防止扶贫资源流失是重要职责。但在过去的定点扶贫工作中，由于任务繁多没有重点导致工作被动，以及驻村生活条件差，定点扶贫单位派出干部驻村开展扶贫工作少，驻村时间短，效率低。所做的扶贫工作只有脱贫精准识别登记工作和"一对一"帮扶工作，这些更多

是形式上的工作，没有深入行动工作，大多数定点单位扶贫工作虚化。另外还有不利用好社会资源的问题。在扶贫工作中，不仅定点单位投入了人力和支援物力，社会各行业和各级财政也从不同层面投入了物力财力。但是一方面缺乏监管，各方面资源流失，利用率不高；另一方面不及时组织使用，也使资源流失。通过定点扶贫考核，把提高效率利用好社会资源作为重要指标纳入考核评价，将会改观局面，推动定点扶贫单位发挥提高效率利用社会扶贫资源作用。一是从扶贫工作上，促进定点扶贫单位采取措施，推进扶贫工作务实，派出驻村干部稳定驻村，对贫困村开展深入调查并衔接各方面的物力财力资源，策划好扶贫方案，对接资源，投入各项建设，把社会资源利用好；二是从组织物力财力上，更关注和珍惜利用各渠道扶贫资金，全部专用于工作，监管好社会资金，避免资金严重流失，使资金在扶贫中提高使用效率。

4. 有利于扶贫体系工作开拓创新

建立定点扶贫单位绩效考核机制，不仅是促进定点扶贫单位提高效率、激励先进、鞭策后进，而且是扶贫管理、扶贫任务执行单位整个扶贫体系总结扶贫经验、查找不足、整改工作、开拓创新、全面提高效率的促进措施。通过对定点扶贫单位的严格考核，可以知道取得成绩和存在问题的原因是个别原因还是普遍原因，以此追溯根源、责任主体。促进管理体系一方面总结经验、推广经验，另一方面查找原因，了解不足所在，进一步改进管理，开拓创新，并作为先进管理方式进行应用，促进执行主体（定点扶贫单位）开拓创新，提高整体扶贫效率。

二、广西定点扶贫单位开展绩效考核的必要性与工作现状

（一）广西定点扶贫单位开展绩效考核的必要性

广西定点扶贫单位开展绩效考核的必要性有多方面：一是在全面建成小康社会任务重、时间紧迫的形势下，有必要对承担主要任务的定点扶贫单位开展绩效考核，增加新动力，按时按质完成任务；二是在新的精准扶贫要求下，有必要对定点扶贫单位开展绩效考核，促进其清晰思路，创新方法，务实求精，策划方案，全力投入，适应精准扶贫要求；三是在推进政府绩效管理要求下，有必要对定点扶贫单位开展绩效考核，促进扶贫工作纳入政府职能绩效考核，全面加强力量推进扶贫工作，适应政府绩效管理要求；四是在专职管理的扶贫办（专职管事）、组织部（专职管人）等部门对定点扶贫单位事与人管理不协调的情况下，有必要对定点扶贫单位开展绩效考核，将存在问题反馈专职管理部门协调管理。促进对定点扶贫单位的事与人管理厘清头绪，根据定点扶贫单位特点，定位好扶贫事务的重点，人的岗位职责，进而促进定点扶贫单位建立绩效目标，对准目标有序推进工作，取得扶贫绩效。这些针对目前管理与行动

脱节的情况十分有必要。对管理部门和定点扶贫单位而言，任务与职能笼统，没有立足点和中心目标，缺少专项资金，投资建设超出定点扶贫单位能力，所有扶贫工作不能具体深入。针对这些问题，通过建立绩效考核机制，专职管理部门、定点扶贫单位找出管理与执行差距，从管理上改进工作，从行动上立足重点与目标并全力投入，作出最大扶贫绩效。

（二）广西定点扶贫单位绩效考核工作现状

2017 年，自治区扶贫办发布了《自治区扶贫开发领导小组办公室关于开展 2017 年度区直中直驻桂单位定点扶贫工作试考核的通知》，定了"帮扶绩效、组织领导、选派干部、督促检查、结对帮扶、基层满意度、工作创新"七个一级指标开展考核。但这些指标笼统、不突出职能、不突出目标、不具体量化，考核指标体系无法应用，至今仍未有合理的考核模式，无法推进严格考核。存在主要问题如下。

1. 考核内容笼统，操作困难

自治区扶贫办所定的七个一级考核指标，首先是笼统，多项内容只有一个一级指标项涵盖，合为一个指标项评分，一概而过。如"帮扶绩效"指标项，包括有脱贫村的脱贫稳定率、返贫率、发生率、产业发展、基础设施、公共服务、村集体经济发展等扶贫全部内容。其次是没有分项量化各个分值，得分的判断标准仅是"力度够不够"、工作总结能否选入《广西精准脱贫攻坚简报》。因此考核过程不能把握评分定量，考核体系难以操作，只能主观判断，所得出的考核结果不公正，不能作为问责、鼓励结果应用，所开展的考核工作仅是一个形式。

2. 职能不突出

自治区扶贫办所定的七个一级考核指标，不突出定点扶贫单位的扶志、扶智职能，能有的仅是反映组织领导、选派干部是否参与过编制规划、是否到贫困村参加过调研、是否给驻村干部发补贴和体检。没有扣住扶贫任务重心，以绩效目标为导向的实质行动，没有体现定点扶贫单位行动过程中的策划、组织知识智力职能。因而考核不突出定点扶贫单位的职能，达不到实际问题的关键点，偏离考核重心，所得出的考核结果不公正，不能作为问责、鼓励结果应用，所开展的考核工作仍是一个形式。

3. 目标不明确

自治区扶贫办所定的七个一级考核指标，不系统突出以绩效目标为导向的考核路线，考核的指标是片面性的、浅表性的虚性内容。如"督促检查、结对帮扶、基层满意度、工作创新"的考核内容：是否有错评户、漏评户，是否发放《帮扶手册》，群众对第一书记评价如何，是否有全区性开现场会或媒体报道的事件。因而偏离以绩效为导向的考核路线、目标，考核结果不到实际问题的关键点，所得出的考核结果不公正，不能作为问责、鼓励结果应用，所开展的考核工作仍是一个形式。

4. 综合方面欠完善

建设定点扶贫单位绩效考核体系程序：扶贫办或定点扶贫单位建立扶贫绩效目标→定点扶贫单位编制策划行动规划、方案→定点扶贫单位执行行动及检查改进→确定年终考核指标→定点扶贫单位自评→第三方对材料、对人、对事现场核对考核评分→考核结果应用（公示与问责、奖励等）。扶贫办所建考核体系不完善，会使考核结果不严格、不准确、不公正。如推行第三方考核方面，所实行的方法是招标选定一家单位，用电话访问第一书记、村干部、部分群众核对考核。这样体现出准确率低的问题：一是贫困村多，需考核单位多，电话访问广，最少需要发出 2 万个访问电话，这几乎不可能做到；二是会有不了解情况拒绝答询或无法拨通，或敷衍，或故意反向回答问题的情况，不可能得到全面、真实的情况，因此得出的考核结果根本不能应用；三是考核力量薄弱，不能胜任考核工作，导致时间长，效率低，不能应用；等等。

三、外省定点扶贫单位绩效考核的经验与启迪

（一）定点扶贫单位绩效考核的经验

从 2016 年以来，全国各地陆续地建立定点扶贫单位绩效考核机制，从不同基础条件出发，建立主导指标型的绩效考核指标体系进行考核，因而在引导定点扶贫单位抓住重点奋力扶贫中取得了成效，形成了经验。以下介绍相关方法及其对广西的启迪。

1. 山西省以"产业扶贫"为主导指标建立绩效考核指标体系

山西省基于本省贫困地区丘陵山地多，土地连片部分较平坦，土质较肥沃的特点，利用开发山地特色种植产业达到最快实现脱贫致富的目的，在设计定点扶贫单位绩效考核模式时，以产业扶贫为主导指标构建评价指标体系，即把产业扶贫的指标项作为最高权重进行赋值评分，其他指标项体系围绕产业扶贫指标项，按重要性依次赋权赋值的考核评估方法。同时，建立严格务实的问责与重奖考核机制，在对责任者实施问责的同时，实施职级多级提拔和予以奖金重奖的措施，突出人的主动作用，只要作出扶贫实绩必兑现奖励承诺。因而定点扶贫单位扣住重点，为争取绩效高分，千方百计组织力量开发特色产业，把其作为扶贫的突破口，进行策划开发。浙江省是山西省东西协作对口扶贫的省份，是农特产品加工业出口发达省份，是需要规模开发资源延长产业链发展各级各行业经济的省份。于是定点扶贫单位积极向县、省政府建议，加强与浙江省各级政府磋商，沟通浙江省企业到山西省开发特色种植业。通过磋商，浙江省政府大力发动茶叶、中药材加工企业到山西省进行开发特色种植业，以浙江省茶叶集团为主，浙江省企业

根据所长，积极行动起来，与贫困村建立"公司＋合作社＋基地"的生产模式，为基地提供种苗、技术、培训、收购产品等。据公司介绍，每亩特色种植业年可收入1万元以上，每户种上20亩，2～3年以后就可进入到年均达20万元以上的收入。2018年，在山西省的娄烦县、阳高县、天镇县、广灵县、灵丘县、浑源县等县域的荒山丘陵，已满山遍野长起绿茵茵的茶苗、中药材苗。按这个产业扶贫模式，贫困村确实可提高收入，确实可以实现脱贫致富，以及可以解决各项公共建设、个体建设问题，圆满实现小康。这样，定点扶贫单位就会取得显赫的扶贫绩效，包括群众满意度指标在内，各项考核指标分就会获得满分和加分，总体成绩获得奖励，有功人员获得提拔。因而激励定点扶贫单位以产业扶贫为重点，奋力投入扶贫，在使本身取得成效的同时，也给区域形成脱贫致富奔小康带来强大动力，在预定的时间内实现全面建成小康社会。

2. 四川省以"提高收入"为主导指标建立绩效考核指标体系

四川省的贫困村是高山峻岭地区，产业扶贫有难度，但劳动力丰富，促进就业提高收入是优势。根据这个条件，在设计定点扶贫单位绩效考核模式时，以提高收入为主导目标构建考核指标体系。定点扶贫单位以此扣住重点，争取绩效高分，千方百计组织劳动力转移就业提高收入，把其作为扶贫的突破口，进行策划开发。四川省东西协作扶贫的对接省份是浙江省，浙江省是民营企业发达而劳动用工不足的省份。定点扶贫单位积极向县、省政府建议，加强与浙江省各级政府磋商，沟通浙江省企业与四川省贫困村劳动力资源对接。浙江省政府大力发动企业与四川省贫困村对接。目前浙江省企业对四川省贫困村积极开展"千企帮千村"的活动，根据用工特点，分别对贫困村劳动力实行培训上岗，并提供优厚待遇。在提高贫困村收入方面，浙江省企业还多方面帮扶，采购当地的农副产品、开设农村电商培训班、帮助劳动力掌握创业的相关技能（浙江省遂昌县与四川省通江县已建立协约）等多渠道使贫困户致富增收。合理的考核体系，激发定点扶贫单位的扶智、扶志潜能，联动和组合起多方面资源投入，实现提高收入，稳定脱贫致富。

（二）外省定点扶贫单位绩效考核经验对广西的启迪

从山西省、四川省的定点扶贫单位的绩效考核经验看，从地方条件出发，建立好主导型的考核指标体系非常重要。以此能够引导定点扶贫单位发挥知识智力和组织作用，抓住扶贫关键问题，推进加快解决全面问题和稳定脱贫致富。这些对广西建立合理的定点扶贫单位绩效考核体系，引导定点扶贫单位发挥知识智力和组织作用，开创扶贫工作新局面有重要的启迪作用，值得广西借鉴。但是也要有区别，一是从产业扶贫主导上，广西贫困地区是喀斯特地貌广泛发育的地区，缺土缺水，不易发展种植业；二是从转业就业提高收入上，广西东西协作扶贫对接单位是广东，广东的产业不像东西互补很强的浙江，可稳定扶贫，而且广东产业已转移或在转移中，可接收贫困地区劳动就业或产业扶贫空间窄，不能提供合适的稳定收入的岗位接收贫困地区劳动就业。同时山西、四川贫困村的基础状况较好，居住、交通、生活设施条件已比较完善，所需要扶贫的着力点基本是提高收入而已。而广西的贫困村基础差，用水、交通、居住均存在问题，较大的区域人畜饮水的基本生活问题尚未解决。因而建立广西定点扶贫单位绩效考核体系从方法上、考核主导指标的设置上应有区别，从本地条件出发，选择具有针对性的、协调的考核主导指标，建立有力的扶贫引导机制，推进定点扶贫单位发挥出扶贫积极主动作用。同时也可以考虑喀斯特地貌的山清水秀优势条件，开发山水旅游业和适宜高山石缝生长且市价高的特色药材种植业，并在东西协作方面引入广东投资，形成较完善的东西互补产业扶贫配组体系，把喀斯特地貌条件下的扶贫劣势转发为稳定的产业扶贫优势。以之渠道，把"产业扶贫"树立为主导指标建立考核指标体系，引导定点扶贫单位发挥积极主动作用。大力度地实施问责与鼓励措施，在因地制宜的扶贫开发道路上必能奏效，开拓出广西全面奔小康的新路子。

四、广西定点扶贫单位绩效考核的总体要求

（一）广西定点扶贫单位绩效考核指导思想

建立广西定点扶贫单位绩效考核体系的方法，必须以党的十八大、十九大报告精神和习近平总书记在中央政治局第三十九次集体学习时的讲话精神为指导。坚持脱贫攻坚的正确方向，立足定点扶贫单位的扶智、扶志职能，从广西实际情况出发，建立相适应的引导性的考核指标体系。保障合理、公平公正、严格考核评估，激励定点扶贫单位奋力作出绩效，推动扶真贫、真扶贫，真正获得群众认可，经得起实践和历史检验。

（二）广西定点扶贫单位绩效考核目标

以保证广西在预定的时间全面建成小康社会为总体目标，构建以主导指标为重心的合理考核指标体系，形成以指标体系为中心，严格的考核问责机制为手段，建立严谨的结构配套一体的公平公正的定点扶贫单位考核体系。在这个考核体系下，有力推动定点扶贫单位发挥所长和扶贫主力作用，有效推进扎实扶贫，作出成效，支持广西如期实现全面建成小康社会目标。

（三）广西定点扶贫单位绩效考核基本原则

服从广西定点扶贫单位绩效考核目标要求，考核过程必须坚持如下原则。

1. 前后一致的考核原则

对定点扶贫单位绩效考核必须坚持前后一致的考核原则，认真建立前后一

致的考核体系，以绩效指标体系为中心，实施前有政府的总体绩效目标规划，有单位行动规划方案；实施中有政府支持、监督行动；实施后有与绩效目标一致的考核、问责、鼓励行动。保证考核体系完善，考核工作严格，考核结果真实可用。

2. 指标体系合理平衡配置的原则

指标体系是考核体系的中心，必须根据职能有主有次的合理与平衡配置考核指标体系。

（1）突出职能的考核原则

构建考核指标体系必须坚持突出职能的原则。定点扶贫单位是以代表知识智力投入的人的要素投入扶贫，扶贫职能是扶智、扶志。为符合这一特点，考核定点扶贫单位的原则应是，以提高扶贫效率为目的，以反映定点扶贫单位投入的要素特征为主轴，考核定点扶贫单位的绩效是集中于反映知识智慧投入的人的行动与作为。具体的考核反映是人是否积极行动策划贫困村的脱贫致富扶贫方案、制定规划、组织扶贫，人的行动是否取得绩效，即在促进贫困村的生活生产条件改善、产业发展、贫困人口收入提高、生态和人居环境改善、不良民风改变、社会新风尚树立等扶贫目标中是否取得知识智力、组织投入绩效，取得多大的绩效。最大限度地突出定点扶贫单位职能合理定位考核。

（2）突出主导指标的考核原则

以定点扶贫单位的目标任务定位，促进贫困村的产业发展、稳定高收入就业、生活生产条件改善、生态和人居环境改善、不良民风改变、社会新风尚树立等是定点扶贫单位的目标任务。为符合这一要求，考核定点扶贫单位的原则应是，以提高扶贫工作效率为目的，以任务要求为目标，突出主导指标，构建定点扶贫单位主次分明、层次明晰的三级评价指标体系，最大限度地对定点扶贫单位清晰合理考核。

（3）可衡量考核原则

以准确考核定点扶贫单位完成目标任务为准则，可衡量考核定点扶贫单位绩效的指标体系，为符合这一要求，考核定点扶贫单位的原则应是，以准确考核定点扶贫单位完成目标任务提高扶贫效率为目的，定点扶贫单位的绩效考核指标可衡量，从质量、数量和效率考核上，对比历史和参照周边地区或在一定时期内达到总体目标任务的水平，形成有依据的参照数值、评分值。准确衡量质量、数量和效率。

（4）考核体系可操作考核原则

从技术操作方面，定点扶贫单位还要坚持相关原则：一是以客观为主，主观为辅考核原则。定点扶贫单位绩效，力求量化客观评价，坚持以客观为主，主观为辅考核原则。各项各级指标可用数值量化考核的一律以数字量化考核，不能够以数字量化考核的，有历史、同类地区可参考的使用参考值，没有任何值可参考的，以经验判断考核。二是简易考核原则。考核定点扶贫单位绩效，坚持以考核到位，简易明了可操作为考核原则，所设置的指标体系既要全面反映考核问题，也要简易操作。三是以结果为依据考核原则。定点扶贫单位考核结果实施，以评分结果为依据，对等实施问责、奖励，针对性促进，层层提高，加强发挥主动性和积极性，充分提高扶贫脱贫工作效率。四是互补平衡原则。定点扶贫单位绩效考核，坚持互补平衡原则，所设指标体系中局部目标任务已完成的，在其他未完成的指标项中加分补平，不影响考核的平衡性。

五、广西定点扶贫单位绩效考核体系建设方法定位

以指标体系为核心，广西定点扶贫单位绩效考核体系是严谨的前后呼应的体系，从体系建设上，需要多部门参与衔接各个环节，扎实有效实施考核；从指标体系建设上，需要衔接小康目标规划和考核机制应用，提供以主导指标为核心的层级合理和互补平衡的指标评分体系；从考核机制上，需要以考核结果为依据，准确实施问责。就如何紧凑扎实做好工作，按程序各项建设方法考虑如下。

（一）考核体系建设方法

1. 政府根据实现小康目标要求编制任务规划

自治区政府（扶贫办履行），根据实现小康目标要求编制任务规划和指标绩效考核指标体系，对定点扶贫单位实行绩效考核和问责组织工作。

2. 定点扶贫单位编制年度绩效目标规划及实施方案

定点扶贫单位根据实现小康目标要求编制任务规划、绩效考核指标体系，编制体现本年度与跨年度（产业扶贫类需跨年的项目）绩效目标规划。根据考核指标，确定每项指标应实现的程度。根据扶贫目标策划实施行动方案，将规划与方案交各级扶贫办。各级扶贫办根据贫困村实际情况审核目标规划的对称性并建议调整，与村委一道存档调整后的规划与方案，需监督方案执行和督促进度，年终时核对得分。村委同时配合定点扶贫单位的各项行动落实。

3. 定点扶贫单位编写年度实现绩效的自评报告

年度结束，由定点扶贫单位编写年度实现绩效的自评报告，依据考核指标体系规则自评各项指标得分和总分，总结经验和查找不足，提出下一年度整顿、提高规划。

4. 第三方组织机构依据考核指标体系执行考核

由社团、咨询组织机构作为第三方组织机构，依据考核指标体系规则和定点扶贫单位的自评报告进行资料、现场核对考核，得出总分，经定点扶贫单位认可，评分结果进行公示、问责、实施奖励。

5. 扶贫办汇总通报实施考核

各级扶贫办汇总本级考核结果，向本级政府、定点扶贫单位通报和公示考核结果，并根据相应责任，对定点扶贫单位执行公示、问责、实施奖励。

（二）指标体系建设方法

如何考核广西定点扶贫单位绩效，反映出考核意义促进扶贫工作提高水平？主要方法是从定点扶贫单位扶志、扶智特点出发，建立可考核的层层相关的指标体系，根据重要性赋权赋值评分，根据得分结果裁量绩效优劣，实施问责、奖励，促进整改提高。具体措施如下。

1. 建立针对问题的可考核的目标指标体系

定点扶贫单位考核指标体系是全面建成小康社会过程中贫困村必须要解决脱贫及相关的民生问题组成的目标系列。根据广西实际存在的问题和陕西、四川省经验，这系列问题应是有效保障永久脱贫的产业发展加快提高收入问题、就业稳定收入稳定问题，以及有效服务产业发展和民生需求的生产条件改善、人居生活与生态环境条件改善、树立社会文明新农村风尚建设问题。针对这些问题，可一一作为扶贫目标，以及衡量扶贫行动和实现目标程度的考核指标系列，设定分值界限，形成可量化考核指标，合理评分，据总分判断扶贫行动绩效程度，实施促进措施。

2. 建立层级考核指标体系

层级考核指标体系是把整个评价指标体系划为层级，如把上述的贫困村的产业发展提高收入、就业稳定提高收入、生活条件改善、生产发展、人居生态环境改善（归并生活条件改善）、社会新风尚树立的问题作为一级指标，在各个一级指标下再设立具体的二级指标，在各个二级指标下再设相关更细化的三级指标。并根据扶贫目标的重要性，进行赋权赋值评分，得出合理的绩效分。

3. 建立赋权赋值评分体系

赋权评分是根据扶贫目标的重要性，依次对考核指标赋权赋值。以拟设的产业发展、高收入就业稳定、生活条件改善、生产条件改善、社会新风尚树立五项一级指标为例，以 100 分为满分基准，以提高收入为脱贫主目标，其他改善性服务提高收入目标为配套性协调性建设目标，形成赋权赋值主次依据。由此，产业发展、稳定高收入就业是提高收入最直接，对贫困村三农基础设施建设、产业开发、生产发展、生活与居住环境改善、生态环境改善连动作用最大的指标项，确定其为重要指标项，予以最高赋权赋值，权分依次赋以 30 分、24 分；生活条件改善、生产条件改善、社会新风尚树立为配套指标，同等赋权赋值，权分赋以 10 分，再加上创新和社会满意度必要指标，权分各为 8 分。继续在各个一级指标项下设置二级指标分别按重要性赋权赋值，再在各个二级指标项下继续设置三级指标赋权赋值。如各个一级指标项三级指标设置情况："产业发展"项，二级指标可分为特色产业发展、常规产业发展项，各权分 15 分，三级指标权分从定点扶贫单位贡献作用和取得效果情况细化赋权赋值；"稳定高收入就业"项，二级指标分为本地高收入就业、外地高收入就业项，各权分 12 分，三级指标权分从定点扶贫单位贡献作用和取得效果情况细化赋权赋值；"生活条件改善"项，二级指标分为贫困人口饮水条件改善、人居条件改善、出行条件改善、人居生态环保改善项，各项权分 2.5 分，三级指标权分从定点扶贫单位贡献作用和取得效果情况细化赋权赋值；"生产条件改善"项，二级指标分为排灌设施配套完善、机耕化与机耕路配套完善，各项权分 5 分，三级指标权分从定点扶贫单位贡献作用和取得效果情况细化赋权赋值；"社会新风尚树立"项，二级指标分为改变不良民风、建设文明和谐环境、建设新文化新风尚，各项权分依次是 4 分、3 分、3 分，三级指标权分从定点扶贫单位贡献作用和取得效果情况细化赋权赋值。

（三）考核机制应用方法

建立考核机制，在得出绩效总分的基础上，将绩效总分划分等级实施促进考核，总分为 59 分及以下的，绩效等级为劣，对定点扶贫单位问责和深度查找差距原因进行整改；总分为 60～74 分的，绩效等级为一般，深度查找原因与差距，对位调整；总分为 75～84 分的，绩效等级为良，进一步总结提高，对位调整；总分为 85 分以上的，绩效等级为优。超 100 分（加分形成），按超100 分以上予以不同程度奖励。用此方法，形成促进定点扶贫单位全力投入的有效动力机制，全面提高效率。

六、广西定点扶贫单位绩效考核体系模式图表展示

（一）广西定点扶贫单位绩效考核体系模式流程图

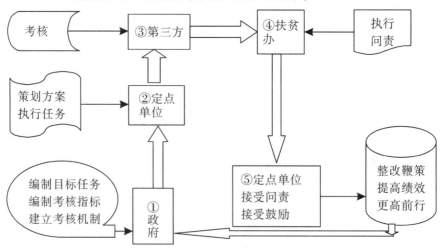

图 1　广西定点扶贫单位绩效考核体系模式流程

（二）定点扶贫单位绩效考核指标体系模式定位及展示表

1. 定点扶贫单位绩效考核指标体系模式定位

（1）指标体系定位

从全面建成小康社会要求和广西基础条件出发，产业发展、高收入就业稳定、生活环境改善、生产环境改善与发展、社会新风尚树立项这些指标均是定点扶贫单位的着力点，解决这些问题之时，即是进入小康社会之时。因而以这五项指标为基础，结合动态性、佐证性情况，增加创新、贫困村认可指标，确定为七个一级指标体系。

（2）主导指标定位

在以拟设的"产业发展、稳定高收入就业、生活环境条件改善、生产条件改善、社会新风尚树立"五项一级指标中，可认为产业发展、稳定高收入就业是直接提高收入和主导连动项。能够实现产业发展，稳定高收入就业，收入与投入能力必定可提高，必定要走产业开发，改善生产条件的道路，必定从提高生活水平愿望出发，主动地去改善居住和生活生态环境，具有战略性地扶贫意义。基于笔者曾参加过的扶贫工作观察，这种从客观推动与主观愿望要求推动融合形成的脱贫连动力是现实的。如某贫困村通过组织引导，使村民发展种养殖业和外出打工提高收入，组织引导村民盖房子和建设居住周围的生态环境，集资建设公共基础设施，把平常出入市镇要翻越十几座崎岖山岗的道路开辟修建为平坦、宽阔的运输道路，以及自建农业灌溉设施。这些让村民看见劳动致富的前景，放弃了平常聚赌和偷砍滥伐生态林的恶习，转入发展特色现代产业提高收入的学技术学经营的劳动致富道路，把不良的村风民风有效地改变了过来。基于合理化、有效和可行性意义，把主导指标项定位于"产业发展、稳定高收入"项，赋以最高权值分，并使两项权分占50%以上，引导定点扶贫单位抓住扶贫关键点提高效率。

（3）平衡定位

设计自治区统一推广的定点扶贫单位绩效考核指标体系，要考虑出现自然灾害影响等动态性情况，建设条件不一基础性情况，影响考核的公平公正性。采用平衡方法定位：一是以代表知识智力的人的投入为主体，人的投入权分赋值要占总分比重55%以上，不管出现什么情况，只要人有行动付出，均可以保证有55分以上的基础分，以此调节平衡差距。二是已建设完善的项目，如部分贫困村已完善了的人畜饮水项目，在本项中不评分，平衡的方法是在其他项加分，只要在他项行动付出取得相应的加分，就可以在缺项补回得分。三是在全面量化客观考核有困难之处，应用参照总体、历史、周边指标主观考核方法补充。

2. 定点扶贫单位绩效考核指标体系设置模式与评分裁量基准设计展示表

表 1 广西定点扶贫单位绩效考核指标体系设置与评分裁量基准设计

序号	一级指标	权分	二级指标	权分	三级指标	本项权分	本项扣分与加分裁量	得分	扣分项原因
								权分	
1	产业发展	30	特色产业发展	16	发展特色服务业	8	编制"发展旅游、文化等特色服务业"合理规划或策划可行方案得2分，不规划不策划不得分，简单不周全或脱离实际扣1分，最多不超2分；派出驻村干部组织融资生产或沟通对口协作扶贫单位发展产业化得2分，没有行动不得分，驻村月均不达20天扣1分；当年按规划启动投入开发或进入产出期，成功规模达规划90%以上的得4分，只达到规划70%～89%的扣1分，50%～69%的扣2分，30%～49%的扣3分，29%以下的扣4分，扣完为止。当年投入开发与或产出规模达规划101%～110%的加1分，达规划111%～120%的加2分，达规划121%～130%的加3分，达规划131%～140%的加4分，最多不超4分。特色服务产业发展影响力大，辐射周边贫困村的，每辐射一个村（达同等规模）加1分，最多不超4分		
					特色加工本与配送物流业发展	8	编制"发展特色农产品加工、配送物流业等"合理规划或策划可行方案的得2分，不规划不策划不得分，不合理扣1分，简单不周全或脱离实际扣1分，最多不超2分；派出驻村干部组织融资生产或沟通对口协作扶贫单位发展产业化得2分，驻村干部月均不达20天扣1分，没有行动不得分；当年按规划启动投入开发或进入产出期，成功规模达规划90%以上的得4分，只达到规划70%～89%的扣1分，50%～69%的扣2分，30%～49%的扣3分，29%以下的扣4分，扣完为止。当年投入开发与或产出规模达规划101%～110%的加1分，达规划111%～120%的加2分，达规划121%～130%的加3分，达规划131%～140%的加4分，最多不超4分。特色服务产业发展影响力大，辐射周边贫困村的，每辐射一个村（达同等规模）加1分，最多不超4分		
			常规产业发展	14	粮食生产	5	编制"发展高产粮食"合理规划或策划可行方案得1.5分，不规划不策划不得分，不合理扣0.5分，简单不周全或脱离实际扣0.5分，最多不超1.5分；派出驻村干部组织融资生产或沟通对口协作扶贫单位发展产业化得1.5分，驻村干部月均不达20天扣1分，没有行动不得分；当年按规划启动投入开发或进入产出期，成功规模达规划90%以上的得1.5分，只达到规划70%～89%的扣0.5分，50%～69%的扣1分，30%～49%的扣1.5分，29%以下的扣2分，扣完为止。当年投入开发达规划101%～110%的加0.5分，达规划111%～120%的加1分，达规划121%～130%的加1.5分，达规划131%～140%的加2分，最多不超3分		

续表

序号	一级指标	权分	二级指标	权分	三级指标	权分		得分	扣分项原因
						本项权分	本项扣分与加分裁量		
1	产业发展	30	常规产业发展	14	养殖业生产	5	编制"发展养殖业"合理规划或策划可行方案得1.5分,不规划不策划不得分,不合理扣0.5分,简单不周全或脱离实际扣0.5分,最多不超1.5分;派出驻村干部组织融资生产或沟通对口协作扶贫单位发展产业化得1.5分,驻村干部月均不达20天扣1分,没有行动不得分;当年按规划启动投入开发或进入产出期,成功规模达规划90%以上的得1.5分,只达到规划70%～89%的扣0.5分,50%～69%的扣1分,30%～49%的扣2分,扣完为止。当年投入开发达规划101%～110%的加0.5分,达规划111%～120%的加1.5分,达规划121%～130%的加2分,达规划131%～140%的加2.5分,最多不超3分		
					果蔬生产	4	编制"发展果蔬生产"合理规划或策划可行方案得1.5分,不规划不策划不得分,不合理扣0.5分,简单不周全或脱离实际扣0.5分,最多不超1.5分;派出驻村干部组织融资生产或沟通对口协作扶贫单位发展产业化得1.5分,驻村干部月均不达20天扣1分,没有行动不得分;当年按规划启动投入开发或进入产出期,成功规模达规划90%以上的得1.5分,只达到规划70%～89%的扣0.5分,50%～69%的扣1分,30%～49%的扣1.5分,29%以下的扣2分,扣完为止。当年投入开发达规划101%～110%的加0.5分,达规划111%～120%的加1.5分,达规划121%～130%的加2分,达规划131%～140%的加2.5分,最多不超3分		
2	稳定高收入就业	24	本地稳定高收入就业	12	编制合理规划与可行方案	4	编制"贫困村劳动力参加培训、产业开发提高收入"合理规划或策划可行方案得4分,不规划不策划不得分。规划覆盖本村劳动力不达90%的扣2分,就业方案与本地产业开发不配套扣1分,就业人员人均收入不达广西城乡人均就业收入的扣1分,全部扣分不超4分		
					组织行动	4	派出驻村干部组织融资融技生产或沟通对口协作扶贫单位发展产业化得4分,驻村干部月均不达20天扣2分,没有组织行动扣2分,全部扣分不超4分		
					效果	4	当年就业与收入达规划90%以上的得4分,每低1～10个百分点扣1分,扣完为止。以100%为基数,当年就业与收入每超1～10个百分点加1分,最多不超4分		

序号	一级指标	权分	二级指标	权分	三级指标	本项权分	本项扣分与加分裁量	得分	扣分项原因
							权分		
2	稳定高收入就业	24	外地稳定高收入就业	12	编制合理规划与可行方案	4	编制"贫困村劳动力参加培训外出就业提高收入"合理规划或策划可行方案得 4 分，不规划不策划不得分。规划覆盖本村劳动力不达 90％（包括本地就业）的扣 2 分。就业方案与就业不配套的扣 1 分，就业人员人均收入不达广西城乡人均就业收入的扣 1 分，全部扣分不超 4 分		
					组织行动	4	派出驻村干部沟通对口协作扶贫单位实现稳定高收入就业的得 4 分，驻村干部月均不达 20 天扣 2 分，没有组织行动扣 2 分，全部扣分不超 4 分		
					效果	4	当年就业与收入达规划 90％以上的得 4 分，每低 1～10 个百分点扣 1 分，扣完为止。以 100 分为基数，当年就业与收入每超 1～10 个百分点加 1 分，最多不超 4 分		
3	生活条件改善	10	贫困村饮水条件改善	2.5	编制合理规划与可行方案	1	编制"贫困村饮水条件改善"合理规划或策划可行方案得 1 分，不编制不得分，编制不完善不对位扣 0.5 分，最多不超 1 分		
					组织行动	1	组织贫困村融资或出钱出力改善人畜饮水条件得 1 分，不行动不得分		
					效果	0.5	定点单位有组织行动，改善或提高贫困村整村人畜饮水条件得 0.5 分，不改善或不提高不得分。效果超规划加 1 分		
			人居条件改善	2.5	编制合理规划与可行方案	1	编制"贫困村危房改造、清洁卫生"合理规划或策划可行方案得 1 分。不编制不策划不得分，编制不完善不对位扣 0.5 分，最多不超 1 分		
					组织行动	1	组织贫困村融资或出钱出力改善人居环境得 1 分，不行动不得分		
					效果	0.5	定点单位有组织行动，完善改善人居环境有 2 项以上得 0.5 分，没有行动改善人居环境不得分。效果超规划的加 1 分		
			出行条件改善	2.5	编制合理规划与可行方案	1	编制"贫困村改善出行条件"合理规划或策划可行方案得 1 分，不编制不得分。编制不完善不对位扣 0.5 分，最多不超 1 分		
					组织行动	1	组织贫困村融资或出钱出力改善出行条件得 1 分，不行动不得分		
					效果	0.5	定点单位有组织行动，改善或提高贫困村出行条件得 0.5 分，不改善或不提高不得分。效果超规划的加 1 分		
			人居生态环保改善	2.5	编制合理规划与可行方案	1	编制"贫困村环保绿色建设"合理规划或策划可行方案得 1 分，不编制不得分。编制不完善不对位扣 0.5 分，最多不超 1 分		
					组织行动	1	组织贫困村融资或出钱出力建设环保绿色环境得 1 分，不行动建设不得分		
					效果	0.5	定点单位有组织建设环保绿色环境行动，排污排废达到基本标准得 0.5 分。效果超规划的加 1 分		

续表

序号	一级指标	权分	二级指标	权分	三级指标	本项权分	本项扣分与加分裁量	得分	扣分项原因
							权分		
4	生产条件改善	10	排灌设施配套完善	5	灌溉完善	2.5	编制"贫困村生产灌溉"合理规划或策划可行方案得1分，不编制不得分；组织融资与劳动投入得1分，不行动不得分；灌溉设施和覆盖耕地完备得1分，覆盖耕地不达70%不得分。覆盖耕地达90%以上的加1分		
					水利配套	2.5	编制"贫困村生产灌溉配套蓄水及引水渠道"合理规划或策划可行方案得1分，不编制不得分；组织融资与劳动投入得1分，不行动不得分；灌溉设施和覆盖耕地配套完备得1分，覆盖耕地不达70%的不得分。覆盖耕地达90%以上的加1分		
			机耕化与机耕路配套完善	5	机械化完善	2.5	编制"贫困村生产机械化"合理规划或策划可行方案得1分，不编制不得分；组织融资投入建设得1分，不行动不得分；机械设施覆盖耕地完备得0.5分，水田为主区域覆盖耕地不达60%扣0.5分；山地为主区域覆盖耕地不达30%扣0.5分，最多不超0.5分。机械设施覆盖耕地超规划的加1分		
					机耕路配套改善	2.5	编制"贫困村生产运输配套机耕路"合理规划或策划可行方案得1分，不编制不得分；组织融资和劳动投入建设得1分，不行动不得分；道路覆盖耕地完备得达规划得0.5分，覆盖耕地不达70%不得分。覆盖耕地超规划的加1分		
5	社会新风尚树立	10	改变不良民风	4	改变聚赌不良民风	2	编制"贫困村引导发展生产阻止聚赌滥伐和其他不良恶习"合理规划或策划可行方案得1分；组织行动和取得成效得1分；不规划或策划可行方案扣1分；不组织行动扣0.5分；干部驻村月均不达20天扣0.5分；全部扣分不超2分。效果超规划加1.5分		
					改变其他不良民风	2	编制"贫困村引导发展生产阻止水田耕地建房和其他侵集体损他人违法不良行为"合理规划或策划可行方案得1分；组织行动和取得成效得1分；不规划不策划可行方案扣1分；不组织行动没有成效扣0.5分；干部驻村月均不达20天扣0.5分；全部扣分不超2分。效果超规划的加1分		
			建设文明和谐环境	3	树立学习致富新风向	1.5	编制"贫困村学科学用科学脱贫致富新风尚"合理规划或策划可行方案得0.5分；组织行动得0.5分；取得成效得0.5分；不规划或策划可行方案扣0.5分；不组织行动扣0.5分；干部驻村月均不达20天扣0.5分；全部扣分不超1.5分。效果超规划加1分		
					树立团结致富新风尚	1.5	编制"贫困村学科学用科学脱贫致富新风向"合理规划或策划可行方案得0.5分；组织行动得0.5分；取得成效得0.5分；不规划或策划可行方案扣0.5分；不组织行动扣0.5分；干部驻村月均不达20天扣0.5分；全部扣分不超1.5分。效果超规划加1分		

续表

序号	一级指标	权分	二级指标	权分	三级指标	本项权分	本项扣分与加分裁量	得分	扣分项原因
							权分		
5	社会新风尚树立	10	建设新文化新风尚	3	建设交流学习新平台	1.5	编制"贫困村建设学科学用科学交流学习新平台"合理规划或策划可行方案得0.5分；组织行动得0.5分；取得成效得0.5分；不规划或策划可行方案扣0.5分；不组织行动扣0.5分；干部驻村月均不达20天扣0.5分；全部扣分不超1.5分。效果超规划加1分		
					建设宣传政策平台	1.5	编制"贫困村建设学政策用政策新平台"合理规划或策划可行方案得0.5分；组织行动得0.5分；取得成效得0.5分；不规划或策划可行方案扣0.5分；不组织行动扣0.5分；干部驻村月均不达20天扣0.5分；全部扣分不超1.5分。效果超规划加1分		
6	创新方法与行动	8			创新方法	4	整体编制规划与策划方案因地制宜，吻合实际、衔接市场；覆盖全面，突出主导指标，联动性、战略性强，效率效益高，得4分；其中由驻村30名小组村屯代表认可，达25名以上代表认可的，得4分；达20～24名代表认可的，得3分；达15～19名代表认可的，得2分；达10～14名代表认可的，得1分；9名以下代表认可的，不得分		
					创新行动	4	在定点扶贫中，科学组织要素，发动群众参与，有一项以上指标绩效高于常规1倍以上数据确实的，得4分；缺乏数据认定的，由驻村30名小组村屯代表认可，达25名以上代表认可的，得4分；达20～24名代表认可的，得3分；达15～19名代表认可的，得2分；达10～14名代表认可的，得1分；9名以下代表认可的，不得分。动取得效率效益，明显提高效率，节省资源的，得4分。其中由驻村30名小组村屯代表参与认可，达25名以上代表认可的，得4分；达20～24名代表认可的，得3分；达15～19名代表认可的，得2分；达10～14名代表认可的，得1分；9名以下代表认可的，不得分		
7	贫困村认可度	8			驻村群众满意度	4	在驻村30名小组村屯代表中，达25名代表认可自评报告属实的，得4分；达20～24名代表认可自评报告属实的，得3分；达15～19名代表认可自评报告属实的，得2分；达10～14名代表认可自评报告属实的，得1分；9名以下代表认可自评报告属实的，不得分		
					驻村村委满意度	2	在驻村村委中，达3名认可自评报告属实的，得2分；达2名认可自评报告属实的，得1分。1名以下认可自评报告属实的，不得分		
					驻村所在县满扶贫办满意度	2	在驻村所在县中，达80%认可自评报告属实的，得2分；达60%～79%认可自评报告属实的，得1分；59%以下不得分		
总结建议（对各项指标差距经验总评，提出问责与奖励建议）									

注：1. 合理规划：指数量、质量、标准和土地、劳动等资源的有效利用符合贫困村的实际比例，不夸大不缩小；2. 可行性：指投入能力、发展条件、市场衔接的吻合性。

七、广西启动定点扶贫单位绩效考核机制措施

扶贫管理是经济、社会、行政、组织、人事管理的交集，实施定点扶贫单位绩效考核是交集管理制度的融合，是提高扶贫管理效率的制度创新配套行动。为提高扶贫管理效率，扶贫管理不能停留于原来的低效无为管理模式，必须激活和调集各个管理单元相关要素，围绕绩效目标集中一体投入，成功地获得多倍的绩效产出。因而广西启动定点扶贫单位绩效考核机制，扶贫管理必须务实性地作出投入，包括各级各项工作运行资金、奖励资金、组织与人事管理等方面投入，保障在预定时间获得全面建成小康社会的效果。基于目前情况，在启动定点扶贫单位绩效考核机制之时，政府应实施的创新性配套措施，笔者提出建议如下。

（一）政府全力配套扶贫行动

定点扶贫单位扶贫行动的有效性，很大程度上依靠政府配套支持，根据具体情况，从基层村委至自治区政府要大力配套行动，把定点扶贫单位编制与实施的扶贫规划、方案对应纳入本级经济社会行政管理职能，共同行动，共创绩效，并作为本级一项整体绩效考核的指标纳入考核。

1. 全力配套协作行动

定点扶贫单位提出东西协作扶贫的可行产业扶贫、提高收入项目方案时，自治区、地市、县政府从对应的级别，及时配套沟通，与提供帮扶的省份的政府建立协作扶贫协议；组织本地群众参与合作社、培训、政策性融资等相关行动。

2. 全力配套基础设施建设和科技投入

一是在产业规模开发中，地方政府及时配套提供设施：机械化设施、灌溉设施和机耕道路建设；二是在规模开发山地、石山地中，地方政府配套提供技术力量，所需的山地作业机械、种子种苗进行研发和提供成品。

（二）政府大力度组织实施考核

1. 支持配套考核资源并形成考核制度

定点扶贫单位全面绩效考核涉及 4000 多个定点扶贫单位和贫困村，分布在 1099 个乡镇，实施考核面广、内容多、工程大，考核有难度，需要专门考核管理机构和庞大考核部门。扎实推进考核工作需要相当的人力、物力，政府要大力度配套，组织实施考核并形成制度，使考核体系有威严性、可信性，促进各方认真执行。

在资金配套方面建议自治区年度安排 200 万～400 万元专项资金，可调动足够人力参与实地核对考核。如组建 300 家有能力有经验的社团、咨询机构作为第三方独立核对考核（每家分管考核 3～4 个乡镇）。

2. 组织建立考核体系

政府组织建立指标体系，从编制任务规划和指标绩效考核指标体系，到定点扶贫单位编制年度绩效目标规划及实施方案、第三方考核、考核评价结果应用，均要一一落实，构建紧凑的考核体系。

3. 基层组织配合驻村干部工作

贫困村基层组织积极配合驻村干部工作实地摸底调研工作，包括土地、特色资源、人口、收入、居住数据和分布、结构以及产业开发程度等提供面向资料，以及考察地形，发展建议性配合，实施规划和方案的配合。

4. 严格实施考核

（1）严格评分

通过纪律约束，第三方考核团队要公正廉洁严格评分、撰写评价报告、建议考核结果应用。

（2）严格执行问责

考核问责与定点扶贫单位年度整体绩效考核、责任人岗位任职挂钩，以此政府派出机构（扶贫办）依据考核结果，严格执行问责，把公示、问责工作落实到定点扶贫单位，考核结果为"劣"的通知相关部门执行扣年度绩效奖励、深度整改、进行公示，对责任人问责，考核一般的通知定点扶贫单位针对问题整改提高。

（3）认真落实奖励

考核问责与定点扶贫单位年度整体绩效考核、责任人岗位任职挂钩，以此政府派出机构（扶贫办），以及依据考核结果，落实奖励、鼓励。考核优秀以上的通知相关部门执行年度绩效奖励：整体奖，得分85～100分，增加年度绩效奖励5%，得分101～120分，增加年度绩效奖励10%，得分每增加20分增加10%年度绩效奖，不封顶；驻村干部奖，得分85～100分，奖励3000元，评为优秀，得分101～120分，奖励6000元，评为优秀，提拔一级，得分121～140分，奖励10000元，评优秀，记三等功，提拔二级，得分141分以上，奖励15000元，评优秀，记一等功，提拔二级，主管与分管领导及有功人员（包括地方政府、村委人员）保证公正性考核前提下奖励予以对等奖励。

参考文献

［1］广西壮族自治区扶贫开发领导小组办公室. 2017年度区直中直驻桂单位定点扶贫工作试考核一览表（桂扶领办发〔2017〕75号）［R］. 2017-11-27.

［2］国务院扶贫开发领导小组. 关于印发《中央定点扶贫工作考核办法

（试行）》的通知（国开发〔2017〕7号）[R]. 2017 - 08 - 08.

[3] 廖东. 扶贫考核第三方如何承担责任 [EB/OL]. (2018 - 12 - 01). ht-tp：//www.sohu.com/a.279038549_120006267.

[4] 洪芷媚，房亚明. 精准扶贫绩效考核机制的缺失及其改进策略研究 [EB/OL]. (2018 - 03 - 26). http：//www.ddxyij.com/scholarship－xianqxi. asp? i＝7249.

课题承担单位：广西特色经济发展研究会

课题负责人：沈照明（广西机械进出口公司）

主要参加人：丘雪薇（广西特色经济发展研究会）、蒋文能（广西财经学院）、廖永娟（广西北部湾银行）、许文逐（广西东盟经济技术开发区税务局）、钟永锋（广西社会科学界联合会）、邹荣林（广西壮族自治区人民政府发展研究中心）、廖家纯（广西壮族自治区人民政府办公厅）、黄信（广西日报社）、青峰（广西特色经济发展研究会）、丘志聪（广西团校）、董苏煌（广西人民出版社）

新时代广西建设特色新型智库的
路径研究

一、绪论

（一）研究背景及意义

1. 选题背景

中国智库是提供思想、智慧和决策意见的组织，是相对稳定且独立运作的政策研究和咨询机构，是国家和地区软实力的重要组成部分。我国从 20 世纪 80 年代开始建立公共政策研究，智库由此正式诞生，并为我国改革开放出谋划策，在经济和社会高速发展过程中发挥了重要作用。随着我国市场经济不断发展，不管是政府还是企业，对智库决策咨询、发展战略研究等服务的需求越来越大。

2013 年 4 月，习近平总书记对建设"中国特色新型智库"作出重要批示，智库发展上升为国家战略。党的十八大和十八届三中全会《中共中央关于全面深化改革若干重大问题的决定》提出"加强中国特色新型智库建设，建立健全决策咨询制度"，使建设中国特色新型智库成为全面深化改革、完善民主决策制度的一项重要改革措施。2015 年，国家印发《关于加强中国特色新型智库建设的意见》，对中国智库建设与发展提出了新要求、新定位、新方向。2016 年，习近平总书记在哲学社会科学工作座谈会上进一步指明了中国特色新型智库的建设方向，为智库发展提供了清晰的思路与蓝图。

新型智库建设提升为国家战略，对地方智库建设提出了更高的要求。广西党委、政府一直高度重视智库建设，并出台了《关于加强广西特色新型智库建设的实施意见》，着力加快推进特色新型智库建设，不断提升决策咨询服务水平。2017年3月，广西成立广西特色新型智库联盟，并确定了社科院、党校（行政学院干部学院）、高校、研究院所、社会组织、企业等115个智库联盟成员单位。

2. 研究意义

目前，广西正处于全面建成小康社会的攻坚阶段，在国内外发展环境面临深刻变化的形势下，广西作为后发展地区，经济社会发展过程存在各种问题和瓶颈，迫切需要发挥好智库在区域发展中的重要作用。"十三五"时期，中央赋予广西构建面向东盟的国际大通道、打造西南中南地区开放发展新的战略支点、形成"一带一路"有机衔接重要门户的"三大定位"新使命。在新时代赋予的新要求、新使命下，加快广西特色新型智库建设，推动智库在咨政建言、思想创新、舆论引导、社会服务、外交等方面发挥重要作用，不仅是科学决策、民主决策和依法决策的迫切要求，更是广西落实"三大定位"、加快实现"两个建成"奋斗目标的智力支撑要求。因此，结合广西实际，深入研究广西特色新型智库建设路径，对准确把握广西特色新型智库建设的目标任务，全面提升决策服务能力，推动改革开放和现代化事业发展具有重要意义。

（二）相关概念的界定

1. 智库

智库（Think Tank）一词起源于美国，最初的概念是指国防科学家和军事参谋人员商讨军情的保密室。随着智库的不断发展，智库研究领域逐步延伸到政治、经济、社会、国防、外交等公共问题领域，智库在西方发达国家得到快速发展。但是国外对智库概念的界定说法不一，如美国智库兰德公司创始人弗兰德·科尔博莫（1965）认为"智库是一个思想工厂，一个有着明确目标和坚定追求，无拘无束、异想天开的头脑风暴中心"。美国学者瑞奇·安德鲁（2005）提出"智库是一种非营利性的社会组织，一般不带有明显的党派属性，开展独立研究，主要功能是生产思想产品和专业技能，主要目标是影响政府决策，从而实现自身的利益主张"。学者肯特·韦弗提出"智库是指非营利的公共政策研究机构"。学者詹姆斯·史密斯认为"智库是指运作于正式的政治进程边缘的非营利的私立研究机构"。

我国从20世纪80年代开始有学者对智库的概念进行阐述。丁煌（1982）认为智库是一种能够为政府部门、大型社会组织和企业决策开展调查研究，并能够提出咨询建议的一种社会组织。薛澜和朱旭峰（2009）提出智库是一种相对稳定且独立运作的政策研究和咨询机构。王莉丽（2009）认为智库是一种从事公共政策研究的非营利性组织，其目标客户是政策制定者和社会大众，并力图通过传播渠道影响公共政策的制定和社会舆论。熊立勇（2017）认为智库是专门从事决策咨询和研究工作的社会组织，其研究对象为公共政策，其服务对象不仅包括政府部门，还包括社会机构，其主要目标在于影响公共政策制定和实施。

通过梳理国内外学者对智库概念的研究，综合国内外学者对智库的概念界定，结合当前中国实际情况，本课题对智库的定义：智库是向政府和社会提供资政建言和决策咨询的研究机构。

2. 特色新型智库

（1）特色新型智库的提出

新型智库是我国在中国特色社会主义的制度背景下，结合我国智库的实际提出的新概念，其主要提出过程大致如下：

表 1　我国特色新型智库新概念提出的过程

时间	主要内容
2012 年	党的十八大对智库建设提出了新要求、新定位和新方向，明确指出："坚持科学决策、民主决策、依法决策，健全决策机制和程序，发挥思想库作用，建立健全决策问责和纠错制度。"
2013 年	习近平总书记对加强我国特色新型智库作出重要批示，首次提出建设"中国特色新型智库"目标，将"中国特色新型智库建设"上升到国家战略高度。
2013 年	党的十八届三中全会通过《关于全面深化改革若干重大问题的决定》，明确提出"加强中国特色新型智库建设，建立健全决策咨询制度"。这是党中央第一次在党的文件上使用"新型智库"这一概念。
2015 年	中共中央办公厅、国务院办公厅印发《关于加强中国特色新型智库建设的意见》，表明中国特色新型智库的建设正式定格到国家决策层的执行方案上。
2015 年	习近平总书记主持召开了中央全面深化改革领导小组第十八次会议，会议通过了《国家高端智库建设试点工作方案》，并再次强调指出，我们要建设一批国家急需、特色鲜明、制度创新、引领发展的高端智库，重点围绕国家重大战略开展前瞻性、针对性、储备性政策研究。
2018 年	党的十九大报告指出："加快构建中国特色哲学社会科学，加强中国特色新型智库建设。"党的十九大报告中将智库建设作为"掌握意识形态工作领导权"的重要措施，体现了中国特色新型智库建设提升到了意识形态建设的高度。

通过梳理和研究我国特色新型智库的由来可知，特色新型智库具有以下五大特点：

一是特色新型智库发展理念要坚持"中国特色"，根据《关于加强中国特色新型智库建设的意见》可知，要坚持以服务党和政府决策为宗旨，以政策研究咨询为主攻方向，以完善组织形式和管理方式为重点，以改革创新为动力，这是新型智库建设的出发点。

二是特色新型智库建设目标应该是服务党和国家工作大局，为实现中华民族伟大复兴的中国梦提供智力支撑。

三是特色新型智库科研重点应该是围绕中国发展过程中出现的现实问题，研究出一批质量高、影响力广、利用价值高的成果。

四是特色新型智库更加注重理论的创新性、研究的科学性、成果的可操作性。

五是特色新型智库应该是运行规范、稳定的实体性研究机构。

（2）特色新型智库的分类及概念

从组织和机构属性上看，我国特色新型智库主要分为党政系统智库、社科研究系统智库、高校智库和社会智库四种类型。党政系统智库主要是具有政府背景的公共研究机构，主要以报告和内参的方式服务于决策机构，其影响常体现在党代会报告、中央全会相关会议、五年规划和政府工作报告中。社科研究系统智库与决策机构的距离比党政系统稍远，但关联性密切，其研究成果具有较好的学术影响力和社会公信力。高校智库具有学科齐全、人才资源丰富的优势，在智库研究领域具有较强的优势。社会智库起步较晚，总体规模较小，仍属于起步和探索阶段，影响力未能够充分发挥。

表2　特色新型智库分类及概念界定

智库类型	概念界定
党政系统智库	主要由各级党委政策研究室、政府研究室、部委直属决策咨询机构、党校、行政学院、军事科学院和国防大学等系统以及党建部门和政府机关派生的智库组成。
社科研究系统智库	主要由各级社会科学院、中国科学院附属机构、中国科协附属机构等机构组成，这些机构大部分属于国家事业单位法人型单位。
高校智库	主要由国内各大高等教育院校附属的公共政策研究中心或专门学科研究院组成。
社会智库	主要由社会团队、企业或者个人出资组建，在组织和管理上具有较强的独立性，是民间智库、媒体智库或企业智库的统一归类。

3. "新时代"的界定

党的十九大报告作出中国特色社会主义进入新时代的重大判断，清晰界定了我国所处的历史方位及其特征：

一是进入承前启后、继往开来、在新的历史条件下继续夺取中国特色社会主义伟大胜利的时代。这个时代的特征是中国社会基本达到小康生活水平，经济进入新常态，从高速增长转向高质量发展，从快速富裕起来转向全体人民共同富裕起来，从世界大国进入世界强国时代。

二是进入决胜全面建成小康社会，进而全面建设社会主义现代化强国的时代。这个时代的特征是中国以制造强国、科技强国、质量强国、航天强国、网络强国、交通强国、贸易强国、体育强国、教育强国为目标，《中国制造 2025》《国家创新驱动发展战略纲要》等重点领域的规划蓝图体系不断完善，全面建设富强民主文明和谐美丽的社会主义现代化强国。

三是进入全国各族人民团结奋斗、不断创造美好生活、逐步实现全体人民共同富裕的时代。这个时代的特征是中国处在中等收入阶段，到 2020 年农村贫困人口将全面消除，逐步向高收入阶段迈进，进入共同富裕时代。

四是进入全体中华儿女勠力同心、奋力实现中华民族伟大复兴中国梦的时代。这个时代的特征是中国的人均国内生产总值、人均预期寿命、人均受教育年限以及人类发展指数与美国的相对差距不断在缩小，21 世纪将是中华民族伟大复兴的世纪，要实现美好的中国梦，并将中国梦转变成为促进世界共同发展的"中国贡献"。

五是走进世界舞台中央、不断为人类作更大贡献的时代。这个时代的特征是：中国的经济实力、科技实力、国防实力以及综合国力均进入世界前列，中国成为世界经济增长、贸易增长、科技创新最大的发动机，中国的发展同时让世界受益。

4. 广西智库发展历程及特征

党政系统智库萌芽发展（1978—1994 年）：进入改革开放初期，广西的发展建设需要大量研究人员为改革开放献计献策，在此背景下，广西官方智库开始出现和发展，尤其是党政智库出现前所未有的发展与扩张局面，出现第一波"活跃期"，这主要表现为大量知识分子进入党政政策部门参与决策制定和咨询，比如这一时期建立了广西社会科学院、自治区党委政策研究室、自治区政府发展研究中心等。

高校智库和社会组织蓬勃兴起（1995—2002 年）：进入 20 世纪 90 年代以来，广西智库发展的局面基本形成。主要体现在：一是高校智库蓬勃兴起，如 1995 年 10 月，广西大学创立东南亚研究中心；2002 年，广西师范大学成立广西人文社会科学发展研究中心；广西民族大学成立民族问题研究中心等。二是社会组织智库加快发展，涌现出一批以广西生产力学会、广西宏观经济学会为代表的全区性社会组织智库。高校智库和社会组织智库的大量出现，与党政智库初步构成了广西智库基本体系。

社会智库不断涌现（2003—2012 年）：2003 年，中国与东盟（10+1）领导人会议上确认了每年在广西南宁举办中国—东盟博览会，同期举办中国—东盟商务与投资峰会。面对广西经济社会快速发展的现实需求，广西社会智库以影响决策为目标，以繁荣哲学社会科学为己任，开始在经济发展和社会需求多元化背景下的加速发展，主要表现为社会智库大幅增加，新型智库开始出现，专业分工逐步加强，比较有影响力的中国—东盟研究院、广西经济对外交流中心、广西创新发展研究院、广西生态工程与生态文化研究会等都是在这一时期成立的。

特色新型智库体系诞生（2013年至今）：党的十八届三中全会以后，新一届中央领导高度重视智库建设。我国经济社会发展改革进入深水期，面对更加纷繁复杂的国内外形势，公共决策更加需要和依赖智库。为加快特色新型智库建设，2016年，自治区党委、政府印发《关于加强广西特色新型智库建设的实施意见》。2017年3月，广西特色新型智库联盟成立，确定了115家联盟成员单位，掀起新一轮智库建设发展高潮，标志着广西智库的发展正式进入转型创新时期。

（三）研究综述

1. 国外研究综述

国外关于智库系统性建设研究始于20世纪70年代的美国学者保罗·迪克逊的著作《思想库》，经过几十年的研究和探索，西方学者对智库的研究形成了较为成熟的理论体系，主要体现在以下三类：

一是关于智库形成和发展路径的研究。如詹姆斯·史密斯的专著《思想的掮客：智库与新政策精英的兴起》（1991）、戴维·里奇的著作《美国政治的转变：新华盛顿与智库的兴起》（1993）、马克·加奈特出版的《英国思想库与思潮》（1998）等，这些著作研究的重点聚焦在现代思想库起源、基本特征和发展历史。二是关于智库功能的实证研究。20世纪90年代末，国外学者开始智库的实证研究范式应用，并逐步形成一套较为成熟的智库实证研究方法体系。如戴恩·斯通的专著《扩张政治空间：智库与政策过程》（1996）、瑞奇·安德鲁的著作《思想库、公共政策和专家政治》（2004）等总结了可运用于智库影响力分析的案例分析、回归分析、文献检索等方法。三是关于智库的比较分析研究。随着国际上智库影响力的不断增强，国家智库会议交流合作不断加强，智库的国际性比较逐渐成为学者的研究方向。如1996年美国政治学会年会出版的《全球智库：一个比较的路径》和《智库传统：政策研究和思想的政治学》、2000年西班牙智库会议形成的论文集《智库与公民社会：思想的催化剂》、2017年中国社会科学院智库论坛"金砖国家的发展与合作"国际研讨会。

2. 国内研究综述

国内对于智库的研究起步较晚，始于20世纪80年代。早期国内学者对美国的智库发展及其发展模式给予了高度关注，如《美国重要思想库》（1982）、《新智囊论》（1990）、《领导者的外脑：当代西方思想库》（1990）、《现代思想库与科学决策》（1991）、《领袖的外脑——世界著名思想库》（2000）等国内著作，引入了国外先进的智库发展理论，为我国智库建设奠定了一定的前期研究理论基础。在此基础上，20世纪90年代中后期开始，我国学者正式开始对中国智库进行系统深入的研究，如傅广宛、朱旭峰等学者探究了中国智库与中国政策决策体系、中国文化的关系。朱旭峰、叶林峰、张志强等学者进一步研究了中国特色新型智库的理论框架和发展路径。此外，危旭芳、刘西忠、陈光义等学者分别从党政系统智库、高校智库、社会智库、大数据等视角研究了智库的建设。

3. 文献评述

相比较而言，我国智库研究落后于西方，存在理论不够成熟、创新能力不强、研究滞后等问题。而广西的智库研究相对滞后于国内发达地区，且成果影响力较弱。近年来，我国从国家层面推动智库建设，加快了智库发展步伐。目前，关于中国特色新型智库的研究已从理论框架、实践经验、国际比较等多个视角展开，为广西建设特色新型智库提供了一定的理论依据。

二、国内外新型智库建设经验与借鉴

（一）国外新型智库建设经验

1. 美国——健全完整的智库体系

（1）独特的人才选用机制

美国所采用的人才"旋转门"机制是最具特色、最具影响力的智库人才培养机制。"旋转门"是美国的政府官员在总统任期满后投入到新型智库中工作，等待四年一次的总统选举时又再度回归政府部门工作的人员流动机制，"旋转门"机制的存在给卸任的政府官员提供了良好的去处，即给智库提供源源不断的人才供应。而在政府工作过的官员能够利用自己的人脉资源搭建起智库和政府之间密切联系的沟通桥梁，智库的知名度以及公众影响度也不断地提高。

（2）完善的监督机制

科学完善的监督机制是保证组织能够正常运行并且长久发展下去的规章制度，为此美国的大多数智库都建立了完善的监督机制。例如美国的布鲁金斯学会的监督机制，这个智库的成员每年都需要提交一份组织外活动利益披露声明，避免利益冲突影响学会的独立性，并且评审委员会拥有决定利益是表面的还是实际的权力，并作出避免和处理的指令和行动。

（3）高效的传播方式

美国智库传播其研究成果的方式主要是以人际传播方式和组织传播方式为主。人际传播方式主要是依靠个人关系网传播思想，"旋转门"在这其中发挥了极大的作用，组织传播方式通常是就外交热点问题开展大型公开会议、邀请特定人士参加小型会议、宣布研究成果或是举办短期培训项目。美国智库的这种传播方式为公众、决策者、学者提供了一个互相交流学习的平台，随之美国智库的舆论影响力也得到不断地提高。

2. 英国——以国家化视野布局全球研究

（1）人员注重实效，形成良性交流

英国智库的人才招聘重视人才的教育背景、工作背景以及人才的发展潜力，学历并不是唯一的决定因素，智库招聘人才还需要综合考虑人才的生活阅历。智库的研究者来源于高校、科研机构、新闻界、政界等，来源的多样性使得智库与这些组织机构保持着良好的人才流动。英国的大多数智库的研究人员不是一成不变的，他们鼓励人员流动，并保持一定的人才流动率，这样能够给智库不断地更新血液，激发智库研究活力。

（2）经费来源多样，相对独立性强

智库的经费关系着智库的生存，并且在一定程度上影响智库的独立性。为了保持智库的独立性，英国智库的研究资金通常都保证来源渠道多样化。英国智库的经费来源广泛，有欧盟资助、政府资助、慈善捐助、项目委托、版权收入、研究人员入会费等。为了保持智库的独立性，有的智库设立最高资助额或是公布资助资金的使用情况或是要求资金捐助者不能干预其研究方向以及研究观点。

（3）研究国际化，前瞻性、战略性强

英国顶级智库的研究一般以国际视野看待问题，具有前瞻性和预判性，关注全球、欧盟和国家发展中的机遇挑战和热点问题，重视国际之间的合作与交流，搭建全球研究网络。例如国际战略研究所分析政府和相关决策者推动国际和平安全政策，研究重要军事领域发展前景以及国防冲突，为社会公众提供新的发展思路和战略构想。

3. 德国——以强化评估提升智库成果质量

（1）市场化机制，企业化组织

德国智库组织形式上表现为浓烈的企业化特征，从注册之初就以协会、基金会和股份有限公司的形式存在。通过市场化的机制维持日常运作，依托于市场经济的发展及时满足需求，为企业的激烈竞争提供各种咨询服务。

（2）重视人才质量，严格录用新人

一般来说要进入德国智库工作，必须取得某专业的专家资格，如经济师、会计师、建筑师或是法学博士，但这不是招聘人才的唯一标准，还需要组织专家进行集体评定，多方考虑人才的学历、资历和经验。德国智库注重人才多样性，研究人员的年龄、学历、政治宗教信仰以及研究领域也是招聘需要考虑的问题。

（3）开展智库评估，促进智库发展

由于德国的体制以及无私人捐助的传统，接受公共财政资金资助的学术型智库占德国智库的绝大多数，评估结果直接关系到学术型智库的公共资金资助额度，所以对智库进行评估是德国智库的一个鲜明的特点。德国政府会委托第三方评估机构开展全方位评估，以评估促发展，将评估结果与政府资助挂钩，迫使智库进行创新，促进智库之间的良性发展。

（二）国内特色新型智库建设经验

1. 北京——统筹各类智库共同发展

（1）多类型智库，提供决策咨询

北京的智库发展比较成熟，新型智库规模庞大，智库信息网络覆盖面广，智库队伍从不同角度、不同层面、不同视野为政府提供决策咨询，影响党委、政府的决定。各类新型智库扮演科学决策中的不同角色，党政机关研究室是科学决策的核心力量，高等院校以及社科研究单位是科学决策的重要智力支撑。

（2）多形式参与，各司其职

北京的大多数智库研究课题的形式多样化，如联合调研、委托调研等形式，随着服务行业的高速发展、服务地方发展的意识加强、多形式参与决策的研究越来越普遍化。北京的新型智库资源丰富，各司其职，注重学科建设和学术研究。市科委组织协调知名专家学者进行决策咨询，市社科规划办统筹组织全市哲学社会科学研究。

2. 上海——推动各类智库信息共享

（1）动态选拔，多渠道发现人才

智库决策人才的选拔呈现动态性，智库研究人员、学者的录用渠道多样化，人员发现形式多样化，以建设智库基地、专家组名单两种方式储备人才。上海早已经建立起媒体发现大众人才，合作研究基地进行人才储备，建立专家组档案并动态更新的模式。

（2）信息互通，形式多样化

智库专家的准确判断离不开数据资料的准确性，信息互通对智库的建设和发展至关重要。上海的政学媒之间的信任机制以及互动极大地增强了上海智库的创新能力和决策能力。如上海政府人员到智库进行主讲、各类智库专家参与职能部门之间的交流活动、政府职能部门与智库合作汇编年度报告。

（3）课题招标，重视经济智库建设

上海政府特别重视对长期经济发展战略研究中的智库建设，广泛动员各方面专家、学者、研究人员等社会力量积极参与，从而掀起三次大的经济战略风暴，使上海市经济突飞猛进。职能部门课题招标，提前研究未来几年的可能存在的问题，每年的重点、热点课题由市领导亲自拟定。

3. 湖南——走特色和国际化建设路线

（1）开办智库培训班

湖南每年初根据建设目标，开展研讨班，提高智库建设的信心，总结智库建设的经验教训。湖南智库强调智库的组织性，重视组织的力度，激发智库人才的创造力、想象力，呼吁智库转型升级，坚定智库的目标，激发人才建设智库的决心、甘于奉献的精神，提升智库文化。

（2）深化智库认识，加强国际合作

湖南智库为了加深对智库内涵、现代智库建设的认识，出版了一系列的著作，如《思想库、智囊团——社会科学院初论》《智库学概论》等。同时，湖南智库重视国际国内交流，承办学术论坛，聚集国内外专家学者就某一论题或热点焦点展开讨论交流，加强智库研究的国际国内交流合作。

（3）依托本科院校，深耕本土化

地方高校是区域高等教育的中坚力量，知识储备雄厚，具有多学科联合的研究基础，是智库的人才输送之地。湖南政府高度重视高等院校资源、优势、特色的发展，积极引导智库展现自我形象，发挥区域特色优势，深植本土化，充分运用当地智力资源。

（三）新型智库建设的经验启示

1. 坚持本土化发展，培育特色型智库

建设广西特色新型智库必须依托本地高校资源，坚持本土化发展，以研究解决区域发展问题为目的，利用地方经济社会发展数据以及地方和基层的各类信息数据，建成智库信息库，为广西特色新型智库的发展、研究工作提供数据支持。对智库研究进行细分，发挥地方优势，培育广西特色型智库，为广西科学决策提供高质量的智力支持。

2. 坚持改革与创新，打造创新型智库

智库建设要坚持改革与创新、规范有序发展的基本原则，明确科学界定各类智库的功能定位，积极推进不同性质、不同类型智库的分类改革。按照非营利性机构的属性要求，统筹协调，分类指导，优化智库布局，引入竞争机制，

创新智库评价体系，规范智库的有序发展，促进智库之间良性竞争，打造创新型智库。

3. 坚持服务大局全局，建设决策型智库

新型智库必须树立服务大局全局的观念，将服务大局全局作为智库运行的宗旨，建设决策型智库。服务大局全局就是从国际化视野布局全球，以前瞻性、战略性的研究为导向，在国计民生政策、军事防御、经济议题等方面拥有超前意识，拓展研究范围，并结合智库本身的优势，注重学科交叉研究与专业化分工，深化研究领域，形成专业优势。

4. 坚持引资引智并举，培植智慧型智库

智库的发展离不开资金的支持，为保证智库决策咨询的独立性，加大鼓励社会组织和企业对智库的资金捐助力度，完善相关经费的使用管理，力求经费使用情况透明化、详细化。加强专家信息库建设，用好用活特色新型智库人才资源，重点培养立场坚定、视野前瞻性、对全区经济社会热点焦点有独到见解的决策咨询专家团队，坚持资金和人才两手抓，培植智慧型智库。

5. 坚持拓宽国际视野，打造国际型智库

智库的国际影响力主要体现在国际上阐释、传播思想、成果和主张的能力。新型智库特别是具有较强实力的智库在立足国内市场需求的同时，应有国际布局意识，加强与国际一流智库交流，不断拓宽国际视野，进一步提升国际影响力，为提高我国参与全球治理以及国际话语权提供更多的智力支持。

三、广西特色新型智库发展的现状分析

（一）广西特色新型智库建设成效

1. 初步形成"1+1+6+4"智囊体系

经过长期积累和发展，广西已初步形成官方智库、半官方智库、社会智库等共同发展的格局，并活跃在全区经济社会的各个领域。当前，广西政府高度重视智库发展，确定了构建"1+1+6+4"[①]广西特色新型智库体系目标，并设立了智库管理机构和协调机构，搭建服务平台，各项工作取得初步成效。截至2018年8月，特色新型智库联盟已有144家成员单位和22家重点智库单位。这些智库的专业研究范围涵盖宏观经济分析、区域发展战略、工业高质量发展、创新驱动、依法治区、新闻传媒、公共事业等领域。

---

① 1个决策咨询委员会，即自治区决策咨询委员会；1个智库联盟，即广西特色新型智库联盟；6类智库建设，即党政部门智库、社科院和党校行政学院干部学院智库、高校智库、科研院所智库、企业智库、社会智库建设；4个服务平台，即需求库、信息库、专家库和成果库。

表 3　广西"1+1+6+4"特色新型智库顶层设计体系

主要机制	具体内容
核心管理机构	政研室（决策咨询委）
管理协调机构	广西特色新型智库联盟
重点建设智库	党政部门智库、社科院和党校行政学院干部学院智库、高校智库、科研院所智库、企业智库、社会智库
四大服务平台	需求库、信息库、专家库、成果库

2. 社会智库运营发展独立性不断增强

当前国内正常运行，且对公共政策形成和社会公众具有重大影响力和知名度的活跃智库共有 400 多家，其中 2/5 为党政军智库，1/4 是社科院智库，社会智库占比 1/3 左右，社会智库比例较以往有所提高。广西的情况也大致如此，截至 2017 年，广西共有社会智库 250 余家，其中包括各级学会及研究会 188 家，近 10 年间社会智库数量增加了近百家。此外，有关数据显示，2015—2017 年，已实现与党政机关脱钩的社会智库组织数量达 40 家，脱钩后的智库不再接受上级党政挂靠机构的财务和业务管理，开始走上独立运营发展道路。

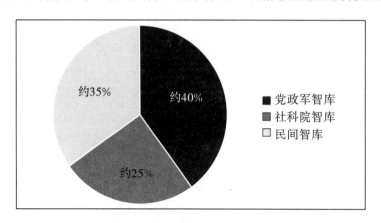

图 1　广西智库结构占比示意图

3. 智库成果对党委、政府决策影响增强

根据广西政府研究中心和广西决策咨询网统计数据，2014 年广西政府收到各类智库报送的研究、咨政报告约 172 篇，其中 44 篇得到了自治区领导的批示；2017 年，这一数量增加到 280 篇，其中 91 篇获得领导批示或被有关部门直接采纳和应用，较 3 年前大幅增加，可见智库对党委、政府决策的影响力明显增强①。另外，在 2016—2017 年广西公布的年度重大课题及战略新兴产业发

----

① 数据来源：广西壮族自治区政府研究中心及广西决策咨询网。

展研究课题中，入选单位中包括广西农业科学院、广西宏观经济学会、广西社会调查研究会、广西农业经济学会、广西广投文化旅游投资有限公司、广西中信恒泰工程顾问有限公司等一批社会智库、企业智库单位，由此可以看出党委、政府对智库政策咨询功能的逐步重视和认可。

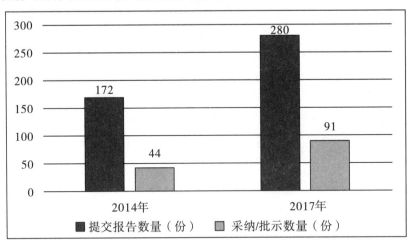

图2　广西智库成果及采纳/批示数量

4. 智库的国际视野和品牌影响力提升

广西在2016年1月出台的《关于加强广西特色新型智库建设的实施意见》，强调"加强与东盟地区的经济、社会、文化合作，扶持东盟战略研究类的智库发展"。当前，立足东盟合作开展各类专业领域研究的广西智库主要有广西社科联东南亚经济与政治研究中心、广西社会科学院中国（广西）东南亚研究所、中国—东盟区域发展协同创新中心、中共广西区委党校"一带一路"研究院、广西民族大学中国—东盟研究中心、广西大学中国—东盟研究院等。一方面，这类智库大多围绕中国—东盟周边国家、广西—东盟区域经济发展焦点，形成和出版东盟系列研究成果，并初步构建起有关东盟研究资料库、数据库，同时积极联络外交部、文化和旅游部等部委与东盟国家共同开展交流活动，致力于推动广西乃至西南地区与东盟地区的合作往来，从而拓宽智库自身的国际视野。另一方面，这些智库通过与东盟国家有关机构、团体、高等院校等联系举办经济文化论坛，进一步传播和助推地区间的人文交流，践行贡献广西智力的宗旨。

（二）广西特色新型智库建设存在问题及原因

1. 部分智库行政职能过多，可能存在决策独立性不够的风险

当前，广西的特色新型智库结构体系主要是以官方智库居多，占比超过60%，当前的党政机构多与官方智库间存在上下级行政隶属关系，因此这一类

智库行政职能较多。而一些党政机构倾向于寻找官方智库提供咨询服务，使得一些半官方智库社会定位颇为尴尬，他们难以获取到充足的研究项目资源，内生发展动力不足。而正是与行政机关存在的上下级隶属关系，部分官方智库、半官方智库能够独享天然的政策信息优势，但也可能存在研究过程中独立性不够的风险。

2. 缺乏财力物力智力支撑，整体发展水平落后

在特色新型智库联盟的 144 家成员单位中，笔者通过调查访谈了广西宏观经济学会、广西可持续发展促进会等 12 家社会智库，发现这些社会智库均没有任何地方财政拨款保障，经费收入主要依靠收取极少的会费以及少量课题经费，支出主要用于支付日常管理、会务、研究人员的差旅、课酬等，部分智库甚至存在收入难以保障日常运行的问题。总体而言，全区高质量智库数量较少，还没形成规模，大多数智库机构设置不够合理，专职研究人员欠缺，研究能力有限。

3. 咨询功能仍然薄弱，智库成果质量有待提高

一些智库存在重形式轻效能、重阐释轻创新、重当前轻长远的现象，过于热衷追逐热点，而对围绕广西发展的难点进行前瞻性、战略性、差异性研究较少；大多数智库研究力量不足，对广西经济社会及发展战略的重点、焦点、难点以及区内外发展政策形势把握得不够全面、准确，研究成果难以达到党委、政府决策需求，参考价值有限。

4. 智库运行机制不健全，内部管理能力有待提升

从全区的官方、半官方智库看，其运行体制基本与党政部门相同，并且作为党政职能部门存在，在工作职责上承担着大量行政事务工作，难以在运行机制和管理上实现真正独立，突出表现在考核机制、竞争机制、成果推广机制、人员交流机制等方面的不足，在参与决策过程中缺少科学论证，极大程度弱化了其影响力。从社会智库看，虽然是完全独立的决策咨询主体，但普遍面临着机构设置不完整、人员匮乏等问题，同时缺少政府的政策和资金支持，发展空间受限。

5. 区域发展不均衡，偏远落后地区活跃智库较少

初步统计，在广西特色新型智库联盟的全部成员中登记注册地在南宁的为 108 家，在桂林的 10 家，在柳州的 4 家，在玉林的 4 家，在其他地市的合计 10 家[①]。可见近 80％的智库分布在首府南宁，其他地市相对较少，贺州、贵港、防城港等地区甚至没有智库联盟单位，表明广西智库在区域分布和发展上的严重不

---

① 数据来源：广西特色新型智库联盟提供。

平衡，而造成智库分布不均衡的主要原因在于区域经济社会发展不平衡。

四、广西特色新型智库建设的新机遇与挑战

（一）新时代下广西特色智库建设的新机遇

党的十九大召开后，我国经济社会正式步入发展新时代，广西特色新型智库的建设需紧抓发展新机遇，加快自身建设，实现跨越发展。

1. 新时代社会主要矛盾变化带来的机遇

新型智库的首要特征是具有时代性，因此新型智库的发展必须紧跟时代发展的步伐，围绕公共政策和战略发展问题等，服务党和政府科学民主依法决策，提高新型智库决策咨询服务水平。广西仍属于欠发达地区，脱贫攻坚任务艰巨，区域发展不平衡不充分，同时广西也正全力打造"一带一路"有机衔接重要门户，出台的一系列战略规划、重大举措、重大战略如何落实实施，给广西特色新型智库提出了新的研究课题。推进新型智库建设，应充分结合时代背景，准确把握当前社会发展的形势，针对经济社会存在的主要矛盾，准确研判提出解决办法，有效地推进研究解决全区当前脱贫攻坚、乡村振兴、高质量发展等具体问题，作出特色新型智库应有的贡献。

2. 加快冲出经济洼地带来的机遇

自党的十九大召开以来，广西深入贯彻高质量发展要求，统筹推进"五位一体"总体布局和协调推进"四个全面"战略布局，围绕供给侧结构性改革主线，切实推进改革开放，推动质量变革、效率变革、动力变革，落实"三大定位"新使命和"五个扎实"新要求，深入实施四大战略，坚决打赢三大攻坚战，加强和改善民生，促进经济社会持续健康发展，持续营造"三大生态"，加快实现"两个建成"，冲出经济洼地的研究领域更加宽广、研究深度更加深入，因此这给新型智库发展带来了更大的发展机遇，给智库人员搭建起施展才华的广阔平台。

3. 强化国际交流合作带来的机遇

随着改革开放不断深入，广西与世界联系越来越密切。尤其是 2003 年南宁成为中国—东盟博览会永久性举办地以来，国际影响力越来越强。广西特色新型智库的建设可以利用位于中国—东盟经济圈的核心位置、每年举办中国—东盟博览会和"一带一路"有机衔接门户建设等重大国际机遇，积极参与国际性话题讨论，积极提出中国主张，贡献中国力量，提升国际舆论影响力。

4. 加快构筑精神高地带来的机遇

特色新型智库是一个地区精神文明建设的重要载体和平台，更是广西整体软实力的重要组成部分。2014 年 10 月 27 日，习近平总书记在中央全面深化改

革领导小组第六次会议上强调，智力资源是一个国家、一个民族最宝贵的资源，要把中国特色新型智库建设作为一项重大而紧迫的任务切实抓好。广西高度重视特色新型智库建设，并要求各类智库加强对广西特有的红色文化、民族文化、生态文化、长寿文化的挖掘，加强对创新创造实践的总结和提炼，增强立足广西、放眼全国、走向世界的自信，推动创造性转化和创新性发展，构筑新时代广西精神高地。可以看出，中央和广西均对发展壮大特色新型智库有着坚决的信心和决心。

5. 新技术、新方法带来的新机遇

特色新型智库的建设，必须要与时俱进，尤其是步入新时代以来，"互联网+"趋势的到来，更加需要运用高新知识和先进技术来武装智库。当前，广西和全国都在大力建设智库大数据平台和数据库，这有利于广西新型智库缩小与发达地区智库之间的差距，甚至有可能在较短的时间内实现赶超，积极发展成为全国新型智库集聚基地之一，更好地发挥理论创新、服务社会、舆论引导、咨政建言等新型智库作用。

（二）在新时代下广西特色智库建设面临的挑战

1. 新时代对智库研究工作提出更高要求

在新时代下，我国社会主要矛盾已经转化为人民日益增长的美好生活需要和不平衡不充分的发展之间的矛盾，这一转化让政策和决策面对的一些约束条件发生了变化，对智库的政策研究提出了新的更高的要求。同时，广西特色新型智库发展也正处在不平衡不充分的发展阶段，如何推进广西特色新型智库实现整体体系建设的良性互动成为新时代下智库建设面临的主要挑战。

2. 智库数量和质量与当前需求不相匹配

当前，广西特色新型智库与北京、上海、湖南等地区的智库相比，在智库规模、市场、成果影响力等方面仍存在不小的差距。广西作为欠发达地区，对有关广西经济社会发展的重点、难点问题的决策咨询服务需求迫切，但是广西本土的智库在数量和质量上均未能满足当前市场的需求，本土智库亟待提高自身核心竞争力。

3. 面临来自区外智库的竞争压力加大

随着咨询服务市场开放度的提升，区外智库特别是北京、上海等发达地区的智库依托其较强的人才和品牌优势，逐步打开广西的决策咨询服务市场，在一定程度上给广西本土的特色新型智库，特别是自负盈亏的社会智库带来了竞争压力。因此，如何提高智库成果质量和品牌影响力也是广西特色新型智库建设面临的重大挑战。

五、新时代广西建设特色新型智库的路径

（一）以"特色"引领众智，建设广西特色智囊体系

1. 坚持"党管智库"导向，强化特色化顶层设计

各类智库始终需在各级党委领导下，坚守政治原则，结合广西区情，以党和政府的决策需求为方向，以培育高质量智库为重点，多谋划高水平、前瞻性的"广西方案"。突出广西特色，进一步优化和巩固"1+1+6+4"特色新型智库顶层设计体系，充实重点智库队伍，打造定位明晰、特色鲜明、规模适度、布局合理的广西特色新型智库体系。在资金补贴、立项绿色通道、成果奖励等方面应加强顶层设计，给予智库联盟成员单位适当扶持和倾斜，以提高其参与智库联盟建设和对广西发展问题研究的积极性。加快建立需求库、信息库、专家库、成果库四大服务平台，畅通智库内部信息通道，营造智库共建共享的发展环境。

2. 推进分类智库建设，突出打造广西高端智库

根据广西六大类智库建设实际情况，科学有序、分类推进各类智库发展，营造推动智库建设发展的良好政策环境。重点支持高端智库建设，研究制定高端智库遴选标准，加快在对外合作安全、特色产业经济、民族发展等领域遴选出 5~8 个广西真正的高端智库，对遴选出的高端智库进行重点培育扶持和示范建设，注重发挥高端智库的示范引领效应，为其他智库规划发展提供参考。扶持社会智库建设，在大多数国家智库体系中社会智库最具有活力，是智库体系中不可或缺的重要组成部分。广西社会智库仍然是新型智库体系的短板，应加大力度支持有潜力的社会智库加快发展，建立政府与社会智库合作机制，保障社会智库依法参与智库产品供给。

3. 发挥智库联盟作用，引导各类智库各施所长

智库联盟不仅是联结各类智库的重要纽带，更是智库之间合作交流的重要平台。加快完善新型智库的参与机制，确保各新型智库积极地、更多地参与智库联盟的平台建设，并通过智库联盟实现共享成果，联合调研、协同创新。智库联盟通过举办学术交流、论坛、培训等方式，加深智库间的交流与合作，增强凝聚力。智库可根据研究课题需要在智库联盟中邀请相关专家加入课题组，发挥各个智库的研究优势和特长，形成科研实力更强、专业结构更加合理、综合素质更高的经营团队。

4. 立足地域特色优势，做大做强智库本土化品牌

特色新型智库的构建，需找准自身的定位，立足地方特色，走出一条既符合当地客观实际，又遵循客观规律的发展道路。广西是面向东盟的国际大通道、西南中南地区开放发展新的战略支点以及"一带一路"有机衔接的重要门

户。因此，广西智库应从国家战略和地方发展中找到自身的发展定位和研究重点，加强本土化课题的研究，在区情研究、对东盟经济贸易合作、"一带一路"、西部陆海新通道、民族文化、生态保护等领域培养资深的专家团队和科研团队，形成专业领域研究优势和品牌，打造深耕本地、贴近地方政府决策需求的专业智库。

（二）以"创新"适应新时代，全面健全智库运行机制

1. 创新决策咨询功能，提升新型智库核心竞争力

根据广西智库发展的阶段性特征，决策咨询仍然是当前广西特色新型智库建设的核心职能，智库的自身完善，不仅仅是强化对决策咨询的运用，更应该主动钻研和借鉴当代决策咨询理论和要领。在当前广西各类智库决策咨询功能整体较弱的背景下，需要通过"抱团取暖"的方式实现提升智库核心竞争力，应充分利用好智库联盟这一平台，建立起智库间资源共享机制，如加强社会智库与高校智库的深度合作，一方面社会智库既可以充分利用到高校智库的专家资源，另一方面高校智库也可以更多地接触外界社会资源，从而实现智库间的优势互补。各新型智库应建立起内部人才专家系统，并有效与智库联盟人才库对接。加强对基于事实性数据论证决策方法的培训与运用，逐步建立由研究方法、政策分析工具及技术手段组成的标准研究体系，从而提高新型智库生存发展的核心竞争力。

2. 创新引资引智方式，保障人力、财力、智力可持续发展

探索完善新型智库经费保障机制，推动以研究项目支持逐步取代简单的财政拨款，完善智库评估机制，对每年通过考核评估的社会智库考虑给予财政资金补助。建立奖励办法，对获得自治区领导批示的智库成果建议给予 2 万～3 万元/份的资金奖励。此外，要坚持"公平、公开、竞争、择优"原则，完善课题研究项目立项和招标机制，逐步构建新型智库的资金募集机制，从而强化智库发展和开展研究的保障，提升社会影响力。引导社会企业和智库加强合作，对赞助新型智库的企业，探索给予税收优惠，如允许税务机关将企业对智库的捐赠和赞助资金在税前扣除，允许各类智库在项目经费中提取 35%～45%的人力资源成本等。

3. 创新人才培养机制，提升智库专业化研究能力

人才是智库建设的核心，要加快建立灵活的人才进出机制，建立各类智库之间良性的人员交换流动机制，促使智库可能吸引更多的人才，同时在人员交流中扩大智库的社会影响力。参考美国等发达国家做法，在高校智库、社会智库的咨询研究人员之间建立"旋转门"，使智库人才在政府官员和研究者两种角色间转换，形成灵活的智库人才流入流出制度，从而提升智库决策研究和咨

询服务的质量。

4. 创新组织管理体制，激发新型智库发展活力

针对全区的官方、半官方智库，应加强其内部管理，创新管理机制，提升这类智库的竞争力，比如在考核机制方面，考虑将项目绩效、研究成果纳入考核标准中，通过竞争激活其活力；在研究人员交流方面，考虑加强官方、半官方智库同高端智库之间的交流合作，共同承担重大课题研究、举办重大会议等；在成果转换机制方面，应充分利用数据化和信息化的优势，通过举办智库论坛等形式，加强成果的宣传和传播。对于非官方智库，应完善信息管理机制和项目申报机制，改变以往与政府部门的交流方式，主动获得政策研究所需的信息资源，尽量避免信息不对称。

（三）以"智慧"焦聚趋势，加快搭建特色服务平台

1. 建立政府信息共享平台，畅通信息互联互通渠道

在推进特色新型智库建设的过程中，最关键的问题是信息。一方面，智库在决策过程中难以掌握到掌握在党政部门手中的大部分关键信息；另一方面，政府因缺乏人手未能对所掌握的信息资源进行及时提炼、转化和二次发布，导致在信息传递过程中信息沟通不畅，智库机构无法及时获取和收集把握决策方向的信息，因此，建立完善政府信息共享平台至关重要。要不断发挥政府信息共享平台效应，清理和减少部门间、层级间的信息阻隔，扩大信息数据共享范围，明确共享边界，改进数据使用方式方法，明晰数据管理的义务和权利，加快分享数据应用成果，为特色新型智库提供更高质量的信息服务和更科学的数据分析基础。

2. 搭建成果转化服务平台，加快创办决策型特色期刊

将研究成果应用于社会当中，有效指导和推动工作的开展，是其价值体现的最佳方式。因此，需要由政府扶持建立、由社会各界共同参与的成果转化服务平台。一方面，在成果转化服务平台中不断拓宽成果的转化渠道，确保研究成果转化的时效性；另一方面，要充分利用电子网络等新媒体和学术报告、高端论坛、蓝皮书等多形式载体对外传播研究成果，最大化研究成果影响力，从而得到运用于实践，实现智库成果的价值。在此，特别建议智库管理部门加快创办决策型特色期刊，期刊结合自治区党委、政府在战略制定、产业发展等领域决策需求，定位为广西资政类、前瞻性的高端期刊，主要刊发智库联盟及资深专家教授的最新研究成果，并定期报送自治区主要党政领导阅示，对采纳刊发的成果建议给予高标准奖励，对被自治区相关领导批示的成果建议一次性给予2万~3万元的奖励。

3. 搭建智库合作交流平台，提升智库科学研究水平

特色新型智库建设，要发挥横向联合理论优势，搭建起智库合同交流平台，提升智库科学研究水平和能力。一是建立新型智库合作发展基金和合作项目资助体系，利用新型智库、党委、政府和非政府新型智库成立广西特色新型智库联盟，注重研究突出社会各方面的问题，提高新智库的创新水平。二是促进新型智库加强相互交流合作，国外著名智库如斯坦福国际咨询研究所等，一般采取开放的态度接受国际个别委托研究与个别咨询，其数量达2000多项，同时与世界上65个国家800多家公司保持合作关系，因此广西特色新型智库也要善于运用资源，推动国际交流合作。

4. 加强"智媒融合"发展，提升产品传播力和影响力

"智媒融合"，是当前特色新型智库建设一个新趋势，智库与媒体之间是一种相互依赖、优势互补、目标一致的紧密关系。一方面，智库可通过各类新媒体的作用，进一步扩大社会效应，从而获得社会舆论角度对新思想的认同；另一方面，媒体可借助智库达到进一步强化报道的深度和广度，进一步提升言论公信力。因此，必要加强"智媒融合"发展，一是加强"智媒"人才资源融合，除了在新型智库内部打造一支集管理、研究、运营为一体的专业化人才队伍以外，还应在智库外部建设一个包括多领域、研究型专家队伍和专家库。二是应充分依托"大数据""互联网＋"等新媒体平台，重新对智库进行新定位，构建发展新格局，推进研究新探索，以扩大社会时事和政府决策的影响力，以多样化、全方位的传播和影响能力，成为凝聚智慧、舆论发声和建言献策的"传声筒"，切实发挥好广西特色新型智库"资政启民"的作用。

（四）以"多元"促发展，积极营造智库建设的外部环境

1. 提高认识，强化智库工作组织领导

强化党的领导，是广西特色新型智库建设的根本保证，各级党委、政府要从全局和战略的高度出发，高度重视智库的建设与发展，充分认识到实行决策科学化、民主化的重大意义和作用。从而不断强化智库组织领导工作。建议建立专管职能部门，负责广西特色新型智库建设的组织和指导工作。充分认识社会智库具有的特殊优势和代表性，高度重视社会智库的意见建议，进一步拓展看待和处理问题的视角，提高决策质量和水平。

2. 加大扶持，营造良好的政策环境

为加快特色新型智库发展壮大，一方面，政府有必要加大资金投入力度，可考虑设立专门的发展研究基金，扩大政府购买智库咨询服务范围。支持特色新型智库加强软硬件设施建设，尤其是支持建设好智库开展研究所需的数据库、信息库和资料库。另一方面，完善特色新型智库发展扶持政策，如鼓励企

业、基金会及个人投入资金支持新型智库建设，推进智库研究经费来源多元化。推动政府研究课题更多地向全社会公开招标，对智库招标课题或委托研究给予项目经费，逐步消除不同类型智库之间的差别对待。

3. 多方参与，共同建设特色新型智库

特色新型智库是政府、智库、媒体、社会大众、企业、个人等不同主体共同参与建设的结果。要发挥多方共同参与智库建设的作用，积极营造良好的发展氛围。作为政府，不仅要扶持官方智库机构的发展，还要扶持和鼓励社会智库的建设和发展，形成多元化的广西特色智囊体系。作为智库，无论是官方智库还是社会智库，均需不断完善自身建设，为政策和经济社会发展提供决策服务。作为媒体，要发挥其作为大众化传播平台的作用，加快研究成果的传播与转化。作为社会大众，要发挥其舆论参与作用，积极为决策服务的完善提供有效建议。

参考文献

［1］中共中央关于全面深化改革若干重大问题的决定 ［R］. 2013 - 11 - 12.

［2］中共中央办公厅，国务院办公厅. 关于加强中国特色新型智库建设的意见 ［R/OL］.（2015 - 01 - 20）. http：//theory.people.com.cn/n/2015/0121/c49150—26421134.html.

［3］广西壮族自治区党委办公厅，广西壮族自治区人民政府办公厅. 关于加强广西特色新型智库建设的实施意见（桂办发〔2015〕37 号）［R/OL］.（2016 - 01 - 21）. http：//www.gxnews.com.cn/staticpages/20160121/newgx56a00876—14310040.shtml.

［4］Rich Andrew. Think tanks, public policy, and the politics of expertise ［M］. Cambridge，Eng：Cambridge University Press，2005.

［5］Smith Janes A. Idea brokers：Think tanks and therise of the new policy elite ［M］. New York：Simon and Schuster，1993.

［6］丁煌. 美国的思想库及其在政府决策中的作用 ［J］. 国际技术经济研究，1997（3）：31 - 37.

［7］薛澜，朱旭峰. 中国思想库的社会职能：以政策过程中的改革之路 ［J］. 管理世界，2009（4）：55 - 65.

［8］王莉丽. 中国智库市场的培育与规制路 ［J］. 中国人民大学学报，2014（2）：83 - 88.

［9］熊立勇. 国际比较视城下中国特色新型智库建设问题研究 ［D］. 合肥：中国科学技术大学，2017.

［10］Diane Stone. Capturing the political imagination：Think tanks and the policy process ［M］. Hove：Psychology Press，1996.

［11］傅广宛. 中国古代决策咨询制度：历史沿革、发展特征与现代启示［J］. 江苏行政学院学报，2013（4）.

［12］朱旭峰. 中国政策精英群体的社会资本：基于结构主义视角的分析［J］. 社会学研究，2006（4）.

［13］朱旭峰. 构建中国特色新型智库研究的理论框架［J］. 中国行政管理，2015（6）.

［14］叶林峰. 建设中国特色新型智库的若干意见［J］. 情报杂志，2016（3）：32－35.

［15］张志强，苏娜. 国际智库发展趋势特点与我国新型智库建设［J］. 智库理论与实践，2016（1）：9－23.

［16］危旭芳. 充分发挥党校在建设中国特色新型智库中应用作用［J］. 探索，2016（1）：46－51.

［17］刘西忠. 从民间智库到社会智库：理念创新与路径重塑［J］. 苏州大学学报，2015（6）：21－26.

［18］陈光义. 大数据对提升智库资政水平的作用及发展建议［J］. 智库理论与实践，2018（1）：71－77.

［19］朱有志，肖卫. 地方社科院智库建设与研究的国际化道路探索：以湖南社科院为例［J］. 社会科学管理与评论，2013（1）：106－110.

［20］李凌，姜泽. "西南现象"背后的智库因素：以广西智库建设为例［J］. 智库研究，2018（1）.

［21］上海社会科学院智库研究中心. 2015年中国智库报告：影响力排名与政策建议［R］. 2016－02－04.

［22］刘德海. 中国特色新型智库协调发展研究：兼论江苏新型智库体系建构［J］. 南京社会科学，2014（12）：1－8.

［23］王荣华. 智库发展趋势及其当代价值［J］. 重庆社会科学，2013（1）：116－121.

课题承担单位：广西发展与改革研究会

课题负责人：董大为（广西宏观经济研究院）

主要参加人：吕南辉（广西发展与改革研究会）、甘妍姬（广西发展与改革研究会）、李秋妍（广西工程咨询中心）、卢庆南（广西农业科学院）、马宏智（江西师范大学）、庞丽（广西发展与改革研究会）

广西民办社科研究实体发展
存在问题及对策研究

改革开放以来，我国社会智库得到了发展，成为新型智库队伍中的组成部分。然而，由于社会智库机构的非官方性，在发展中面临诸多的困难和问题。本报告以广西壮族自治区民办社科研究机构（以下简称民办社科智库）作为社会智库的研究对象，重点对其发展现状及存在问题进行探究，并提出对策建议，旨在为广西新型智库建设、促进民办社科研究机构的健康发展提供一些政策思路。

一、我国社会智库的发展与地位作用

（一）概念内涵

什么叫社会智库？我国官方定义为："由境内社会力量举办，以战略问题和公共政策为主要研究对象，以服务党和政府科学民主依法决策为宗旨，采取社会团体、社会服务机构、基金会等组织形式，具有法人资格，是中国特色新型智库的重要组成部分。"[①] 上述定义，将社会智库分为三类：一是社会团体。为实现会员共同的志向意愿而由公民自愿组成，按照其章程从事战略和公共政策研究等科学研究等活动的非营利社会团体组织，其主要类型有协会、学会、研究会、促进会、联合会等。

---

① 引自民政部等九部门印发《关于社会智库健康发展的若干意见》（民发〔2017〕77号），2017年4月17日。

二是社会服务机构。主要利用非国有资产举办，从事非营利性社会服务活动的社会组织——民办社科智库，如研究所或研究院。三是从事战略和公共政策研究的非营利基金会。

那么什么叫民办社科智库？民办社科智库是指企事业单位、社会团体和其他社会力量，以及公民个人利用非国有资产举办的从事哲学社会科学研究活动的非营利性社会组织，属于民办非企业单位。可以看出，民办社科智库是社会智库的一种，仅仅是由于业务主管部门不同而与其他社会智库区分开来。当然，由于均为民间主导举办（国有资产比例最多不超过 1/3）的智业机构，民办社科智库往往容易与民营企业智库、社科类团体、科技类民办非企业单位这些民间组织机构相混淆。但其实它们之间还是存在着比较明显的差别。

民办社科智库与民营企业智库的区别主要有两点：一是民办社科智库为非营利机构，而民营企业智库为营利机构；二是民办社科智库由民政部门进行登记管理，而民营企业智库由工商部门进行登记管理。

民办社科智库与社科类团体和科技类民办非企业单位也有区别，主要有八点。

一是注册名称不同。社科类团体其名称必须以"学会""协会""研究会"等名称命名，而民办社科智库和科技类民办非企业单位多以"研究院""研究所""研究中心"等名称来命名。

二是主管部门不同。民办社科智库和科技类民办非企业单位虽然都是民办非企业单位，但主管单位不同。民办社科智库由省级社科联作为业务主管部门，科技类民办非企业单位由县级以上科技行政主管部门作为业务主管部门，而社科类团体则由各级行业（或隶属部门）管理部门或社科联作为业务主管部门，其主管部门更加多元。

三是设立依据不同。民办社科智库和科技类民办非企业单位设立的法律依据均依照《民办非企业单位登记暂行条例》注册，但前置审查的规章要求不同，民办社科智库审查没有全国性的法规或规章，一般依照各省区市民办社科机构管理规定进行审查，而科技类民办非企业单位依《科技类民办非企业单位登记与审核暂行办法》进行前置审查，社科类团体则按照《社会团体登记管理条例》进行登记管理①。

四是业务范围不同。科技类民办非企业单位的范围比较广泛，包括自然科学和哲学社会科学（按中央有关政策规定，科技类民办非企业单位中从事哲学

---

① 严凡高：《三种民间智库类型解析》，www.360doc.com/content/08/1214/15/85772_2121851.shtml，2008 年 6 月 3 日。

社会科学研究的机构即为社会智库，业务主管部门必须转为省级社科联），而民办社科智库和社科类社会团体仅限定于哲学社会科学。

五是组织方式不同。社科类团体和民办社科智库必须使用法人单位形式，而科技类民办非企业单位除采用法人单位形式外，还允许使用合伙制和个体制两种形式。在人员组成方面，社科类团体采用会员制，会员自愿参加，入会退会自由，会员与社科类团体没有劳动关系，而民办社科智库和科技类民办非企业单位均属于民办非企业单位，采用员工制管理，研究人员与单位构成劳动关系，依照劳动法、劳动合同法进行管理①。

六是设立条件不同。从注册启动资金来看，民办社科智库启动资金全国没有统一规定，由各省区市社科联自行规定。而科技类民办非企业单位（法人）要求最低开办资金（注册资本）：个体单位为1万元、合伙单位为3万元、法人单位为5万元；社科类团体启动资金分为两档，全国性为10万元，地方性为3万元。从人员要求来看，科技类民办非企业单位（法人）一般要求有3名以上科技人员（大专以上学历），主要负责人由科技人员担任，而民办社科智库对专职研究人员和管理人员的要求，全国没有统一规定，由各省区市自行决定；社科类团体要求须有50个以上的个人会员或者30个以上的单位会员，个人会员、单位会员混合组成的，会员总数不得少于50个。

七是经费来源不同。社科类团体与民办社科智库和科技类民办非企业单位均属于非营利性社会组织，但其经费来源有所不同。社科类团体是以会员会费、社会捐赠（包括团体会员及社会赞助形式）、收入和课题收入为主要经费来源；而民办社科智库和科技类民办非企业单位，则主要依靠有偿服务来获得研究经费，如承接研究项目、提供中介服务等产品的服务性收入等，从而保障研究机构稳步发展。

八是管理模式不同。社科类团体一般由会长、副会长、秘书长和一两个或若干个工作人员组成整个社团组织的管理机构，但会长、副会长和绝大多数会员均为兼职人员，不坐班，没有契约关系。民办社科智库和科技类民办非企业单位则采用类似于董事会的理事会领导/院（所）长负责制，形成职能部门（如研究室、咨询部、科研部、财务部、人事部等）分工细致的内部组织管理结构，工作人员相对固定，员工一般要坐班，且工资福利社会保障依附性强，是典型的企业管理模式②。

---

① 严凡高：《三种民间智库类型解析》，www.360doc.com/content/08/1214/15/85772_2121851.shtml，2008年6月3日。

② 山西省社科联学会部：《社科类社团组织与民办社科研究机构的五大区别》，http：//cpfd.cnki.com.cn/Article/CPFDTOTAL_HNSK20080700105.htm，2008：13-15。

（二）我国民办社科智库发展历程

我国现代民办社科智库是适应时代的需求应运而生的。改革开放以来，我国经济社会快速发展，面临破解的重大问题、难题越来越多，决策民主化、科学化、制度化对体制内的智库要求越来越高，而体制内的决策思想资源严重不足，在客观上需要外部智库资源进行补充，从而为民办社科智库应运而生创造条件。20世纪90年代初期，我国经济和政治体制改革进入到一个新转折点，国家出台一些优惠政策（如停薪留职等），放宽对体制内的专家学者等研究人员管理，鼓励专家学者直接参与改革开放和现代化建设前沿服务。这一政策的出台，鼓励了一批体制内专家学者跃跃欲试走出高校、院所和政府机关大门，投身于改革开放理论与实践的前沿，创办民办社科智库机构。

从发展历程来看，社会智库的发展从无到有、从少到多、从弱到强，其发展基本上是符合中国特色社会主义发展规律的，具有一定的时代价值。回顾社会智库发展历史，大体可分为几个阶段：

1. 社会智库起步发展阶段（20世纪80年代中后期）

最初的社会智库产生不是单纯的民间性质，而是半官方半民间。后来，才逐步走向纯粹的民办。据了解，较早建立的社会智库，首推创立于1981年的"中国农村发展问题研究组"，由中国社科院农经所牵头联络研究人员，中国社联院注入2万元启动资金，没有专职人员，全部是兼职人员，并有在校大学生、研究生参与，创造了体制内外生产公共政策的特别模式。1986年创立的挂靠中国社会科学院青少年研究所的"中国劳动就业问题研究组"（后改名为"国情与青年发展研究组"），这就是较早的民间思想库的创立雏形。这些社会智库的产生，展示了我国早期智库生长发展路径和组织形式上的各种尝试：既有最初利用体制内资源创办的，也有以"学术个体户"方式创办的托名研究所的非实体化社会智库，还有相对松散的政策专家和学术研究者联合体[①]。

2. 社会智库初步发展阶段（1990—2003年）

这一阶段，大体可分为两个小阶段：其一，半官方半民间型智库的出现（1990年前后）。他们代表了政府与民间结合办智库的类型，展示了中国特色的社会智库发展的道路。其二，社会智库的民间化发展（1993—1996年）。1992年邓小平南方谈话后，中国大地掀起了第二波民间智库发展的浪潮。浪潮表现在知识分子可以走向市场，企事业单位改革开放不断扩大，参与经济活动日益增多，对咨询管理和营销策划有较大的需求，从而催生了以公共政策为主的咨询市场的初步形成，促进了社会智库的"民间化""市场化"发展。在这几年

---

① 唐磊：《中国民间智库30年的初步考察》，《中国社会科学评价》2016年第4期。

间，涌现了三类社会智库：第一类是以宏观经济政策和经济体制改革为主要研究对象的社会智库。第二类是面向市场策划、企业咨询为主的调研机构。第三类是以政治、社会、外交等领域公共政策为主要研究对象的社会智库。

3. 走向多元化发展阶段（1997—2011 年）

这一时期，社会智库逐步走向多元。表现在：在研究领域上，研究领域从经济和政府治理逐步扩展到教育、环境、劳工权益、企业社会责任等更加丰富的公共政策需求上。在组织类型上，组织形式从半官方半民间、挂靠事业单位但基本是独立运营，逐步发展到完全独立化运营，乃至平台化、虚拟化的网络智库。在功能类型上，学术型智库、契约型智库和倡导型智库逐步呈现。在地域上，社会智库不再仅限于京津沪一带，在全国各省大城市也涌现一批社会智库，专为地方政府和市场服务①。这一时期，比较著名的半官方半民间的高端智库——中国国际经济交流中心于 2009 年 3 月 20 日正式在北京成立。这个新型智库整合了国家发展改革委下属原国际合作中心和对外开放咨询中心两个智库，理事长由国务院前副总理曾培炎出任，集中了全国一批学者型退休官员、著名学者、企业家等，他们既能以退休者的身份接触社会，又能因原来的职业经历而将民间意见反馈高层，发挥其他智库所没有的作用。

4. 社会智库进入新型发展阶段（2012—2018 年）

这一阶段，以习近平同志为核心的党中央集体高度重视智库建设。2013 年 4 月，习近平总书记作出重要批示，首次提出"中国特色新型智库"的命题。2013 年 11 月，党的十八届三中全会通过的《中共中央关于全面深化改革若干重大问题的决定》明确指出："加强中国特色新型智库建设，建立健全决策咨询制度。"2015 年 1 月，中央专门印发《关于加强中国特色新型智库建设的意见》，对新型智库建设作出系统部署。2015 年 11 月，中央深化改革领导小组会议审议通过《国家高端智库建设试点工作方案》，确定包括中央党校在内的 25 家单位作为国家高端智库建设首批试点，并赋予其先行先试的重要使命。2017 年 5 月，民政部、中宣部、中组部等联合印发了《关于社会智库健康发展的若干意见》，细化社会智库的概念内涵和组织特征，强调了发展社会智库的重要意义，提出了扶持与规范并重的发展原则和具体举措。随着一系列推动智库发展的纲领性文件出台，在顶层设计的利好下，我国社会智库发展进入建设新型智库的全新时代，掀起第三波发展的浪潮，政策影响力不断扩大，国际知名度稳步提升。2018 年 1 月，最具权威性的全球智库排名报告——美国宾夕法尼亚大学"智库研究项目"（TTCSP）研究编写的《全球智库报告 2017》发布。报

---

① 唐磊：《中国民间智库 30 年的初步考察》，《中国社会科学评价》2016 年第 4 期。

告显示，2017年中国拥有智库512家，位列世界第二智库大国。其中，5所中国智库上榜"2017全球最佳社会智库145强"，比2015年增加了2家，可以看出我国社会智库已逐步得到国际认可。

（三）民办社科智库的地位作用

由于社会智库的属性问题，多年来政界、学界、咨询界都对这一智库的地位与作用没有充分地认识和评价。课题组研究认为，随着社会智库数量的不断增多，其质量也在不断地提升。因而，正确的认识和评价社会智库是必要的。

1. 民办社科智库的地位

其一，民办社科智库是新型智库的组成部分。目前，我国大体有六类智库，分别是包括党政直属的综合性研究机构，军队智库，依托大学、党校（行政管理学院）的智库，科学院智库，企业智库，社会智库等。民办社科智库就是社会智库的重要组成部分，民办社科智库一般约占社会智库的15%，其地位不可忽视。其二，民办社科智库是咨政建言的重要力量。据调查，我国相当的民办社科智库在咨政建言上是有所作为的。尤其是一些在社会智库工作的原体制内退休的研究人员，他们有高度的政治敏锐性和较高的研究水平，每年都向党政机关部门提供不少好的咨政报告。凝聚智慧影响决策，这是中国新型智库的神圣使命。其三，民办社科智库的产生和发展是我国哲学社会科学繁荣的标志。民办社科智库是中国新型智库的重要组成部分，没有它的产生和发展，中国的新型智库就会少了一大方面军。民办社科智库在当今和未来都应有一个大的发展，这才是我国新型智库发展的方向，也是我国哲学社会科学发展繁荣的重要标志。因此，可以这样说，没有民办社科智库的发展，就没有我国哲学社会科学的真正繁荣发展。

2. 民办社科智库的作用

研究发现，我国民办社科智库在生产思想、服务社会、培养人才和国际交流中发挥了不可替代的作用。主要表现在：其一，生产思想，包括生产理论观点和决策咨询。民办社科智库从它产生的那一天开始，就树立以生产思想、咨政建言为目标。这不仅是它的使命所在，更是生存和发展的需要。因此，不少民办社科智库非常重视生产思想，即生产理论观点、决策咨询等点子，客观公正地努力为各级党政机关提供有分量的研究成果，向社会提供解惑答疑的理论观点，以立于不败之地。还由于民办社科智库属于"民办"性质，经费和人事都不在体制内，所以其生产的理论思想观点、决策咨询的建言不容易掺杂部门的利益和倾向。正因为如此，民办社科智库也是我国理论研究的重要阵地，他们往往发挥理论研究专长，开展基础性、冷门学科的课题研究，为繁荣我国理论研究作出重要贡献。其二，服务社会。服务社会是民办社科智库的任务，也是他们的宗旨之一。从智库社会分工来看，咨政建言或决策咨询，主要由官方智库来承担，特别是党政智库和社科院系统智库。而民办社科智库，其主要任务应是为社会服务而生存发展。不论过去或当今，服务社会的研究领域是非常宽广的，它既包括工农商学，也包括官方智库"不能为"的各种研究领域。因此，广阔的社会是民办社科智库大有作为的研究天地。其三，培养人才。从目前来看，虽然高端人才很少到民办社科智库从业，但它也可以借助自身平台的灵活性和特色，依托老科研工作者聚焦的优势，担负起培养实习生、临时就业的大学生和研究生以及中青年兼职研究人员等中端研究人才的摇篮，为培养高端人才打下基础。从这一点看，其培养人才的功用不可忽视。其四，国际交流。民办社科智库是我国国际文化交流的重要队伍之一，它是我国与国际非政府组织（NGO）平等对话的重要平台和载体，也是我国开展民间外交的重要渠道，还是我国与国际开展学术对话交流、课题研究的重要伙伴。30多年来实践证明，我国民办社科智库与周边国家和地区开展国际学术交流合作频繁，在民间外交领域中发挥了重要的作用。其五，客观公正反映民意。由于民办社科智库生存的土壤与民众有着天然的联系，他们更容易接触社会底层，了解民间群众，因而收集所得的资料往往比较及时，所见所闻的材料比较客观，反映的民意比较鲜活。

二、广西民办社科研究机构发展现状

广西社会智库民办社科类研究机构于2006年成立，如广西西大旅游科学研究院和广西现代东盟教育研究院均为2006年成立。截至2018年5月，全区共有27家研究院（所、中心），初步统计，共有从业人员311人，其中专职人员98人，兼职213人，党员68人，高级职称164人。

（一）业务范围分类

在27家研究院（中心）中，按业务范围分类分别有：

经济类。有7家，主要从事城市可持续发展、城乡发展、房地产与住宅、工商理论与管理研究、泛北部湾与东盟财经研究、房地产研究、酒店管理研究与培训、物联网技术与产业指导等。

教育类。有5家，分别从事非公教育研究、基础教育、学前教育、培训、咨询服务等。

综合类。有3家，主要侧重于经济文化发展研究等。

旅游类。有2家，主要从事旅游相关理论研究、学术交流、旅游规划、项目策划、可行性研究、区域发展规划、交流与培训等。

文化类。有2家，主要从事广西与东盟文化传播、文化艺术研究创作、培训等。

民族类。有 2 家，分别从事壮学研究、传统养生文化研究等。

环保类。有 2 家，主要从事生态科学理论、标准化建设研究、决策咨询、实施政府委托项目、行业的交流与合作。

法学类。有 1 家，从事法学理论研究与学术交流，法律实务问题研究，接受委托起草和论证地方性法规、政府规章、疑难案件研究等。

其他。有 3 家，分别从事广西企业和个人品牌宣传和形象设计，举办讲座培训、价值评估、学术交流、创编专刊等活动；社会经济专项调查，接受政府部门委托开展统计调查，提供数据处理、信息与咨询服务，组织调查培训与市场调研；决策咨询与项目评审，科技创新与成果转让、推广，技术中介、培训与对外交流，承办会议、论坛、评选活动。

（二）经费来源

从调查看，27 家研究院（中心）的经费几乎没有政府直接拨款，基本上是通过社会公开招标或委托获得课题研究、项目咨询、业务培训等经费。获得经费的研究实体收入情况如下：年收入 400 万元以上有 1 家，300 万～400 万元的空白，200 万～300 万元的有 2 家，150 万～200 万元和 100 万～150 万元的空白，50 万～100 万元的有 1 家，10 万～50 万元的有 6 家，其余均为 10 万元以下。总体来看，社会智库经费来源渠道单一，收入较低，且不平衡，大部分研究实体年收入不足 10 万元（如表 1 所示）。

表 1   2017 年民办研究实体收入分档表

收入分类	数量（家）	比重（%）
400 万元以上	1	3.7
300 万～400 万元	0	0
200 万～300 万元	2	7.4
150 万～200 万元	0	0
100 万～150 万元	0	0
50 万～100 万元	1	3.7
30 万～50 万元	2	7.4
10 万～30 万元	4	14.8
10 万元以下	17	62.9

资料来源：根据各研究机构年报表整理。

（三）人员结构

从 27 家研究院（中心）获悉，从业人员有 311 人，平均每年单位拥有从业人员 11.52 人；其中，专职人员 98 人，占比为 31.51%；兼职人员 213 人，占比 68.49%。党员人数为 68 人，平均每个单位 2.52 人。高级研究人员 164 人，平均每个单位拥有 6.07 人，占从业人员比重为 52.73%；其中，正高专业技术人员 70 人，占比为 42.68%；副高专业技术人员 94 人，占比为 57.32%。从人才结构看，研究实体从业人员相对较少，高级专业技术人员分布不平衡，有 10 个研究机构连一名高级研究人员都没有。

（四）活动与影响

从运作比较正常的 23 家研究院（中心）看，2017 年各研究机构都积极开发各项活动，取得了较好成效，可圈可点的还有不少。主要活动有：

1. 课题研究

课题研究是民办社科智库的主要功能之一。2017 年，全区民办社科智库都积极开展课题研究，初步统计有 81 个课题，大多为市厅级委托课题或招标课题。如广西泛北东盟财经研究中心完成《广西旅游扶贫模式的创新、实施路径和策略研究》《旅游产业对广西经济社会发展的贡献度研究》《广西旅游发展专项资金绩效评价研究》《广西与东盟国家跨境旅游市场现状与开发研究》4 项课题，其中《旅游产业对广西经济社会发展的贡献度研究》获 2017 年度全区财政系统课题调研成果一等奖，《广西旅游发展专项资金绩效评价研究》获 2017 年度全区财政系统课题调研成果二等奖。广西大学城市发展研究院当年主持或参与的课题有"广西参与中国—东盟国际产能合作研究"（编号：16WTGJB012）、广西壮族自治区商务厅委托课题"广西商业人才需求调研报告"等。

2. 教育培训

开展教育培训工作是广西民办社科智库的重头戏。近年来，各研究机构都发挥优势，积极开发各类教育培训工作。2017 年，3 家民办社科智库积极开展教师教学技能、演讲技巧、酒店管理等培训班 25 期，参加培训的人员达 4850 人次；广西华苑教育研究院获得了自治区哲学社会科学重点课题立项，联合开展新派作文大面积实验，成立 10 个实验区，参与实验的学校数百所，实验教师 3000 人，参与实验的学生 30 万人，帮助城乡一线中小学校作文教学取得了实质性的提升；博顿国际教育研究院积极编写《高铁乘务人员培训教材》（越南语、泰国语、缅甸语、马来语），并与南宁铁路局、南宁地铁等机构开展培训合作，提升了乘务员东盟小语种水平。

3. 咨询服务

2017 年，广西西大旅游科学研究院承担编制 20 个旅游产品服务项目，承担资源县旅游服务 6 个系列咨询项目，编制旅游规划 6 个，与广西广投文化旅游投资公司合作实施咨询项目"广西广投文化旅游投资有限公司'十三五'发展规划""广西乐业中国兰花谷项目建议书""广西忻城莫土司衙署项目建议书",编制"广西灵山县新圩镇蒙塘村旅游扶贫规划",帮助指导蒙塘村村民发展旅游业和其他产业,增加村民收入,实现当年脱贫,被文化和旅游部授予优秀科研成果"规划报告类"三等奖;广西实信统计调查咨询中心承担 14 个调查项目,包括体育产业、文化产业、投资环境监测、全国文明城市测评、体育社会调查、公交线路服务考核、城市困难家庭入户调查等;广西贤才工商管理研究院与广西桂特教育发展有限公司、广西天之舟文化传播有限公司联合进行"爱素坊连锁店整改项目""民大桂特民族文化创业社区创办项目"等 4 个项目提供无偿服务 100 多人次的咨询服务;广西现代法学研究院参与柳州市法制办开展《柳州市政府规章制定程序实施办法》起草与论证工作,已公布实施。

4. 学术交流

2017 年,广西西大城市发展研究院举办"广西参与中国—东盟国际产能合作研究"学术会议,刘伟、张协奎等教授为进一步推进广西参与东盟国际产能合作,促进广西的经济发展建议献策,陈伟清教授参加"西南片区测绘地理信息学会工作交流会"和"2017 第八届闽赣桂遥感科技论坛暨学术年会",陈伟清、于博宇、赵芳芳、卢奕彤在北海参加"2017 年第七届广西遥感学会第一次学术研讨会";广西现代法学研究院举行"广西第十三届经济法理论研讨会"和"全面推进依法治国背景下地方政府依法行政"的讲座,约 210 人参加了研讨会和讲座;广西贤才工商管理研究院组织贤才中小企业家沙龙 11 次,组织上百名企业家和专家共同研讨和学习交流;广西亚太酒店管理研究院开展"关于广西旅居养老的政策解读发展趋势探讨""广西旅游养老目的地竞争力分析及发展对策研究"共 2 项学术专题活动;广西荣誉品牌发展研究院邀请 23 家相关企业开展如何提升企业文化品牌座谈会,探讨提升和弘扬互联网健康文化和广西地域网络文化,繁荣网络文化事业;广西骆越长寿养生研究院等参与协办"2017 年广西骆越医药养生文化旅游论坛"和与北海市辰茂海滩酒店共同举办"中华(广西)健康养生高峰论坛"共 2 次学术交流活动;广西扶风旅游文化研究院马剑平博士后、副院长陆纯梅受邀参与"中国东兴—越南芒街国际商贸·旅游论坛",并为中国东兴—越南芒街旅游跨境合作区建设献计献策。

5. 公益活动

2017 年,广西聚焦文化经济研究院参与广西南宁海旭文化传播有限公司、南宁市聚焦社会工作服务中心、天誉置业共同举办的 31 场"旧物旅游计划"闲置物品爱心捐赠活动,还与南宁市聚焦社会工作服务中心开展"爱心山区行"公益项目活动,走进平果、大化、都安等 10 个贫困县山区开展爱心活动,如送衣物、学习用品、生活用品等;广西荣誉品牌发展研究院与广西南伦书画院携手共同举办南宁—马山"情系贫困学子"书画慈善活动，资助多名贫困失学儿童完成读书梦，捐赠图书 3000 册；广西现代学前教育研究院分别在北流市和钦州市开展"我爱大自然"幼儿自然科学教育研讨活动和"重新认识学前教育防止学前教育小学化""游戏点亮快乐童年""让教学互动起来"等主题大型公益讲座活动，分别有 600 名非专业人员和近千人幼教专干、幼师代表、幼儿园园长参加活动，还在田阳县、那坡县开展献爱心扶贫捐赠活动；广西四海壮学研究院参与百色市田阳县政府、田阳县布洛陀学会等举办了 2017 年度百色市田阳布洛陀文化旅游节，参加节庆活动的国内外游客和当地各族群众超过 30 万人次。

6. 科普活动

广西现代东盟教育研究院积极开展共建社科普及基地建设，2017 年先后对桂林市平乐中学、玉林市北流实验中学等 13 所中学开展"科普知识进校园活动"，参与活动的师生近 6000 人次。2017 年 10 月 29 日，广西西大城市发展研究院在广西大学举办"全区社会科学普及联合大行动之广西社会科学大讲坛"，有 50 余人出席报告会。

7. 研究成果

据不完全统计，2017 年，全区民办社科智库出版著作 3 本，为张协奎等合著的《广西北部湾经济区协同创新研究》《广西城乡发展一体化研究》《新型城镇化视角下的中国房价合理水平研究》。同时，全区民办社科智库发表学术论文 20 多篇。如广西西大城市发展研究院陈伟清、史丽娜、吕冬妮、涂苋苋的《基于灰色关联聚类分析的智慧城市建设领域发展水平实证研究》发表在双核心期刊《科技管理研究》，刘彦花、陈伟清的《广西北部湾经济区产业结构演进与经济增长研究》发表在《广西社会科学》，陈伟清的《关于开展"健康长寿小镇"建设试点的建议》发表在《专家建言专报》，广西扶风旅游文化发展研究院博士团队共发表论文 10 多篇，其中在《学术论坛》《贵州社会科学》《中国市场》《现代工业研究》等核心期刊发表学术 6 篇。

通过上述对广西民办社科智库现状的初步分析，课题组认为，21 世纪以来，以民办社科智库为代表的广西社会智库发展态势呈现良好的发展势头，机构数量稳步增长，科研人员的数量和质量逐年增加和提高，开展社科课题研究、承接社会咨询服务、公益服务、教育培训、学术交流等活动日益增加，在决策咨询、理论研究、服务社会、学术交流等发挥了一定的作用，产生了良好的社会效益。从民办社科智库数量来看，广西现有 27 家，与北京 37 家、上海 16 家和广东 63 家相比，应该说与广西经济社会发展水平和社会智库发展需求基本相适应。

三、广西民办社科研究智库存在问题分析

调研发现，广西民办社科智库存在的问题：民办社科研究机构在新型智库体系中地位不高；经费紧缺，生存发展受到制约；科研人员"老弱少兼"，发展动力活力不足；科研成果量少质低，社会影响力小；缺乏政府信息和数据供给，资料收集难成为大难题；管理缺乏规范化、标准化，健康发展面临不少困难和问题。民办社科智库虽然存在一些问题，但没有严重的违法违纪现象，只是社会智库发展过程中不可避免的一般普遍性问题。

（一）在智库体系中地位不高

调研显示，广西民办社科智库社会地位不高。主要表现在民办社科智库不被官方认可，几乎没有官方正式咨询过民办社科智库的意见，官方决策一般不吸收采纳社会智库研究成果的思想观点和对策建议；国家和自治区社科规划项目、党政机关重点课题基本上没有覆盖广西民办社科智库，偶有立项也是研究人员在原单位申报获得；民办社科智库参与各级政府公开采购服务也常被忽略等问题。造成上述现象主要原因是一些领导干部和个别党政部门没有认真落实党中央、自治区党委有关新型智库建设的方针政策，缺乏对民办社科智库地位作用的认识，或是行动停留在文件和口头上，没有落到实际工作中；媒体宣传不够，没有营造良好的民办社科智库发展氛围；受官本位的影响，造成长期以来对民办社科智库的社会偏见与歧视没有改变；民办社科智库自身存在不同程度的队伍弱、成果少、水平低、影响小等问题，也使社会公众对其缺乏信任。

（二）研究经费长期短缺，来源单一

调研发现，广西民办社科智库最大的瓶颈是经费少，来源单一。在现有的社会智库中，经费每年有结余的只有几家，约有六成研究实体年收入不足10万元，有些社会智库年收入不足3万元，入不敷出，生存难以为继。所有的民办社科智库长期以来经费来源比较单一。据调查，广西获得政府资助经费的民办社科智库并不多，只有一两家获得少量经费，大多是依靠市场服务获得经费，来源单一。出现这种现象的原因是缺乏政府财政对社会智库预算制度及优惠政策；缺乏国家社科基金和地方社科规划项目制度化的平等分享资源；长期缺乏个人、企业、基金会和社会团体的捐献、捐助的理念和行为；缺乏免税政策等。同时，也与民办社科智库自身能力实力不够相关。

（三）科研人员"老弱少兼"

从调查来看，广西民办社科智库队伍现状是"老弱少兼"。"老"，即所有民办社科智库以老同志为主，或是退休人员，或是退居二线人员，从年龄结构看属于"老科研人员"。"弱"，即民办社科智库研究人员学历相对偏低，博士、

硕士很少，整体研究水平相对不高，无法与体制内智库相比。"少"，即研究人员队伍小，人员少，全区 27 家研究院（中心）平均每个单位研究人员 11.5 人，且分布不均衡，有的单位有 40 多人，大部分才有三五个研究人员。"兼"，即民办社科智库兼职人员较多，高达 213 人，占比为 68.49%。有的民办社科智库仅靠几个核心人物撑"牌子"，核心人物一旦退休或变更，智库几近瘫痪。形成"老弱少兼"现状的主要原因是，民办社科智库不稳定，社会地位不高；缺乏优厚而稳定的待遇；缺乏职级评定晋升激励机制；缺乏双向流动的人才畅通制度；等等。

（四）科研成果影响力小

纵观广西民办社科智库，近年来完成科研成果呈现"量少质差"的现象。全区 27 家研究院（中心），每年完成各类研究课题约 80 项，平均每个机构 3 项，承接的各类研究项目级别不高，多为自治区各厅级、市级和县级课题等，发表的论文不足 20 篇，出版专著很少，而且多是利用学者所在单位的资源。研究成果一般水平不高，很难被自治区以上的决策机关采纳或利用，民办社科智库几乎没有经费举行有一定规模和质量的学术研讨会，因而其学术交流和学术影响几乎为零，在社会上没有多少学术话语权。产生这一现象，主要还是民办社科智库一缺人才，二缺资源和经费所致。

（五）缺乏政府信息和数据

由于广西民办社科智库属于"民办"性质，很少得到政府提供的重要信息和大数据。很难得到能支撑其研究的各种重要信息。研究所需数据和信息，往往等到自治区统计局每年 10 月公开出版的《广西统计年鉴》才能获得一些常用的数据，可见，缺乏准确、权威、及时的信息和数据，也是民办社科智库面临的困难之一。

（六）管理缺乏规范化、标准化

由于各种原因，广西民办社科智库管理仍然缺乏规范化和标准化。如对于民办社科智库建立需要什么条件或基本标准，虽然中共中央办公厅、国务院办公厅出台的《关于加强中国特色新型智库建设的意见》明确了新型智库基本标准，但具体到广西如何贯彻落实，对已经成立的民办社科智库或新成立的民办社科智库，如何细化标准、量体裁衣还需要相关部门出台实施细则。对于民办社科智库开展活动范围、重大活动报告制度，也没有可操作的细则或实施方案加以明确。

（七）智库核心能力总体较弱

习近平总书记指出，智库建设要把重点放在提高研究质量、推动内容创新上。这为中国特色新型智库建设明确了方向和目标，也对智库提升核心能力指明了路径。而决定智库核心能力的因素是智库的智能质量、社会关系资本、内部管理机制3个方面。从智库智能质量来看，广西民办社科智库主要缺乏战略型领军人物、复合型研究人才和专业型管理3种高端人才，有10家研究机构连一名高级职称的研究人员都没有，占比为38%，从而整体上影响智库智能的提高。从社会关系资本来看，广西民办社科智库普遍缺乏与政府、企业、学界、媒体、公众等有关社会关系的紧密联系、沟通与互动，因而缺乏从社会吸收营养、推介成果、建言献策等途径。从内部管理机制看，广西民办社科智库很难像体制内智库那样规范管理，或多或少缺乏建章立制，甚至管理混乱，治理结构不合理，从而影响智库功能完善和整体效能提高。出现这种情形，主要原因是自身建设不足，包括因体制机制而对高端人才缺乏吸引力、缺少沟通能力和人才、缺乏管理经验等。

四、广西民办社科智库发展新趋势

受国内外智库发展趋势的影响，广西民办社科智库将呈现以下发展趋势。

（一）数量上将缓慢增加

从现状看，广西民办社科智库数量上还是比较少，现有27家，但2018年有5家没有参加2017年的年审，表明难以为继，因而数量上减少18.5%。但从发展来看，随着中共中央办公厅、国务院办公厅《关于加强中国特色新型智库建设的意见》，民政部等九部门《关于社会智库健康发展的若干意见》等重要文件的贯彻落实，今后广西社会智库将会缓慢地发展，但数量上不会有大的增加。

（二）形态上将呈专业化

现有的民办社科智库中，专业化的趋势已经逐步呈现，已有5家从事教育研究（现代东盟教育研究院、博顿国际教育研究院、兴桂现代教育研究院、广西华苑教育研究院、现代学前教育研究院），有2家从事旅游研究等，"大而全"的智库几乎没有，智库专业化将是广西民办社科智库未来发展的趋向。

（三）经费来源将呈多元化

广西现有民办社科智库经费来源比较单一，随着我国和广西咨询服务业的改革创新，政府采购将为民办社科智库提供新的经费来源，国有企事业单位委托项目也为民办社科智库提供了经费，甚至民营企业等，也在不断向民办社科智库注入资金，其经费来源渠道将逐步向多元化拓展。

（四）成果质量将会提升

当今广西民办社科智库研究成果"量少质差"，影响政策决策的成果还不多。今后，随着民办社科智库的不断发展、人员素质不断提高、经费不断增加、资政服务渠道不断拓宽，将会促进民办社科智库研究成果量增质升。

五、促进广西民办社科智库发展的对策

民办社科智库的健康发展，涉及体制机制，涉及外部环境与内部条件等，因此需要从多视角来研究和破解。

（一）增强对民办社科智库的认识与导向

1. 强化智库建设理念

正确对待智库的姓"官"与姓"民"。中共中央办公厅、国务院办公厅《关于加强中国特色新型智库建设的意见》指出："社会智库是中国特色新型智库的组成部分。"民办社科智库是中国、广西社会智库重要的组成部分，也是中国特色新型智库的组成部分，理应得到各级党政部门、社会各界的认同与重视，理应获得一视同仁的待遇，理应得到扶持和发展。各级党政机关和领导干部，要像热爱官方智库一样关心重视和支持民办社科智库的发展，满腔热情地加强领导和管理，促进其健康发展。

2. 强化政治思想导向

民办社科智库要自觉增强政治意识，高举中国特色社会主义伟大旗帜，深入贯彻习近平新时代中国特色社会主义思想，坚持马克思主义在哲学社会科学领域的指导地位，坚持"两为"（为人民服务、为社会主义服务）、"两百"（坚持百花齐放、百家争鸣），立足广西，面向全国，创新发展人文社会科学，为实现中华民族伟大复兴的中国梦提供思想理论支撑。

3. 加强智库党建工作

坚持党管智库，在民办社科智库建立灵活有效的党组织，把坚持党的领导落实到民办社科智库中，落实到智库各项活动中，牢牢地把握民办社科智库的正确导向。

（二）强化对民办社科智库的政策扶持

1. 建立民办社科智库参与政府咨询服务供给制度

完善广西各级政府智库产品供给目录，将政策设计、规划方案、绩效评估、咨询服务、调研数据、政策解读、学术论坛、课题研究等服务事项，纳入自治区、市、县三级政府购买服务指导性目录，建立公开公正、合同管理的购买机制，支持社会智库参与政府咨询服务供给。建立和完善咨询服务市场信息发布制度，整合全区各级政府决策、企事业咨询需求信息，及时通过智库联盟和社科联、民政部门的信息平台向社会发布，使民办社科智库依法获取咨询服务市场需求信息。建立民办社科智库年度专项咨询研究项目制度，列入各级政府购买服务预算，由社会智库合作平台联盟统一开展招投标。各级党委和政府

应支持民办社科智库以独立或与其他智库合作的方式，依法参与党政部门、企事业单位采购、委托、课题合作等形式开展的智库产品供给活动，购买主体不得以不合理的条件对民办社科智库实行歧视待遇或添加其他附加条件。

2. 拓宽民办社科智库筹资渠道

围绕构建多元化多渠道多层次的民办社科智库活动经费保障体系，全区各级财政部门在编制政府购买咨询服务预算与服务名录时，应将包括民办社科智库在内的社会智库纳入扶持范围，建立常态化社会智库合作平台年度课题指南发布及招投标制度，将民办社科智库合作平台活动经费列入各级财政年度财政预算，像支持官方智库一样，支持民办社科智库与其他智库通过平等竞争参与承接政府购买服务，开展研究咨询活动。积极争取国家和自治区支持社会智库平等参与申请国家社科基金和自治区社科规划、自治区软科学项目及各部门招投标课题。鼓励企事业单位和其他社会组织向社会智库购买服务，推动大型企业建立专项资金，用于对社会智库研究的资金支持，实现智企互动。积极引导和推介社会智库承担世界银行、亚行开发银行、亚洲基础设施投资银行、国际开发协会等国际金融组织、区域性金融组织、联合国教科文组织等委托或其他方式的咨询研究服务。企业会员、自然人会员向社会智库捐赠款项，应视为公益性捐赠支出，享受免税待遇。

3. 完善民办社科智库人才政策

自治区人民政府应及早制定民办社科智库人才引进、流动配置、职称评定等政策，落实社会保障等政策，维护民办社科智库人员的合法权益。建立民办社科智库与其他智库以及党政机关之间的人才有序流动机制，制定行政机关、企事业单位退休人员在民办社科智库任职、工作、薪酬等政策，支持党政领导干部、企事业单位领导离任后经批准到民办社科智库从事研究工作，鼓励退休高级专业技术人员到民办社科智库任职。支持和鼓励党政智库、党校智库、高校和科研院所的在编研究人员到民办社科智库任职、挂职、兼职，按有关规定领取报酬。在任职、挂职、兼职期限内，职称评定、岗位等级晋升和社会保险等方面，与原单位同类人员享受同等待遇，所完成的工作量及成果互认。积极支持应届毕业大学生、研究生、归国留学生到民办社科智库就业，并享受公务员报考优惠待遇，政府对接纳大学生、研究生实习就业的民办社科智库，给予一定的补贴。制定民办社科智库优秀人才跨行业任职挂职规定，积极输送民办社科智库优秀人才到党政机关、科研院所任职挂职，从事研究工作或跟班学习。坚持"引进来"和"走出去"相结合，积极引进和有效使用国际人才，依法适当吸收在广西留学的外国毕业研究生到民办社科智库工作。在现有的全区各类职称评聘制度中，推进民办社科智库在内的社会智库专业技术人员与体制内专业技术人员同标准、同条件、同程序评定职称。对退休人员到民办社科智库任职需要评定职称的年龄可放宽到 70 周岁，已取得专业技术职称资格的可互通互认。建立民办社科智库专业培训和继续教育制度，各级有关部门尤其是社科联、民政部门等在制订年度培训计划时，应将民办社科智库纳入制度培训计划，同步确定相应名额，加强智库管理业务、财税业务知识、研究方法等内容培训，不断提高民办社科智库人员素质。

4. 拓宽民办社科智库参与自治区各级决策咨询服务的有效途径

建立包括民办社科智库在内的社会智库咨政服务制度，推进民办社科智库向各级党政机关提供决策咨询制度化建设。建立包括民办社科智库在内的社会智库参与全区各级政府重大决策制度，涉及全区公共利益的立法、政策、规划的制定和修订，涉及全区各族人民群众切身利益的重大决策事项、重大项目等，应邀请民办社科智库专家通过举行座谈会、论证会、征求意见会和听证会等多种形式发表意见和建议。建立民办社科智库参与政策评估制度，发挥社会智库第三方优势，委托民办社科智库参与评估各级政府政策实施效果、预算决算执行效果、政府绩效评估和重大项目绩效评价等。建立自治区、设区市、县三级决策部门对民办社科智库咨询需求和反馈机制，各级党委、政府信息部门可通过社科联或直接向民办社科智库发布决策信息需求，鼓励民办社科智库及时主动对接党委和政府决策需求，精准服务，提供有价值的决策信息，开辟民办社科智库"要报"直通各级党委、政府的渠道，促进党委、政府决策与社会智库之间良性互动，建立良好的互信互动关系。民办社科智库应加强与媒体合作，借助互联网技术、各种媒体平台，特别是加强中央与中央驻广西各大媒体记者站、分社联系，主动将智库生产的精神产品进行转换推介，并转化为内参形式向中央政府提供决策参考。各级政府相关部门要依法依规开放数据和信息，拓宽政府信息共享的内容和范围，免费向民办社科智库提供数据和信息，实现社会智库共享政府信息，有效互动，打破"信息孤岛"。

（三）加强对民办社科智库的管理

1. 推进标准化管理

认真贯彻落实广西壮族自治区民政厅等十部门联合出台的《关于促进社会智库健康发展的实施意见》文件，严格按照社会智库九条标准进行认定与管理。各级民政部门、业务主管单位要支持符合标准和有关法规规定条件的民办社科智库依法成立。对已在民政部门登记成立的民办社科智库要求认定为社会智库的，要向业务主管单位和登记机关提出申请，经业务主管单位审核同意后，到登记机关办理登记认定。对新成立的民办社科智库要求认定为社会智库的，在办理成立登记时须提出申请，经业务主管单位审核同意后，到登记机关办理登记认定。对部分高校或科研院所智库，同时又在民政部门注册的民办社科智库，按社会智库性质进行双重管理。对依法依程序被认定为社会智库的民办社科智库，由业务主管单位自治区社科联和登记机关共同发放社会智库认定书，作为社会智库的标识，并向社会公布名单。改革社会智库年审制度，科学设计社会智库年检报表，推进社会智库年检两表合一（即将广西壮族自治区社会科学界联合会社会组织年度报表和广西壮族自治区民办非企业单位年度检查报告书合为一表，合并同类项，删除重复内容，简化不必要程序，增加一些考核重要内容，如课题、重要活动等），简化年检手续和程序，推进年检规范化、简便化。

2. 规范业务活动开展

建立重大事项报告制度是规范民办社科智库管理的重要工作。民办社科智库除了遵守民政部等九部门《关于社会智库健康发展若干意见》第三条第三款"规范业务活动"相关要求，其重要业务活动（如市厅级以上课题研究、咨询活动、科普活动、重点公益活动等），依法接受境外捐赠资助、重大宣传活动（新闻发布会、讲座、学术沙龙、展览会等），举办大型论坛（如学术报告会、研讨会、论坛）和会议（大会或年会）等重大活动，要向业务主管部门社科联报告活动名称、主办协办单位、时间地点、参会人数、活动主题、主要议程、主要发言人基本情况、活动内容和主要观点、活动方案等。

3. 加强执法与监督

自治区应建立联合执法机制，民政部门、主管单位社科联和相关部门要切实履行各自监管责任，加强对社会智库的综合监管。积极建立自治区一级的社会公众、新闻媒体和第三方"三位一体"监督机制，依法加强对民办社科智库进行监督。积极探索建立自治区级专业化、社会化的民办社科智库第三方监督机制，在自治区一级建立民办社科智库第三方评估，确保其对民办社科智库评估信息公开、程序公平、结果公正。自治区级民政部门要加大对民办社科智库执法监察力度，对未经自治区民政部门登记、擅自以民办社科智库名义开展活动的非法组织，由民政部门依法予以取缔。对民办社科智库违反法律法规的其他行为，由有关部门依法查处。

（四）努力提高民办社科智库自身建设

1. 加强民办社科智库队伍建设

民办社科智库要围绕自身发展定位和研究领域，建立起适应智库自身发展的专业研究人才和行政管理人才的管理机制等制度，促进队伍健康成长、发展壮大。对民办社科智库来说，当务之急要重点抓好三类人才队伍建设：一是战略型领军人物。这类人才是智库的灵魂，理论功底深厚，有战略眼光和前瞻性思维，对实现问题看得透、把脉准。二是复合型研究人才。这类人才是智库"压舱石"，是智库的骨干力量，由结构合理、各种专业、各个领域专家组成的研究团队。三是专业型管理人才。这类人才包括人事、项目、经费、宣传、推介、会务等工作，是智库"黏合剂"，对社会智库的品牌优势提升发挥较大的作用。民办社科智库虽然没有体制内智库那么有吸引力，但通过机制创新，也可以吸引一定的优秀人才。为此，要依法落实劳动合同和社会保障制度，落实社会组织薪酬管理相关规定，探索建立"责、绩、利"紧密联系、简便灵活的薪酬制度，吸引优秀人才和青年研究人员入职加盟。还要建立健全智库内部专业培训和继续教育制度，加强智库队伍专业知识、研究方法、财务管理等内容的培训，全面提高智库队伍整体素质。

2. 提升社会智库服务能力

社会智库要不断提高团队研究咨询能力和效率，自觉聚焦我国和广西重大理论前沿和现实紧迫问题，紧紧围绕服务中央和国家、自治区党委和政府决策这一中心任务，结合自身特点和优势，在"五个着力"上下功夫：着力提升资料采集能力、资源整合和资料储备能力；着力增强课题研究选题能力、综合研判能力和战略谋划能力；着力增强咨政建言的前瞻性、建设性、操作性；着力提高公共政策研究的针对性、专业性、学术性；着力拓展学术论坛话语体系、学术前沿和话语权，努力建设在区内、国内有较大影响力和知名度的智库品牌。尤其是要突出民办社科智库专业化优势，因院（所）制宜，因人制宜，发挥特长，聚焦国内外重大理论和现实问题，运用专业化的视野，采用专业化的手段，捕捉聚焦的研究领域，采集聚焦的研究资料，撰写好聚焦的专业领域研究课题，推出高质量的研究成果，努力提高社会智库的核心能力。

3. 加强社会智库内部管理

认真贯彻落实中共中央办公厅、国务院办公厅《关于加强中国特色新型智库建设的意见》，民政部等九部门《关于社会智库健康发展的若干意见》要求，广西壮族自治区党委办公厅、广西壮族自治区人民政府办公厅印发的《关于加强广西特色新型智库建设的实施意见》，自治区民政厅等十部门的《关于促进社会智库健康发展的实施意见》等文件精神，建立健全民办社科智库各项内部管理制度，重点建立健全民办社科智库科研（如课题研究和学术活动等）、劳动人事、党建、财务、印章、档案等内部管理制度，健全内部监督机制，完善法人治理结构和运行机制，加强自我管理，提高治理能力，推动民办社科智库真正成为依法自办、权责明确、运转协调、制衡有效的法人主体。

4. 建立健全信息公开制度

民办社科智库应依照有关规定，在自治区民政部门统一指定的信息平台以及其他便于公众查询的平台，及时主动真实完整地向公众公开组织章程、负责人、专家简介、开展课题研究及成果、财务状况、接受境内外捐赠资助、交流与合作等情况，自觉接受社会监督，方便社会对民办社科智库了解与需求。

参考文献

[1] 中共中央办公厅，国务院办公厅. 关于加强中国特色新型智库建设的意见 [R/OL]. (2015 - 01 - 20). http：//www.gov.cn/xinwen/2015 - 01/20/content_2807126.htm.

[2] 关于加快构建中国特色哲学社会科学的意见 [N/OL]. (2017 - 05 - 16). http：//www.xinhuanet.com/pocitics/2017 - 05/16/c—1120982602.html.

[3] 民政部，中央宣传部，中央组织部，等. 关于社会智库健康发展的若干意见 [R/OL]. (2017 - 04 - 17). http：//www.gov.co/xinwen/2017 - 05/04/content_5190935.htm.

[4] 张创新. 关于中国古代智囊团的几个问题 [J]. 政治学研究，1989 (6).

[5] 周湘智. 我国智库建设发展趋势前瞻 [N]. 人民日报，2016 - 03 - 03 (7).

[6] 郭岚. 国外智库产业发展模式及其演化机制 [J]. 重庆社会科学，2013 (3).

[7] 杨亚琴. 中国智库如何提升核心能力 [N]. 文汇报，2018 - 03 - 25.

[8] 李闽榕. 进一步加强社会智库自身建设 [N]. 人民日报，2017 - 06 - 18.

课题承担单位： 广西民族发展研究会

课题负责人： 赵明龙（广西社会科学院）

主要参加人： 黄启学（中共百色市委党校）、苏进祥（中共百色市委党校）、赵庆星（广西民族发展研究会）

关于加强广西传统美德文化传承
与保护研究

一、加强广西传统美德文化传承与保护的目的及意义

中国传统美德是指中国五千年的历史传承下来，具有影响力，可以继承，并不断创新和发展，有利于下一代教育的优良道德遗产。它是中华民族优良的道德品质、伟大的民族精神、高尚的民族情感和良好的民族习惯的总和，标志着中华民族的"根"和"魂"，也是我们人民五千年来处理人与人、人与社会关系和人与自然关系的实践结晶。广西传统美德是中华传统美德的重要组成部分，是广西各族人民在历史演化过程中沉淀形成的具有民族气质特点的传统美德。文化是人类在社会历史发展过程中创造的物质财富和精神财富的总和，是辩证统一的活动和行为。因此，广西传统美德文化是在历史演变过程中，各民族沉淀形成的具有民族气质的文化。它蕴含着广西各族人民丰富的思想精华和道德精髓，是广西各族人民在历史发展中创造的精神财富，如在广西各民族中流传的"礼仪文化""孝道文化""非遗文化""乡贤文化"等富含广西少数民族传统美德精神内涵的文化均属于广西传统美德文化范畴。

中共中央办公厅、国务院办公厅《关于实施中华优秀传统文化传承发展工程的意见》指出，"实施非物质文

化遗产传承发展工程""开展少数民族特色文化保护工作""实施中国传统节日振兴工程"等是中华传统文化具有承前启后意义的发展工程。中华传统美德文化是一个国家和民族的灵魂，加强中国传统美德文化建设，是满足人民群众日益增长的精神文化需求，促进经济社会发展的重要举措。广西在漫长发展进程中积淀形成了独特的广西传统美德文化，让这些优秀的传统美德文化焕发蓬勃生机、实现创新发展并走进现实生活，在新时代中对推动广西实现又好又快发展具有重大的现实意义。

（一）加强广西传统美德文化传承与保护是贯彻党的十九大精神和中华优秀传统文化建设的要求

党的十九大报告要求弘扬中华文明、传承文化。2017 年 1 月 25 日，中共中央办公厅、国务院办公厅发布《关于实施中国优秀传统文化传承发展工程的意见》，指出中国优秀的传统文化蕴含着丰富的道德观念和规范。要求全社会都要大力弘扬和传承发展民族优秀传统文化。习近平总书记在党的十九大的报告中指出，文化是一个国家、一个民族的灵魂。无论哪个国家或民族不珍惜自己的思想文化，失去了思想文化的灵魂，这个国家和民族都站不起来。对中华民族来说，优秀的传统文化是中华民族的根本和灵魂。因此，我们必须珍惜这个"根"和"灵魂"。

（二）加强广西传统美德文化传承与保护是弘扬社会主义核心价值观的需要

传统美德文化的理论价值与社会主义的核心价值是一致的。第一，传统文化是核心，它是"根"，为社会主义核心价值观建设提供了文化和思想基础；第二，传统美德文化规定了社会主义核心价值观的价值取向；第三，传统美德文化是社会主义核心价值观的基本内容，是以人为本，推进智慧的核心价值观。传统美德文化最核心的精神是以人为本，它注重人的主体性和主动性，强调人与自然的统一，它是重要的历史和思想资源的核心价值。广西壮族属于稻作民族，壮族先民自古依水而居，孕育出了丰富独特的文化内涵。例如，写于公元前的《越人歌》是目前发现的最早的壮族先民诗歌，它和楚国的其他民间诗歌也成为楚辞的艺术源泉。又如壮族的创世诗歌《姆六甲》描写的是生育的女神、繁殖的花神；而《布洛陀》描写的就是先知先觉的男身，是一部探究天地万事万物起源的文学作品。《布伯》《青蛙皇帝》《妈勒访天边》等作品，都反映了壮族先民们的道德智慧。这些是壮族人民的骄傲。这些富含传统美德的文化都有一个共同的指向：遵循天地大道，敬畏自然，追求真善美，鞭挞假丑恶，致力于建设一个和谐美丽的生存环境。这些文化与社会主义核心价值观所倡导的价值追求深度契合。

（三）加强广西传统美德文化传承与保护是实现奋力谱写新时代广西发展新篇章的重要一环

广西壮族自治区党委书记鹿心社指出，实施乡村振兴战略，是决胜全面建成小康社会、全面建设社会主义现代化国家的重大历史任务。按照中央实施乡村振兴战略的总体要求，重点实施"六大工程"。其中，实施文化繁荣兴盛工程，加强社会主义核心价值观的宣传教育，深化农村精神文明建设，挖掘和弘扬有广西特色的民族传统文化，实现新型农村文明建设，是一个重要的环节。广西传统美德文化的传承与保护是坚定广西各族人民民族自信心、建立民族文化自信的需要。如何踏上新的旅程，是摆在广西各族人民面前的历史使命。在此背景下，通过深入挖掘和利用广西传统美德文化中的道德精髓，并结合时代特点加以创新，来加强广西各族人民的思想道德建设，对于凝聚全社会的精神力量，利用传统美德文化思想持之以恒正风肃纪，营造风清气正的社会生态，谱写新时代广西发展新篇章具有重要意义。

（四）加强广西传统美德文化传承与保护是促进广西民族团结融合的需要

广西是壮族、汉族、瑶族、苗族、侗族、仫佬族、毛南族、回族、彝族、水族、京族、仡佬族等12个世居民族的共同家园，同时还有其他40多个少数民族在此生存和发展。民族特质是体现民族品质，广西少数民族传统美德文化中团结和谐精神是对中华传统美德文化精髓的传承和光大。新中国成立以来，广西各族人民始终坚持弘扬传承"平等、团结、互助、和谐"的传统美德文化，以国家大局为重，坚持党的民族政策和民族区域自治制度，有力地维护国家统一和社会和谐稳定，同时，这种团结和谐的关系已成为改变广西落后面貌、加快广西发展的精神动力。

二、广西传统美德文化的现状

（一）广西传统美德文化底蕴深厚

广西地处华南沿海，多民族聚居，各民族有着自己独特的民族文化，这些文化蕴含着丰富的思想道德内涵，如在民族礼仪文化中的出生仪式、成人仪式等，激发了人们对生活问题的思考，激发了对民族发展振兴的责任感，体现了一定的道德教育功能和文化价值。民族民间继承的传统文化，如壮族神话布洛陀强调造福于人民的精神，妈勒探视天际直至死亡的探索精神，妇幼皆知的刘三姐传奇凸显的勇敢无畏的、追求幸福生活的精神激励着人们奋斗等。左江花山岩画文化景观是壮族先民纪念蛙神的图腾崇拜，它被称为"悬崖上的敦煌"和"悬崖画的自然展览馆"，这些都具有鲜明的民族传统美德文化特色，都有其永不褪色的时代价值。

（二）广西采取各种措施保护和传承传统美德文化

广西紧密结合贯彻中央工作会议精神，努力为广西民族的发展提供精神文化支持和宣传，采取多种措施保护文物，弘扬优秀传统美德文化。一方面积极推进民族传统美德文化产业发展。重点推广和扶持民族文化及具有浓郁传统美德和文化特色的民间工艺品牌，如愚自乐园、南宁国际民歌艺术节、《印象刘三姐》、《八桂大歌》、钦州坭兴陶、临桂农民画、靖西绣球等，增强广西民族文化产业项目的核心竞争力；另一方面进一步强化传承保护机制。根据广西文化和旅游厅的数据，广西共安排了 19 个非物质文化遗产传承基地建设，积极推进文化生态保护区工作，发展丰富的德性文化建设，开展民族非物质文化遗产桂剧、壮族戏曲、色彩代表传承者的抢救性记录工作。同时，通过社会教育和学校教育，对非物质文化遗产保护项目进行继承。

（三）广西传统美德文化建设出现新风尚

近年来，广西出台各项政策，多举措把培育和践行社会主义核心价值观作为加强农村道德建设和传承传统美德文化的工作来抓，让传承美德与弘扬社会主义核心价值观同步在乡村落地生根、开花结果。截至 2018 年 12 月，全区有自治区级文明村 655 座，文明镇 241 座；市级文明村 897 座，文明镇 260 座；县（区、市）级文明村 2561 座，文明镇 169 座。入选"星级文明户"95800户，其中市级 4144 户，县（区、市）级 21900 户，乡镇级 69700 户。农村道德建设出现了新的风尚，文明之花在乡间竞相绽放，主要做法如下。

一是创建"星级文明户"，农户热"追星"。"星级文明户"创建活动一经推出，在乡村便掀起一股"追星"热。自 2013 年 7 月开展"星级文明户"活动以来，广西形成了市、县（区）、乡（镇）、村（屯）四级建设格局，由点到面推进。地市文明办结合社会主义新农村建设，把计划生育、生态环境等文明村镇建设的各项任务纳入创建"星级文明家庭"的内容中，细化和量化了创建十星级的标准。统一"星级文明户"评价记录、审批表格、名册等，增强了指导和可操作性，实现了"星级文明家庭"的科学化、规范化评比。在实践中，各地纷纷把"勤劳致富""孝老爱亲""团结友爱"等传统美德文化内容放在"星级文明户"创建的重要位置上，与农村经济发展相结合，着力形成"一星带多星"的创建格局。

二是"古节"妆新颜，乡间放欢歌。广西很多市县，比如凭祥市、龙州县、大新县、宁明县等，每个村屯都有自己的歌圩日。"歌圩"在壮族地区有不同的称谓，有的叫"圩坡"，有的叫"墩圩"，意思是"坡地上聚会""坡场上会歌"。这是壮族的传统文化活动，也是青年男女交往的场所。因为这个活动互相唱歌，古人称它为"对歌"，是壮族古来"倚歌择偶"的风俗。现在人们借助这个节日来团聚，以歌会友，以舞娱情。

三是乡贤传技艺，乡村换新颜。乡贤文化作为一个地域的精神文化标记，是传统美德文化的重要组成部分，其文化内涵本身固有文化传统的精神原动力，具体表现是通过乡贤这些人员团体的思想意识展现出来的。课题组在广西天峨县纳直乡赖停村发现一个乡贤通过传承和弘扬乡村民间艺术文化实现治理乡村的事例。纳直乡赖停村乡贤李氏"八仙"（唢呐）第十一代传承人李宗耀，利用一对"八仙"，将赖停村治理成广西平安文明村、河池致富村。李宗耀继承和发扬"八仙"的艺术功能，在纳直乡成立"八仙"协会，主要任务是培养"八仙"人才，为家乡建设服务。吹"八仙"除了成为当地人们的文化娱乐、红白喜事的民俗风情之外，多年来还成为乡党委、政府"上山种树，下河养鱼"的富民兴乡号令。在李宗耀等人的努力下，"八仙"文化这种特有的乡村传统美德文化在纳直乡乃至天峨县，以及与天峨县接壤的贵州边界一带得以传承，对助推地方乡风文明发挥了良好的作用。

（四）广西传统美德文化面临新挑战

由于受到社会各种变革的影响，人们的思想观念、价值取向、生活方式等都发生了变化，广西传统美德文化面临新挑战，主要表现在以下几个方面：

一是功利思想价值，乡间伦理道德受冲击。随着城市社会的商品化，村民的思想也受到城市商品化思想的冲击，先老后幼，先弱后强的传统家风家训以及村俗村规面临挑战。

二是乡村人口及年龄结构断裂导致传统美德文化断层。城乡一体化致使城乡之间人口流动加快，乡村青年无心继承和发扬乡村传统文化，涌进了城市。老年人随着年龄的增大精力逐步减少，对继承和发扬乡村传统文化力不从心，致使传统文化出现断裂，民俗民间传统美德思想也日渐淡化。

三是乡村生活方式改变，部分乡村美德文化生活缺乏。传统的农耕方式逐渐消亡，人们过去通过民间风俗娱乐的生活方式基本改变，农民的主要收入来源不是农耕收入，而是外出务工的收入。各种民俗文化和民间技艺随着农村老人的逝去而逐渐衰落，各种弘扬传统美德的民俗节日活动不受重视。

四是现行教育体系对传统美德文化教育重视不够。当前的教育体制对我国传统美德文化的重视不够，受时间和地点的限制，一些传统美德文化习俗无法坚持，缺乏对优秀传统美德文化重要性的理解。

三、国内经验对加强广西传统美德文化传承与保护的启示

我国有些地区也根据自身条件对本地的传统美德文化进行了有效弘扬，贵

州和云南的一些做法和经验，对广西加强传统美德文化传承与保护有一定的启示。

（一）贵州经验

家风是一种传统的家庭道德规范和做事方法，是一种潜在的无形力量，是一种无言的教育，是家族一代一代优秀的传统美德。良好的家庭作风是当今社会的道德力量，贵州省委以家风促民风转社风为目的，在全省开展了"好家风"宣传活动，传承文明家风，弘扬优秀传统美德，让传统美德文化传承不息。

贵州省龙里县是贵州省典型的家风传承县，源于民间、植根于群众的传统美德文化，已成为龙里县广大农村实践社会主义核心价值观的微观体现。2015年初，龙里县开始举行"明礼知耻·崇德向善——德行龙里·一路有你"创建活动，在乡镇开展以弘扬家庭美德为主题的"晒家风、亮家训"活动，在活动过程中，形成了一种良好的民风，凝聚起积极向上、爱善、爱美的强大正能量。正是由于当地开展以弘扬家庭美德为主题的阳光家庭纪律活动，才恢复农村朴素的民风，给小山村带来了新的氛围。

黔桂山水相连，边界线长，许多少数民族乡风民俗相通相融，在民族文化传承工作方面，贵州能得以顺利开展，在广西也是可以施行的，借鉴贵州省委开展"好家风"宣传活动的做法，对于弘扬广西传统美德也会是一剂良方。

（二）云南经验

云南省通过在全省建设中华传统美德文化教育实践示范基地，以基地的示范作用引领全省传统美德文化的传承和保护工作，推动全省中华传统美德教育实践深入广泛开展，筑牢社会主义核心价值观"根基"，真正使社会主义核心价值内化于心、外化于行。云南省于 2015 年开始，在全省开展中华传统美德教育实践示范基地建设，通过以点带面的形式，在全省掀起新一轮弘扬优秀传统美德文化，培育和践行社会主义核心价值观的热潮。例如，凤庆县是滇西南重要的文化名镇。它已经建立了 600 多年，历史文化悠久，文化内涵丰富，人民淳朴善良。凤庆县通过建立丰富多彩的具有自身特色的传统美德文化基地，引导全县各族人民重德、守德，为全社会的智者善德和智者思想创造了浓厚的道德崇拜氛围，提高了全县的文明素质和社会文明程度。

广西和云南都是全国少数民族集聚区，在全国 55 个少数民族中，有 51 个在云南。广西除了 12 个世居民族，40 多个少数民族在广西均有居住。广西的壮族和云南的壮族是同源祖先，具有相同的民俗文化，云南在少数民族地区开展中华传统美德教育实践示范基地建设得到成功，给广西树立了榜样。

四、加强广西传统美德文化传承与保护的对策建议

加强广西传统美德文化的传承和保护，必须首先保护优秀的传统美德文化，其次再从制度设计、教育体系、价值引领、社会治理等方面入手寻找有效传承的路径。

（一）高度重视

加强广西传统美德文化的传承和保护，充分发挥传统美德文化在现代化治理中的作用，各级党委、政府要充分认识、高度重视，从顶层设计上着力抓好优秀传统美德文化建设工作，从源头上消除认识上的误区，增强抓好加强广西传统美德文化传承与保护工作的责任感和紧迫感。

一是消除认为"传统美德文化是精神层面的工作，当前重要任务是抓经济建设，传统美德文化传承与保护抓与不抓无关紧要"的误区。深刻认识弘扬传统美德是凝集人心，汇集力量，形成合力进行经济建设的重要地位和作用，树立要做好经济建设必须先通过发扬传统美德提起精气神的思想。

二是消除认为"传统美德文化传承与保护工作任务较软、内容较虚、没有干头和甜头，难有作为"的误区。当前广西要全面实施乡村振兴战略，广西乡村振兴工作尚面临诸多问题，如群众思想意识落后、乡村道德风尚退化等问题。广西要按照乡风文明的要求实现乡村振兴，还迫切需要解决乡风文明建设问题。为此，要深刻认识通过发掘乡村优秀文化资源，凝聚和弘扬传播优秀传统美德文化精神，来推动和促进解决广西实施乡村振兴战略需要解决的诸多问题。

三是消除认为"传统美德文化传承与保护是吹嘴皮，洗脑袋，就是组织一下学习、举办几个讲座等"的误区。认识到新形势下，社会主要矛盾已转化为人民日益增长的美好生活需要和不平衡不充分的发展之间的矛盾。各级党委、政府要正确认识、充分理解优秀传统美德文化所具有的人文道德价值对人民美好生活的影响，领会优秀传统美德文化对推动乡村发展、促进乡村文明治理的重要作用。更要牢固树立抓好弘扬优秀传统美德文化，促进社会文明是增加人民幸福感的理念。无论是哪个机关职能部门，无论是哪条战线、哪个领域、哪个环节，都要把实现人民美好生活的追求责任承担好、落实好，不能有丝毫的懈怠，更不能有事不关己的危险思想。

（二）构建传统美德文化教育体系

构建传统美德文化教育体系是传承和保护优秀传统文化的基础。广西党委、政府提出民族文化强区战略，这就要把构建传统美德文化教育体系提高到制度层面，为传承保护传统美德文化提供制度保障，为优秀传统文化的传承提供理性空间，从而坚定全区人民的文化自信。

习近平总书记在全国教育大会上强调，要培养德智体美劳全面发展的社会主义建设者和接班人。把立德树人融入思想道德教育、文化知识教育、社会实践教育各环节，贯穿基础教育、职业教育、高等教育。围绕这一目标设计学科体系、教学体系、教材体系和管理体系。教师应该围绕这个目标教学，学生应该围绕这个目标学习，所有不利于实现这一目标的做法都应坚决加以修订。习近平总书记这一论断给传承保护传统美德文化工作提供理论基础。根据这一理论基础，精准施策构建传统美德文化教育体系是传承和保护传统美德文化的一个重要举措。

1. 落实好立德树人是教育的根本任务

全面贯彻党的教育方针，坚持社会主义办学方向，做好道德价值观建设，教书育人始终是教育的第一要求。目前的关键，是完善党的教育方针，中共中央办公厅下发《关于培育和践行社会主义核心价值观的意见》，明确提出社会主义核心价值观的培育和践行要融入国民教育的全过程。要抓好道德主题教育活动，为做好德育活动，创造有效形式，形成长效机制。

2. 把传承和保护传统美德文化教育纳入教育的重要内容

在学校教育中，要大力开展传统美德文化的传承与保护教育，把学生的传统美德表现纳入成长记录，建立有效的传统美德文化传承与保护机制，广泛形成以传承的价值观和制度保障来保护传统美德文化，让学生从优秀的传统美德文化中汲取营养。把完善优秀传统美德文化教育，创新教学方法，以节学有序推进，为培育和实践社会主义核心价值观奠定思想文化基础的指导纲要。

3. 发挥社会力量，参与传承和保护传统美德文化

号召全社会参与传承和保护传统美德文化教育工作，一方面要求办学理念、办学方式和培养模式充分考虑传承和保护传统美德文化教育工作的分量；另一方面高职院校和普通高校都应加快道德素质评价机制的建立，同时呼吁社会各界参与教育质量评价，让社会人员自觉地参与到传承和保护传统美德文化工作中。

（三）开展广西传统美德文化主题活动

开展广西传统美德文化主题活动是弘扬社会主义核心价值观的主要活动内容。要紧紧抓住继承优秀传统美德文化促进社会主义核心价值体系建设的根本任务，针对当前影响公民道德建设的突出问题，确定三大活动重点：一是引导人们乐于助人。倡导在别人遇到困难时帮助别人，反对轻视和袖手旁观，倡导感恩回报他人。二是引导人们在职业活动中做到诚实守信。大力倡导诚信，在社会服务活动中实践宗旨，造福人民，反对损害公共利益、陷害人民的行为；大力倡导在生产经营活动中遵守合同，致力于实践，反对背信弃义，欺骗他

人。三是引导人们在家庭生活中孝顺长辈。反对虐待老人，大力提倡对老人进行精神关怀和生活帮助，建议开展两个主要传统美德文化主题活动。

1. 推行"善行八桂"主题道德实践活动

以推行"善行八桂"主题道德实践活动抓好公民道德建设工作，把文明城市、文明村镇、文明单位、文明社区、文明家庭建设等，纳入"善行八桂"的道德实践活动，广泛动员城乡群众和各类专业人员参加，互相帮助、诚实待人，将社会道德、职业道德、家庭美德、个人道德等建设水平作为文明村镇、文明单位、文明社区、文明家庭的重要评价条件。各级窗口服务行业要有针对性地解决缺信、失信等道德问题。各级群众组织应当设计和开展各种形式的活动，组织企业职工、青年等参加到活动中来。要充分发挥各级宣传文化战线的指导作用，形成促进活动有效开展的舆论环境。

2. 开展"八桂好家风"家庭传统美德主题活动

家风作为一个精神文明的重要组成部分，开展"八桂好家风"家庭传统美德主题活动，以身边的传统道德典型感染、教育、带动身边人的方式，让每个家庭都能拥有一个好家风的传统美德。第一，各级党委、政府要充分认识开展"八桂好家风"主题活动的重要性，把活动作为全区精神文明建设的有效把握，高度重视，加强领导，精心组织，精心安排。第二，要注重贯彻落实习近平新时代中国特色社会主义思想，积极践行社会主义核心价值观，深入挖掘和继承良好的家风。如开展"干部谈家训，自律树家风""学生学家风，传承好美德""居民话家风，和睦建家园"等演讲比赛，同时还针对不同区域、不同行业开展形式多样的家风家训专题讲座、讲坛活动，让传统优良的家风家训影响广大人民，造福八桂大地。第三，要广泛宣传，营造氛围。要以各种形式广泛宣传这一活动的意义，发扬优良家风的先进和典型，营造氛围，扩大活动的影响力，调动社会各界参与的积极性。

（四）建设"广西传统美德文化"教育示范基地

建设"广西传统美德文化"教育示范基地，目的是通过借鉴和发挥先进典型的示范和辐射作用，促进传统美德教育。通过开展传统美德文化"五进"活动，引导全区各族人民继承民族优秀传统美德文化。所谓"五进"，一是进馆所。在各种传统文化博物馆、纪念馆、文化馆等建设"广西传统美德文化"教育示范基地，通过基地宣传展示优秀传统美德文化的历史渊源和文化内涵。二是进校园。依托具有深厚文化内涵的学校建设基地，长期开展校园中华传统美德教育。三是进乡村。选择具有民族特色的文明村寨建设基地，总结这些文明村寨的传统文化渊源、引领文明风尚的各种精神力量，以不同方式传播和弘扬这些精神力量，创造和积累一套独特而系统的传统美德文化。四是进社区。从传统文化入手，充分发挥社区功能，在文化教育资源丰富的社区建设示范基地，通过开展"道德讲堂""善举义举榜""十星级文明户"评选等形式，弘扬传统美德，树立文明社会风尚。五是进企业。选择具有一定传统文化基础的文化企业，在传统文化底蕴比较深刻的文化企业建设示范基地，通过在企业基地开展团结协作、诚实守信、敬业奉献等传统道德教育活动，在企业领域夯实传统美德文化基础。

（五）开展传承保护传统美德文化节庆活动

随着现代科学技术的飞速发展，传统的生产方式和生活方式逐渐消失。而我们的传统美德文化大多植根于传统农业，是农业社会和农业文明的"婴儿"。传统美德文化"土壤"的退化，让人们渐渐漠视传统美德文化的精神价值，这是传统美德文化出现危机的一个重要原因。因此，建立以民间自治为主导，政府引导和推动为辅的"传统美德文化节"模式是十分必要的。在进一步加大对传统节庆文化的投入，加强对民间文化的研究的基础上，充分发挥各非政府组织自身的力量，将传统美德文化与现代文明有机地结合起来，通过举办各种传统美德文化节，为弘扬和传承优秀传统文化搭建展示和发展平台，为其创造适宜的"土壤"，进一步促进优秀传统美德文化的传承和发展。

1. 在城市举办"传统美德文化节"

城市是人口密集的地方，能让传统美德的文化内涵更好地融入人们生产生活的各个方面，转化为日常生活中不可缺少的一部分，形成人人继承和发展传统美德的生动局面，形成全社会参与保护的良好环境。在县级以上每个城市举办一个传统美德文化节有利于美德文化的传播。通过举办集传承弘扬传统美德文化、开展美德文化交流、旅游观光、学术研讨、合作于一体的丰富多彩、趣味盎然的综合性美德文化节庆活动，如以文艺活动（美德文化产品展销）、观光体验、美德文化论坛、成人礼、书画展、国学讲座、合格家长颁奖等为内容组成，免费国学教育、观光体验为亮点，成人礼、产品展销、国学文艺演出及网络营销等为重点，将内容各环节有机地结合，引起社会广泛关注，把传统美德文化内涵展示作为对城市核心理念的一次全面营销，做到把广西传统美德文化资源循环利用最大化，借助节庆活动，把八桂传统美德文化在全区乃是全国范围内推向一个全新的高度。

2. 在乡村举办"丰收文化节"

经中共中央、国务院批准，自 2018 年起，将秋分节定为"中国农民丰收节"，这是全国农民的第一个特殊节日。节日的目的是在全国各地举办各种民间表演、劳动技能竞赛、美食展览等活动，展示中华优秀儿女淳朴、勤劳、勇敢等传统美德文化，让大家一起分享丰收的喜悦，增强人民生活幸福感。在

"中国农民丰收节"期间，广西广大乡村举办以弘扬传统美德文化为主题的"丰收文化节"既吻合中央精神，又能很好地传承和保护广西传统美德文化。通过节庆，挖掘乡村乡贤文化、"非遗文化"、优秀民俗民间文化等富含传统美德精神的文化资源，以宣传八桂传统美德文化进行创新、发掘、创作活动主题节目，以各地区乡村深厚的八桂文化、地域文化贯穿为主线，通过磅礴大气的传统美德文化节目场面展现出来。近年来，广西崇左扶绥县、江州区等县区几乎每个村屯，在秋收之后，农闲之时，都会选一个好日子并且固定下来，作为一年一度的丰收节。这是乡村传统美德文化展示的标杆。

（六）合理资源配置，加强家庭传统美德教育

央视、《光明日报》等媒体以"家庭美德"为主题的一系列报道和评论引起了社会的广泛关注。人们在总结传统家庭美德教育经验的同时，也积极思考如何将时代精神融入家庭教育，以更好地配置社会资源，适应社会发展。特别是个人层面的"爱国、敬业、诚信、友善"的基本内容，涵盖了社会主义公民道德行为的方方面面，贯穿于社会道德、职业道德、家庭美德和个人道德的方方面面，也融合了中华民族传统美德的精髓和新时代的民族道德。应以此作为家庭教育的一门必修课来指导人们正确的生活方式。

作为传统道德教育最基本的方式，家庭教育最基本的要求是自我修养，这种目标要求不仅是灌输，而且还通过传统形式的道德文化，包括通过家庭方式来达到对人的感染。中华民族优秀的传统美德文化积淀着中华民族最深刻的精神追求，蕴含着中华民族最基本的精神基因。中华美德传统文化之所以发挥这么强大的作用，除了本身丰富的精神内涵和价值追求，还在于中华文化实现了民族性与大众化的统一，尤其体现在价值观层面实现了家、国、天下的统一，正所谓"修身、齐家、治国、平天下"。所以，通过学校教育、社会教育、家庭教育等多方面资源合理配置和融合，结合中国传统家庭美德教育中诗歌、礼仪、家庭的内涵，可以更好地传承、保护传统美德。

（七）发挥"特色传统美德文化"的示范作用

广西作为多民族集聚区，多年来，各族人民在生产生活沉淀下来的民族特色传统文化中，无不蕴含着丰富的美德精神，如"非遗文化""乡贤文化"等传统文化在广西各民族中具有深厚的底蕴，发挥这些文化的示范和引领作用对加强广西传统美德文化建设具有十分重要的推动作用。

1. 发挥"非遗文化"的引导作用

广西左江花山岩画文化景观是广西珍贵的民族文化。广西社会科学院文化研究所副所长、教授王建平认为，花山岩画强化广西民族文化的包容特性。这一特点真实地反映了广西各族人民和谐、团结、共同进步的生活状况，是各民

族文化和美德相互宽容、共同发展的准确体现。这种对美德文化的宽容，是广西民族文化生生不息、永续、与时俱进、繁荣昌盛的源泉，也是广西民族文化的优势之一。它已经成为国内具有文化共识的强大凝聚力，有利于各民族和国家的团结，对外国有很强的亲和力，有利于与不同民族、不同国家的交流。加强广西传统美德文化的包容性，可以增强广西文化软实力。通过挖掘类似花山画岩文化、蚂蚁文化、布洛陀文化等广西特色传统美德文化，引导人们崇尚道德，对于传承广西传统美德有重要意义。

2. 发挥"乡贤文化"的示范作用

乡贤是传承知识、教化乡里、提高社会道德水准的重要角色。在道德品格上受到村民的尊重，具有良好的社会声望和巨大的社会影响力。这些人一方面维护了基层社区的社会秩序，另一方面也促进了社会道德的发展。

乡贤在乡村与基层群众有着广泛的接触和互动，乡贤所秉持的主流价值观和道德观念，通过交流、交往通达基层群众，基层群众的艰难困苦和声音也可以通过他们发声，使主流价值观和道德观念不断修正和更新，具有更大的宽容，避免不同阶层的异化和分离。

如广西武宣县黄茆镇上额村乡贤覃发成的助人为乐精神在当地传为佳话，通过像他这样的贤者引导，该地区积淀起来的传统美德文化越发强大，蕴含智慧与思考的力量。

(八) 建立"互联网＋传统美德文化"服务模式

传承优秀传统美德文化是一项社会工程，也是精神文明建设的永恒主题。要加强对优秀传统美德文化的传承和保护，需要加大对优秀传统美德文化的传承和保护工作的宣传力度，除充分利用广播、电视、电影、报刊、窗户、公共栏目等传统宣传形式外，还需要利用现代网络手段进行全方位服务。通过建立"互联网＋传统美德文化"服务模式，营造优秀传统美德文化的传承和保护工作的浓厚氛围。

1. 建设"家庭美德网络辅导"平台

网络辅导（又称远程辅导、在线辅导）是指利用专业的网络辅导平台，通过网络对学生、家长和教师进行面对面的实时辅导。这种专业的网络辅导平台虽然看起来就像 QQ、微信等即时通信工具，有语音和视频功能，但实际上，它是完全不同的，这只是额外的教学白板。它的功能与 QQ 聊天窗口有很大不同，教师和学生、家长可以在上面写字、绘图、打标记，也可以直接上传文件到白板上，白板教学内容也可以保存，而且教学的任何一面都可以在白板上操作，另一面立即可见。深圳各校的线上教育互动已较为成熟。师生 Q 群、学校交流、学生论坛、师生微信群等，形成了巨大的在线沟通纽带，可以说，只要教师愿意，几乎任何时候都可以发展网络辅导。在网络时代利用网络手段进行家庭传统美德教育也是个顺应时代潮流的办法。

2. 实施"互联网+传统美德文化"的行动

随着互联网的发展，新媒体对人们的生活方式产生了很大的影响。新媒体具有即时性、高效性和多样性等优点。因此，在传播传统美德文化的过程中，要充分有效地利用新媒体开展宣传、教育和指导活动。以社会主义核心价值观为指导，建设传统美德文化高地，实施"互联网+传统美德文化"行动。一是发挥网络优势推进传统美德文化建设。如举办传统美德公益网络广告大赛、"重文明、创潮流"网络公益广告展等，并在互联网上传播活动内容，时刻传播美德文化。二是深入开展网上传播传统美德文化"四进"活动，即优秀的传统美德文化进入校园、进入教材、进入课堂、进入农村网上展示专题网页。开展"传统美德"网络经典阅读活动，从而使人文史、民间史、红色历史经典故事等优秀传统美德文化渗透人心。三是建立网上道德讲堂，开展身边榜样大家谈等活动，激发和引领城乡居民学习身边榜样、积极参与志愿服务。四是强化网上文明村镇、文明单位创建活动。在互联网上，重点宣传典型文明村落、社区和家庭，特别是在农村展示典型文明家庭，引导全民践行传统美德。开展"网络+传统美德文化"的行动，推动新时期的精神文明建设，是当今时代的潮流，也是提高全民文明素质，继承传统美德文化的重要途径。

参考文献

［1］张哲，王永明. 中华优秀传统文化的育人价值［J］. 人民论坛，2018（8）.

［2］王佳. 浅谈如何弘扬中华传统美德［J］. 东方企业文化，2013（19）.

［3］蒋秋. 让社会主义核心价值观在乡村落地生根［N/OL］.（2017 - 08 - 29）. http：//new.china.com.cn/live/2017 - 08/29/content_38684550.htm.

［4］云南省举行中华传统美德教育实践示范基地建设工作推进会［N/OL］.（2016 - 09 - 30）. http：//www.wenming.cn/syjj/dfcz/yn/201609/t20160930_3770383.shtml.

［5］王宏民，吴平. 关于新课改背景下加强和改进学校德育工作的思考［J］. 神州（上旬刊），2011（6）.

课题承担单位：广西社会道德文化研究会

课题负责人：欧建雍（广西社会道德文化研究会）

主要参加人：陈永清（广西民族大学）、覃滋高（广西社会道德文化研究会）、潘赵（广西社会道德文化研究会）、黄尧（广西社会道德文化研究会）

教育始于家庭

——基于对广西城市中小学生家庭教育问题研究

青少年从出生开始，就受到家庭的影响，良好的家庭教育促进他们的健康发展，不良的家庭教育给他们带来心理等各方面的消极影响。从个人习惯的养成到各种观念的形成都与家庭教育有着密切联系。而青少年的成长关系着国家的未来，他们的成长需要社会、学校、家庭共同支持，家庭在其中扮演着重要的角色。2015年教育部印发的《关于加强家庭教育工作的指导意见》、2016年全国妇联等九部门共同印发的《关于指导推进家庭教育的五年规划（2016—2020年）》等都旨在加强家庭教育工作、积极发挥家庭教育在儿童青少年成长过程中的重要作用。2018年，习近平总书记在全国教育大会上指出："家庭是人生的第一所学校，家长是孩子的第一任老师，要给孩子讲好'人生第一课'，帮助扣好人生第一粒扣子。教育、妇联等部门要统筹协调社会资源支持服务家庭教育。"

教育的重点是以品德教育为主，培养孩子良好的道德品质和养成良好的行为习惯，行为习惯包括生活习惯、劳动习惯、学习习惯等，教会孩子如何学"做人"。而家庭教育是教育的重要组成部分，家庭教育由于发生在家庭之中，与学校教育和社会教育相比较，具有引导性、持续性、针对性、具体性等特点。

2018年9月，由北京师范大学中国基础教育质量监测协同创新中心、北京师范大学儿童家庭教育研究中心共同发布了《全国家庭教育状况调查报告（2018）》。这是我国首份具有全国代表性的家庭教育现状调查报告，为揭示家庭教育存在的问题、推动家庭教育的科学研究与决策提供了客观依据。广西处于我国西南地区，受地理环境、经济、人文等多方面的影响，其家庭教育也颇具地域特色。因此，本研究立足于广西城市家庭的背景下，基于对广西城市中小学生思想道德教育问题研究，从家长和孩子的角度来研究广西城市家庭教育的现状及其问题，并就这些问题提出可操作性的策略，为广西城市家庭教育的发展提供建设性的意见和建议。

一、城市中小学生家庭教育现状及存在问题分析

为全面了解广西城市中小学生家庭教育的现状，获得研究的第一手数据和资料，课题组在广西选取了 6 个有代表性的地市，并随机抽取了在城市生活的中小学生和家长开展了调研。

（一）调查问卷的设计

根据对中小学思想道德教育相关背景及文献资料的梳理，在广泛征求家庭教育和德育领域的研究者、中小学教师、学生及家长意见建议的基础上，课题组从全面性、科学性、针对性、可操作性的角度出发，编制了教育始于家庭调查问卷（学生卷、家长卷各一份）。在正式施测前，选取南宁市 500 名中小学生、500 位家长进行了样本试测，并根据试测情况对问卷进行了修订，最终形成正式问卷。其中问卷的维度如下：

表 1　学生卷和家长卷维度设计表

学生卷		家长卷	
一级维度	二级维度	一级维度	二级维度
一、基本信息	性别、家庭结构、家长职业	一、基本信息	受教育程度、职业、家庭结构、家庭收入、教育花费
二、教育意识	对家庭教育的作用、地位、教育者和受教育者之间关系、德智体美劳地位	二、教育意识	家庭教育的要求、教育的长期性、教育的发展性
三、教育方式	交流方式、频率、主动性、犯错时态度、教育模式、表扬方式	三、教育方式	交流方式、频率、示范性、说教方式、教育方法的时代性
四、教育内容	学习、交友、花钱、恋爱、举动、个性、品德、身心健康	四、教育内容	行为习惯、兴趣、个性、品德、身心健康、仪表仪容、情绪、交友
五、教育成效	孩子对家长教育的态度、认可度	五、沟通交流	沟通方式、相处模式、倾听模式
六、家庭氛围	父母关系、与父母相处时间、相处方式	六、家庭氛围	家庭关系、孩子的生活、学习情况、与孩子相处时间、相处方式
		七、未来期许	主观题

（二）广西城市中小学生家庭教育现状调研情况

课题组在南宁、玉林、桂林、柳州、河池、防城港 6 个地市，选取了 3441 名中小学生（其中 2391 名小学生，1050 名中学生），3565 名家长进行问卷调研，调研情况如下：

1. 学生调研情况

（1）基本情况

此次调研所选取的学生男女性别比例平均、合理（图 1）。在家庭孩子的结构中，有兄弟姐妹的家庭比较多，独生子女家庭只占 27.87%，可见孩子在家庭中的相处不再只是一个人（图 2）；并且与父母共同生活的占 93.26%，父母共同承担着主要的教育任务和责任（图 3）；在家庭组成中，祖孙三代一起生活的家庭比较常见（图 4）；在父亲和母亲的职业中，个体工商业者、进城务工、公务员、教师、医生和工人占比较多（图 5 和图 6）。由此可见，此次调研的对象基本反映了广西城市家庭结构的构成各要素。

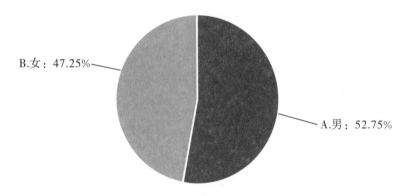

图 1 调研学生男女生比例

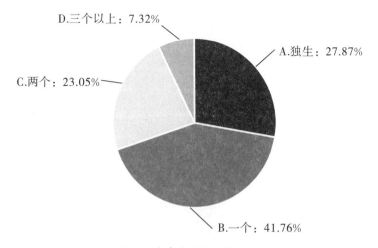

图 2 家庭中兄弟姐妹占比

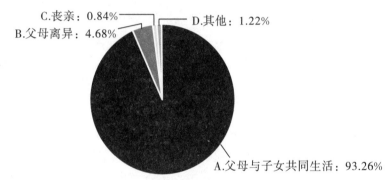

图 3　家庭状况

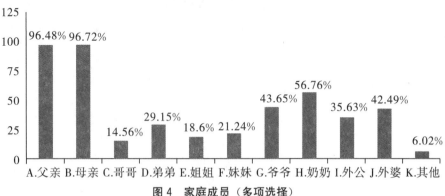

图 4　家庭成员（多项选择）

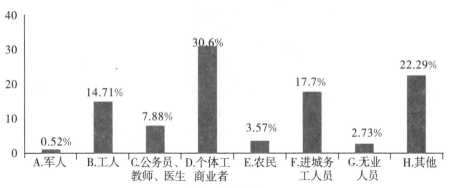

图 5　父亲职业

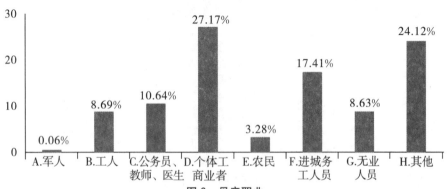

图 6　母亲职业

（2）家庭氛围

在家庭氛围方面，孩子与父母相处的时间是最久的，其次是爷爷、奶奶或外公、外婆，说明父母是孩子生活上最亲近的人（图7）；在家庭劳作中，家长对孩子做家务的要求不同，35.95%的孩子一个月或一年才做几次，34.9%的孩子每周两三天偶尔做家务，说明孩子动手劳作的情况少（图8）；在家庭中父母关系相对较好，75.65%的家庭中父母偶尔吵架但很快和好（图9）。

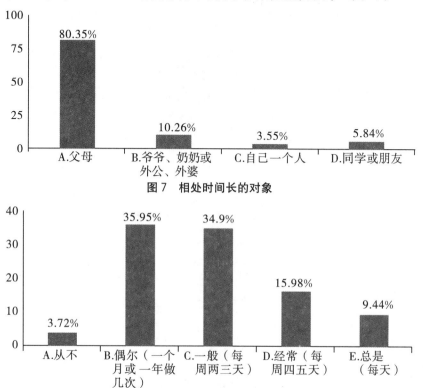

图7　相处时间长的对象

图8　父母要求做家务的频率

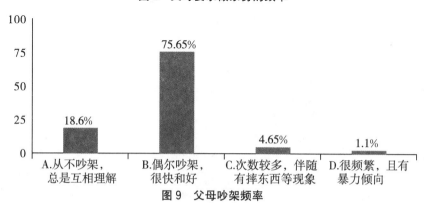

图9　父母吵架频率

（3）教育意识

周末时，27.84%的父母外出工作和应酬，17.79%的家长以自己的娱乐为主（图 10）；当孩子有疑问时，75.07％的家长是很乐于回答，并且耐心解释（图 11）；在父母对孩子的说教过程中，38.13％的孩子只是偶尔听，并且没有耐心（图 12）；父母与孩子的交流方式以闲聊式为主，以聊天的方式与孩子交流各种问题（图 13）；在交流频率方面，孩子能主动与父母交流、诉说（图14）；当父母面对自己的娱乐与孩子的学习冲突时，会以孩子的学习为主（图15）。由此可见，相当一部分的家长缺乏对孩子的陪伴意识，而孩子对于父母的说教，一部分只是敷衍，但大部分还是能主动听取意见。

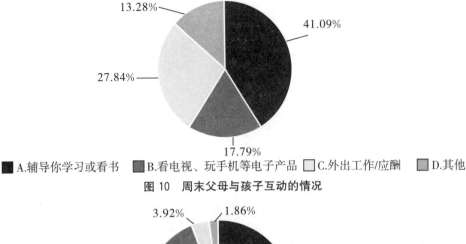

图 10　周末父母与孩子互动的情况

■A.辅导你学习或看书　■B.看电视、玩手机等电子产品　□C.外出工作/应酬　■D.其他

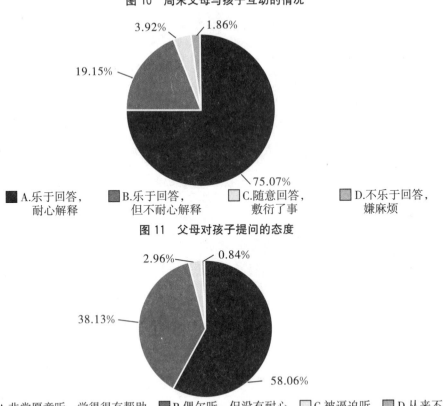

■A.乐于回答，耐心解释　■B.乐于回答，但不耐心解释　□C.随意回答，敷衍了事　■D.不乐于回答，嫌麻烦

图 11　父母对孩子提问的态度

■A.非常愿意听，觉得很有帮助　■B.偶尔听，但没有耐心　□C.被逼迫听　■D.从来不听

图 12　孩子对待父母说教的态度

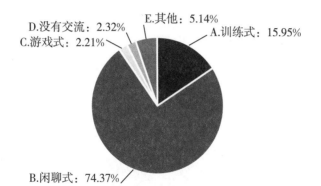

图 13 父母和孩子的交流方式

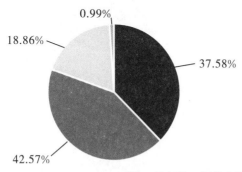

■ A.很频繁，我有事都会告诉父母　　　■ B.较频繁，部分事情和父母交流
□ C.较少，我很少和父母交流　　　　　■ D.从不，我从来不和父母交流

图 14 孩子与父母交流的频率

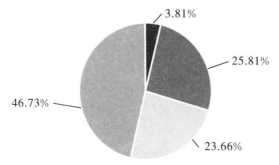

■ A.经常有　■ B.偶尔，在不影响我学习的时候　□ C.极少　■ D.从不

图 15 父母在孩子面前打麻将等娱乐行为的表现形式

（4）教育方式

父母的教育方式不再简单粗暴，而以耐心教育为主，但仍有 29.41% 的父母是骂后再进行教育（图 16）；在教育模式中，鼓励和批评成为主要教育模式（图 17）；在与孩子一起户外运动中，主要以父母的时间为主（图 18）；如果孩子做对了事情，父母主要以口头表扬为主（图 19）；当着孩子的面赞扬别人家

的孩子仍是家长激励孩子的主要方式（图 20）；对于孩子的要求，80.88％的父母会理性认真听取孩子的理由再决定是否满足（图 21）；在孩子成绩方面，父母比较关心，鼓励成为主要模式，但如果考试不理想，父母也会对孩子有埋怨的情绪（图 22）。

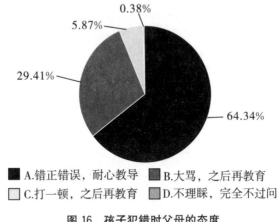

图 16　孩子犯错时父母的态度

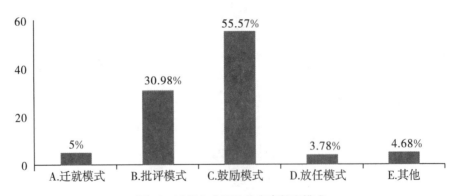

图 17　孩子心中相处的家庭教育模式

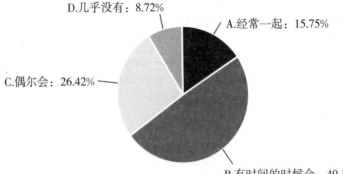

图 18　孩子与父母进行户外活动的频率

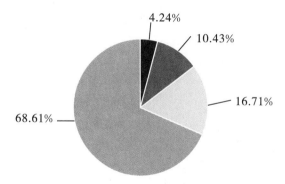

■ A.奖励一笔钱　■ B.出去大吃一顿　□ C.奖励出去玩（旅游）　■ D.口头表扬

图 19　父母对孩子的表扬方式

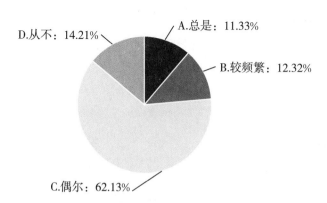

图 20　父母拿自家孩子与别人家孩子对比的频率

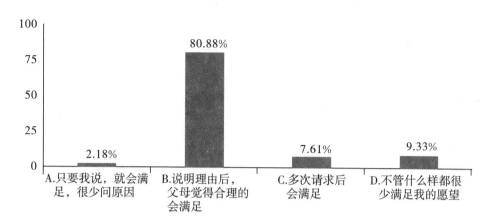

图 21　父母满足孩子愿望的方式

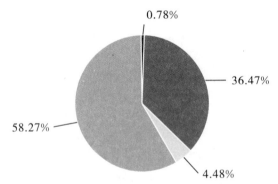

0.78%

36.47%

58.27%

4.48%

■ A.漠不关心，父母不关心我的成绩　　□ C.严厉斥责，偶尔还有暴力行为
■ B.不满，有埋怨倾向，要求我下次考好　■ D.温和地鼓励我，相信我下次会做得更好

图22　父母对待成绩差的态度

（5）教育内容

在教育内容方面，父母对孩子花钱、外出、朋友交往、爱情方面比较关注（图23）；而学习、品德和身体健康是父母最关心的方面，兴趣和个性则被大多数父母忽视（图24）；在父母对孩子期望度方面，希望孩子各方面达到平均水平的家长占多数（图25）。

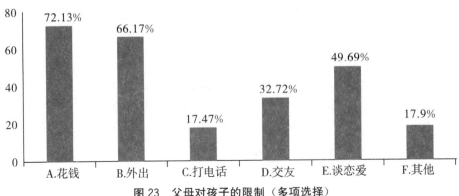

图23　父母对孩子的限制（多项选择）

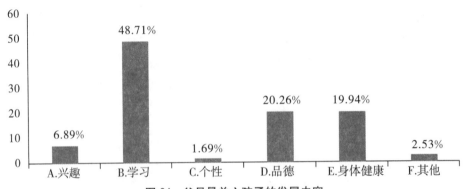

图24　父母最关心孩子的发展内容

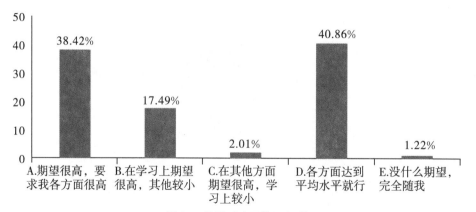

图25　父母对孩子期望程度

（6）教育成效

在家庭教育效果方面：42.69％的孩子和父母像朋友，但47.95％的孩子认为与父母之间有代沟无法沟通（图26）；而父母与孩子交流中最主要的困难是父母不理解自己的想法，并且父母喜欢把自己的想法强加给孩子（图27）；在父母对孩子的教育方式中，72.33％的孩子还是比较喜欢的（图28）；49.75％的孩子愿意把父母对自己的教育方式大部分延续给自己的孩子（图29）。

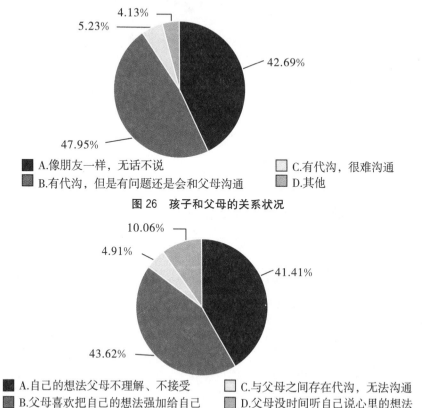

图26　孩子和父母的关系状况

图27　孩子与父母交流的困难

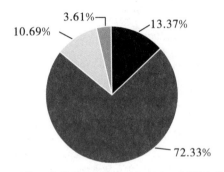

■A.很喜欢 ■B.还行，总体比较能接受 □C.不太喜欢，问题比较多 ■D.一点儿都不喜欢

图 28　孩子对待父母教育方式的态度

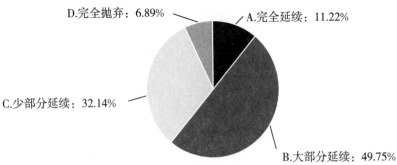

图 29　孩子对父母的教育方式的接纳程度

2. 家长调研情况

（1）基本信息

此次调研的家庭中，70.04％是母亲，28.58％是父亲，可见母亲是此次家庭教育调查的主要对象（图 30）；具有大专及以上学历的父母只占 32.69％（图 31）；其中 28.19％是个体工商业者，19.66％是进城务工人员（图 32）；在家庭子女数中，独生子女占 34.28％，两个孩子占 52.59％（图 33）；在调研的家庭中，小学生的父母占 69.65％，初中生的父母占 30.35％（图 34）；其中在

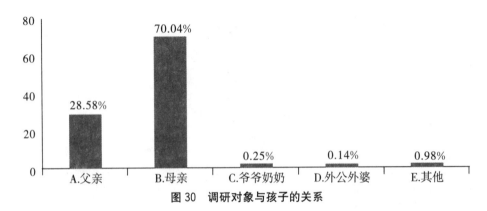

图 30　调研对象与孩子的关系

家庭年收入中，2 万～5 万元的家庭占 31.95％，5 万～10 万元的家庭占 29.37％，大部分家庭是中等收入（图 35）；而一年花在孩子教育上的费用中，36.27％为 5000～1 万元，31.16％为 1 万元以上，说明家长对孩子的教育投入相对于家庭收入比例较高（图 36）；在家庭父母关系中，32.99％十分亲密，40.73％比较亲密，说明父母关系总体良好（图 37）。

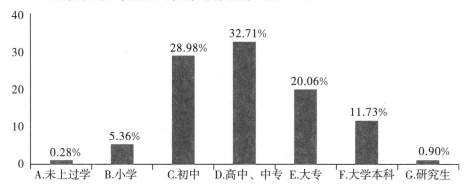

图 31　家长文化程度

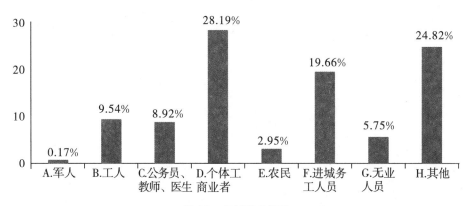

图 32　家长职业状况

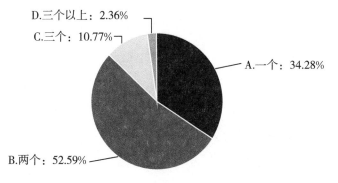

图 33　家庭子女人数

教育始于家庭

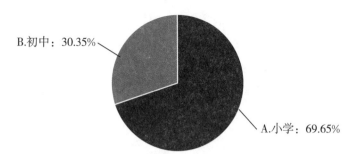

图 34　孩子的学习阶段

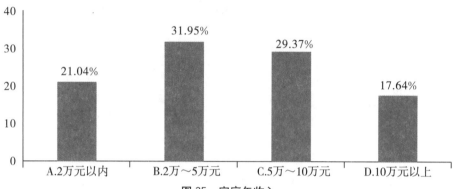

图 35　家庭年收入

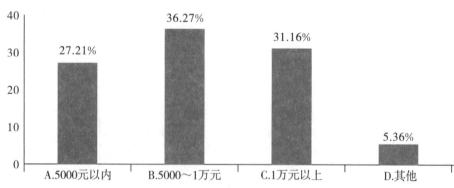

图 36　一年家庭教育经费

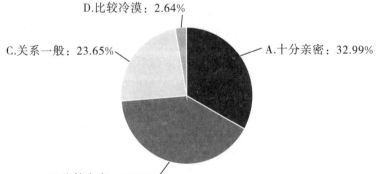

图 37　父母关系

（2）教育意识

在教育意识方面，父母对孩子在学校的情况，25.11％非常了解，62.61％基本了解（图38）；在父母对孩子的学习成绩要求方面，62.5％的家长期待他们保持在良好以上（图39）；而对于"父母是孩子的第一任老师，家庭教育从孩子出生时，乃至出生前就开始了"的认同中，有75.4％的家长完全赞同，22.19％的家长大部分赞同，这说明大部分家长认同自己是孩子的主要教育者这一角色（图40）；对于孩子学习的主要督促者中，50.41％是母亲，可见母亲承担着孩子学习教育的主要责任（图41）；在家庭教育的学习方面，52.29％的家长认为是需要学习培训的（图42）；在家长自身主动学习方面，56.55％表示有机会很愿意去学习，31.3％表示想学习，但没时间学习（图43）；在孩子的教育中，44.74％不知道教育方法（图44）；对孩子的成长认同中，63.28％希望良好以上（图45）；在与孩子每天相处的维度上，有55.62％的家长每天能与孩子相处3小时以上（图46）；对于家长平常的言行举止中，26.96％的家长时刻注意，55.76％的家长经常注意（图47）；对于给孩子买励志和榜样的书籍、报刊中，52.48％的家长偶尔买，说明家长也比较认可正能量书籍对孩子的影响力（图48）。由此可见，大部分的家长对于家庭教育的方式方法是很迷茫的，渴望得到专业的帮助和指导。

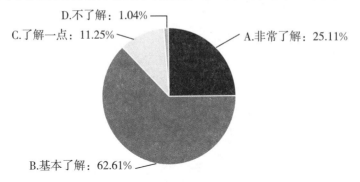

图38 家长对孩子在学校的学习、生活情况的了解程度

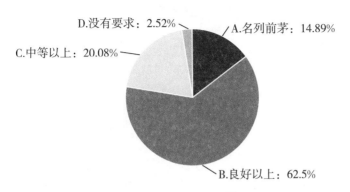

图39 父母对孩子的学习成绩的要求

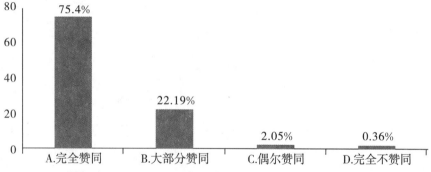

图 40　父母对"父母是孩子的第一任老师"的认同程度

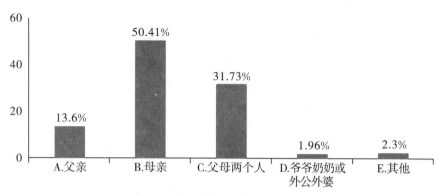

图 41　督促孩子学习的主要家庭成员

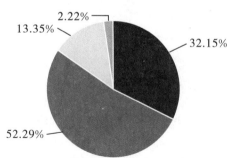

■A.完全自发的，顺其自然　■B.需要学习培训　□C.存在很多困惑　■D.其他

图 42　父母对家庭教育知识的习得方式

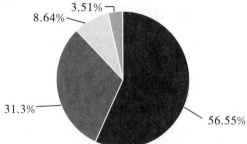

■A.很需要，有机会很愿意去学习　　　□C.需要，但不知道去哪学习
■B.需要，但没时间学习　　　■D.不需要，自己有自己的方法

图 43　父母对自身主动学习专业、科学的教育方法的学习态度

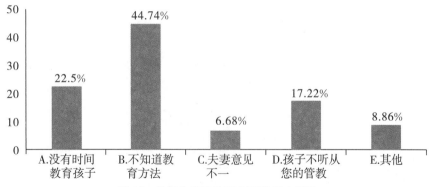

图 44　父母在教育孩子方面的最大烦恼

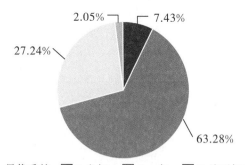

A.最优秀的　B.良好　C.一般　D.总不如别人的孩子

图 45　父母对孩子成长的认同程度

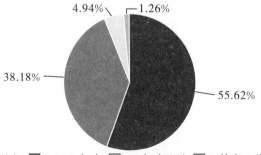

A.3小时以上　B.1~3小时　C.1小时以下　D.外出，孩子是留守儿童

图 46　父母每天与孩子相处的时间

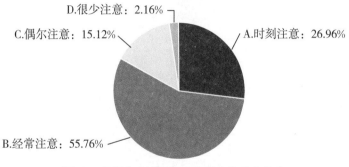

D.很少注意：2.16%

C.偶尔注意：15.12%

A.时刻注意：26.96%

B.经常注意：55.76%

图 47　父母在家对自己言行举止的注意程度

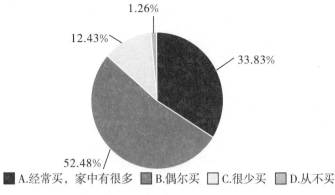

1.26%

12.43%

33.83%

52.48%

■ A.经常买，家中有很多 ■ B.偶尔买 □ C.很少买 ■ D.从不买

图 48 父母给孩子买有关励志、榜样等相关的书籍、报刊的频率

（3）教育方式

对教育方式的维度分析如下，家长对于家庭教育作用的认识上，有 64.26％的家长认为应该教会孩子学会如何做人的道理，有 28.39％的家长认为家庭教育的作用是要培养孩子健全的人格，只有 3.76％的家长认为是促进孩子提高学生成绩（图 49）；当孩子犯错的时候，60.87％的家长会坦然地帮其改正，而 36.33％的家长会严厉批评（图 50）；对于孩子早恋的情况，87.21％的家长会说服教育、正确引导（图 51）；对于孩子的教育方法，69.54％的家长是与朋友交流获得，63.42％的家长是从书中或电视、广播、媒体获得，61.65％的家长是从自身成长经历获得（图 52）；对于教育方式改变的情况，60.5％的家长会随着孩子的成长而采取相应的教育方式（图 53）；对于孩子的发展，27.27％的家长关注孩子的学习，37.14％的家长关注孩子的品德，18.12％的家长关注孩子的身体健康，而关注孩子兴趣和个性的家长只占 11.02％和 4.49％（图 54）。由此可见，家长对于教育孩子的方式大部分都是从自己父母的教育方式方法中习得，并且大部分家长都乐于去学习科学的教育方式方法，但是家长对孩子的品德和成绩的关注度远远高于个性和兴趣的培养。

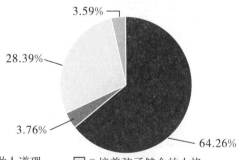

3.59%

28.39%

3.76%

64.26%

■ A.教给孩子做人道理 □ C.培养孩子健全的人格
■ B.帮助孩子提高学习成绩 ■ D.给孩子提供良好的物质，帮助孩子做一些力所能及的事

图 49 父母对家庭教育作用的认识

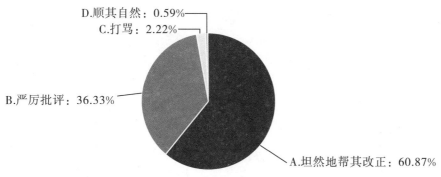

图 50 父母对待孩子犯错误的方式

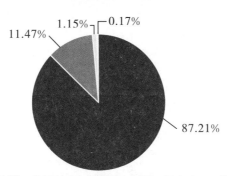

■A.说服教育、正确引导 ■B.批评教育、坚决制止 □C.没办法、不知道怎么办 ▨D.无所谓

图 51 父母对待孩子早恋的处理方式

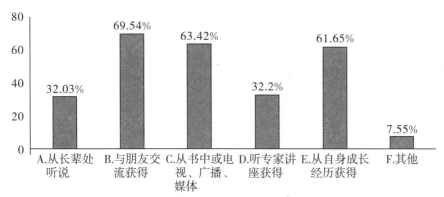

图 52 父母了解教育孩子的方法（多项选择）

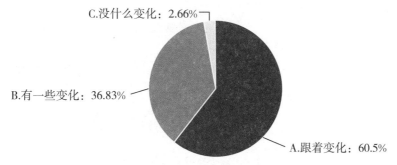

图 53 父母的教育方式随着孩子变化的程度

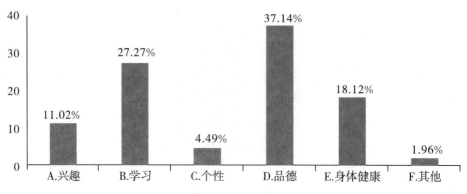

图 54　父母最关心孩子的哪一方面的发展

（4）教育内容

在教育内容方面，对于孩子的仪表仪容、行为习惯，56.44％的家长有严格的要求，43％的家长有时候有要求（图55）；对于孩子的情绪和心理健康方面，家长也开始重视，其中66.73％的家长表现出非常注重（图56）；而孩子在家的时间分配中，78.43％的家长把看书做作业放在首位（图57）；对于带孩子参加社会活动和邀请孩子的朋友来家中，63.06％的家长偶尔会做（图58）；与自己的孩子在一起时，64.85％的家长会感到愉快（图59）。由此可见，学习仍然是家长教育的主要关注内容，而对孩子的情绪和心理健康也表现出了强烈的关注。

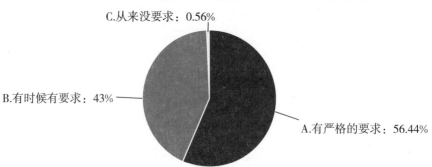

图 55　父母对孩子的仪表仪容、行为习惯的要求程度

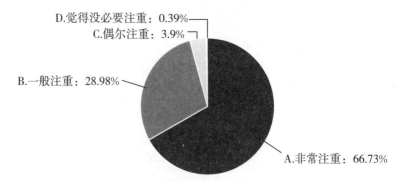

图 56　父母关注孩子的情绪、心理健康的程度

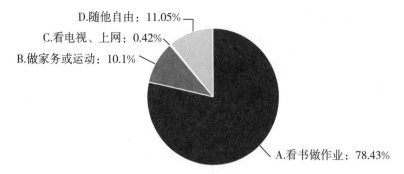

图 57　家长对孩子放学在家时的要求

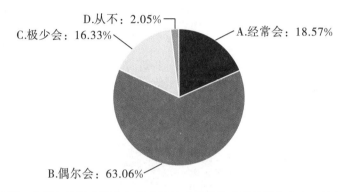

图 58　父母与孩子共同参与社会活动或者邀请孩子的朋友来家里的频率

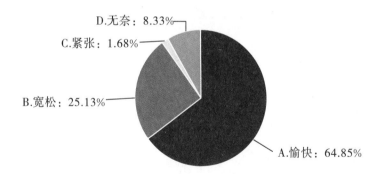

图 59　父母与孩子在一起时的感觉

（5）沟通交流

在沟通交流维度中，有 82.58％的家长与孩子的沟通方式主要是讨论式（图 60）；与孩子相处中，74.56％的家长会尽量抽时间和孩子说话、游戏、活动（图 61）；在父母与孩子的关系模式中，有 70.32％的家长认为他们之间是平等民主和谐的朋友关系，而有 22.3％的家长认为父母地位相对要高于孩子的地位（图 62）；对于孩子兴趣、爱好、朋友圈的了解程度中，38.85％的家长非常了解，53.46％的家长知道一些（图 63）；而对于孩子经常讲的一些网络词汇中，只有 9.85% 的家长完全能听懂，29.73% 的家长大部分都能听懂（图 64）；如果孩子遇到困难，38.68% 的孩子会主动向家长倾诉，52.03% 的孩子偶尔会向家长倾诉（图 65）；在与老师交流，了解孩子成长和学习情况方面，只有 13.04% 的家长会经常电话或面谈（图 66）；在家长与孩子交流的话题中，35.65% 的家长交流的内容是孩子的学习情况；29.9% 的家长交流的是孩子的为人处事（图 67）；当孩子与家长谈论学校的事情时，70.69% 的家长都能够耐心听、细致问（图 68）；与孩子的交流中，25.19% 的家长认为孩子不愿交流、不听从建议，21.07% 的家长认为很多道理讲不清（图 69）；64.01% 的家长认为心平气和地摆事实讲道理的方式是最好的教育孩子的有效手段（图 70）；而在家庭教育存在的主要问题维度中，父母和孩子之间很少有共同语言、很少进行有效的沟通占 34.11%，而认为家庭教育是门学问，父母得学习培训，来提高家庭教育水平占 50.04%（图 71）。由此可见，家长比较关心与孩子们的交流，以及注重平等的交流方式，但是与学校老师的交流却显得单一、不主动。

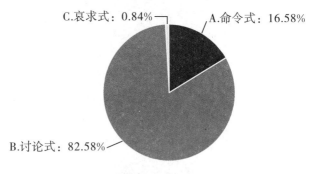

图 60　父母与孩子的沟通方式

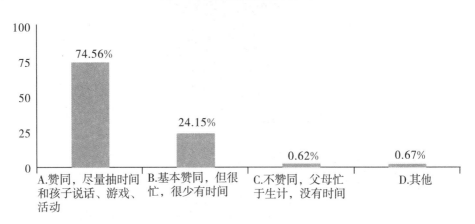

图 61　父母对"父母同孩子在一起相处，是一种天伦之乐，
是家庭生活的美好时光"的认同程度

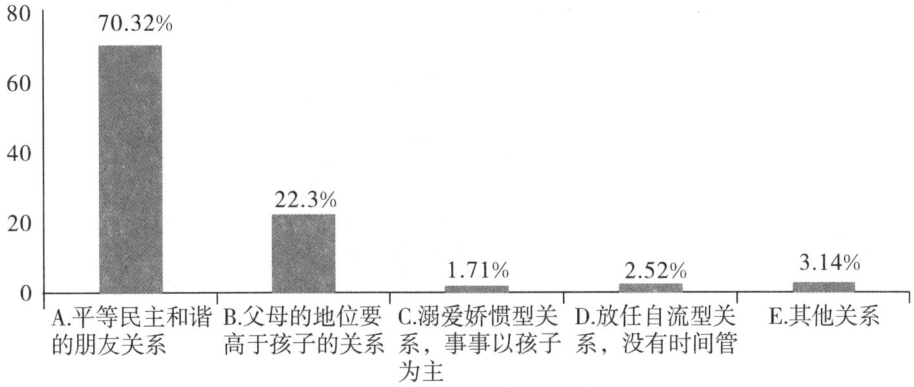

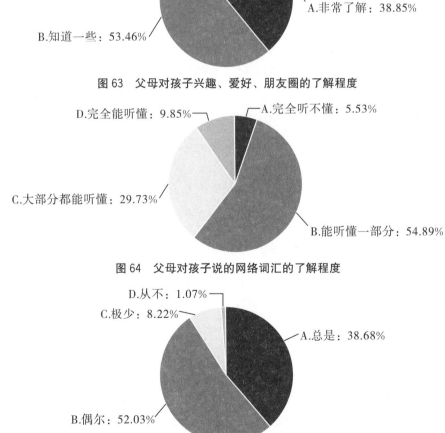

80
60
40
20
0
70.32%
22.3%
1.71%
2.52%
3.14%
A.平等民主和谐的朋友关系
B.父母的地位要高于孩子的关系
C.溺爱娇惯型关系，事事以孩子为主
D.放任自流型关系，没有时间管
E.其他关系

图 62　父母与孩子的关系模式

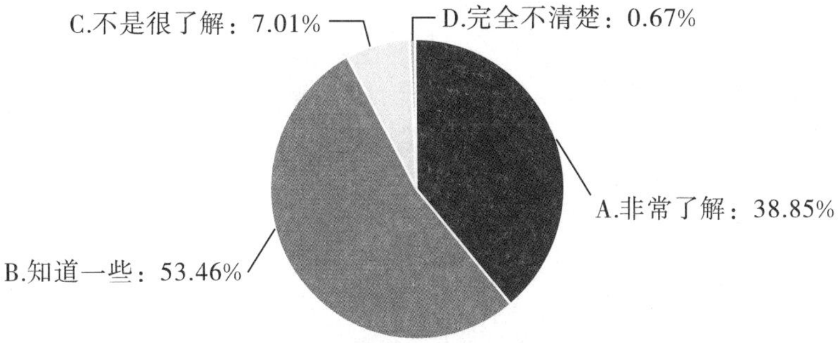

C.不是很了解：7.01%
D.完全不清楚：0.67%
A.非常了解：38.85%
B.知道一些：53.46%

图 63　父母对孩子兴趣、爱好、朋友圈的了解程度

D.完全能听懂：9.85%
A.完全听不懂：5.53%
C.大部分都能听懂：29.73%
B.能听懂一部分：54.89%

图 64　父母对孩子说的网络词汇的了解程度

D.从不：1.07%
C.极少：8.22%
A.总是：38.68%
B.偶尔：52.03%

图 65　孩子碰到困难向父母倾诉的频率

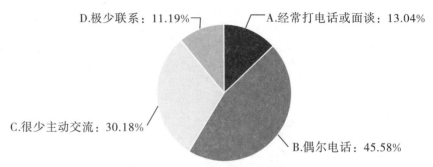

图 66　父母与学校老师交谈的频率

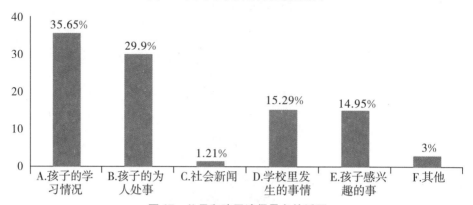

图 67　父母和孩子谈得最多的话题

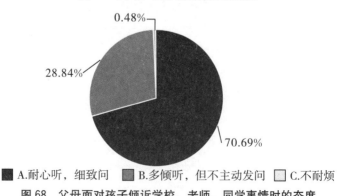

■ A.耐心听，细致问　■ B.多倾听，但不主动发问　□ C.不耐烦

图 68　父母面对孩子倾诉学校、老师、同学事情时的态度

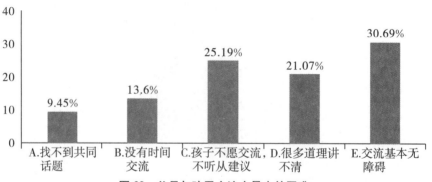

图 69　父母与孩子交流中最大的困难

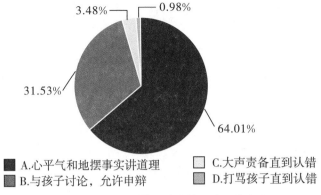

■ A.心平气和地摆事实讲道理　　□ C.大声责备直到认错
■ B.与孩子讨论，允许申辩　　■ D.打骂孩子直到认错

图 70　父母认为最有效地批评孩子的方法

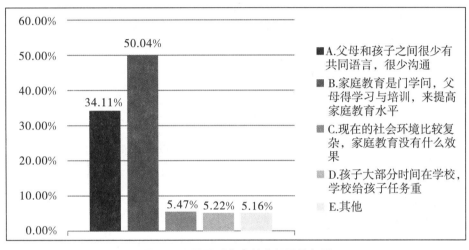

■ A.父母和孩子之间很少有共同语言，很少沟通

■ B.家庭教育是门学问，父母得学习与培训，来提高家庭教育水平

■ C.现在的社会环境比较复杂，家庭教育没有什么效果

■ D.孩子大部分时间在学校，学校给孩子任务重

■ E.其他

图 71　父母面对家庭教育问题的归因

在问答题"您希望您的孩子成为怎样的人"中，家长的回答归纳如下表所示：

表 2　家长对孩子未来的期许

主题	内容
身心方面	身心健康、快乐、阳光等
思想道德方面	品德高尚、思想品德端正、德才兼备等
社会生活、交往方面	乐于助人、尊重别人、有责任心、为人大方、有担当、会做人、有本事、懂得感恩、遵纪守法、孝顺、懂人情、有爱心等
个性发展方面	独立自主、性格开朗、善良正直、性格温和、积极向上、活泼开朗、健全的人格、正直、诚实、理智、聪明、心胸豁达等
学习方面	学习成绩好、学习刻苦努力、有文化、品学兼优等
未来人生发展	有理想、有爱好和兴趣、爱国、专业行家、对国家有贡献、社会有用的人、有出息的人等

由表 2 可见，家长对于孩子的期望都是健康、积极向上的，无论是身心还是品德、学习、个性、社会交往等方面，都是积极正面的向往和期待。

二、城市中小学生家庭教育存在问题及原因

（一）家庭教育中存在的问题

根据调研的结果以及对部分家长的随机访谈的数据进行分析，广西城市家庭教育中存在的主要问题有以下几个方面。

1. 家庭教育观念落后

（1）教育功利思想过强

随着改革开放，社会的经济也随之快速发展，大部分家长把更多的时间和精力投入到了工作中，忽略了对家庭和孩子的关注，特别是家庭教育方面意识淡薄。在对子女道德评价标准的教育上，传递功利性、主体性和金钱性等价值追求，引发家庭教育的价值理念、内容、目标、方法等一系列的核心要素扭曲，使得子女在婚姻家庭的组建中主要考虑物质，逐渐养成攀比心理，亲情淡薄，甚至有兄弟姐妹之间为争遗产大打出手等现象。

（2）教育重智轻德

由于受我国封建传统的"万般皆下品，唯有读书高""书中自有黄金屋，书中自有颜如玉"等思想的影响，许多家长将衡量孩子好坏的唯一标准放在学习成绩上，这不仅助长了急功近利的价值取向，强化重智轻德的观念，而且错误的将提高孩子的文化成绩作为家庭教育的重点，不惜一切代价去提高孩子的学习成绩，往往忽略和放松了对孩子的道德教育、独自生存能力的培养、集体主义精神的培养等。这种重智轻德的教育观念，使孩子表现出"高分低能""智优德劣"，当他们遇到个人利益和他人利益发生冲突时，表现出自私自利的性格特点，肆意破坏公共资源，危及他人正当利益，一味追求自身的利益。

（3）教育责任推卸给学校

很多家庭在调查时认为，教育小孩是学校的事情，因此，家长花大量的精力和金钱在学校和课外辅导教育的选择上。然而，学校教育是个人成长的场所之一，不是孩子教育的唯一场所，学校主要传授系统性的知识，而家庭才是孩子良好习惯养成、兴趣培养、智力开发、思想道德培育的重要场所。一味把教育的责任推给学校，是家庭教育的大忌。美国教育家斯特娜说："教育不应该在学校由教师开始，而应该在家庭由母亲开始。"家长应该重视家庭教育对孩子成长的重要性，积极建构家庭教育的基础要素。

2. 家庭教育方式方法不科学

（1）教育方法陈旧

家庭教育与学校教育不同，不是一对多的正规教育，每一个家庭面对的问题不一样，因此每一个子女在身心发展过程中需要的教育也不尽相同，这需要家长学习并且有效掌握多种教育子女的有效方法。从调查情况来看，现代家长

基本上依靠从长辈那里学来的经验或是家长之间经验的交流获得教育方法，有些方法包含落后、愚昧等因素。在教育实施过程中，家长没有掌握科学教育方法，而是采取这些落后、陈旧的教育方式对孩子进行教育，在很大程度上误导了孩子的发展，阻碍了孩子的健康成长。

（2）教育方式不科学

仍有许多不科学的家庭教育方式，通过归纳，主要有以下四种：专制型，奉行"棍棒底下出孝子"的家庭教育观念，在与孩子沟通中，简单粗暴，当孩子做错事情或者是违背了父母意愿的时候，有些家长就采取打骂等粗暴的方式来教训孩子，而不是带着孩子去分析整件事情的问题的症结所在，并找出解决问题的方法。如果只是采取打骂的方式来教育孩子，不去了解孩子真正的内心，这样会造成孩子心理的扭曲，甚至会发生更为恶劣的行为。娇宠型，父母"望子成龙，望女成凤"，对子女给予厚望，但在这一过程中，有些家长不加区分地满足孩子的任何要求，导致溺爱现象存在，孩子自出生起，就过着衣来伸手、饭来张口的生活，导致孩子缺乏独立自主的生活意识，导致他们生活能力差，没有毅力和吃苦耐劳的精神。忽视型，家长对孩子的成长缺乏关心，缺乏管理和照顾，不过问学习，不关心生活，不教育品德，无论子女的表现如何都不作回应，一味地让其自由发展，久而久之将导致子女性格上存在缺陷。狼性型，狼性教育就是用物竞天择、适者生存的丛林法则理念来教育孩子。一些家长为了让孩子以后在社会上有竞争力，从小就开始培养孩子各方面的能力。这种一味地培养孩子竞争观念和竞争意识的教育方式，使孩子缺乏爱心，变得凶残、冷漠，不利于孩子社会交往能力的养成，也不利于孩子有效地融入社会。

3. 重言传轻身教的教育方法

在夸美纽斯的教育观点中，强调教育对孩子具有示范作用，他认为上帝已经为儿童播下了模仿的种子，对儿童无须多费口舌，多示范、多引导，只要"上梁正则下梁不歪"。从终身教育的观点来看，父母是孩子的第一任老师，好的家长是孩子重要的教育启蒙因素，也是孩子一生的老师。从孩子出生开始，父母的教育让孩子学会说话、走路，习得生活技能，培养孩子各方面的生活能力，将孩子慢慢地培养成人，使其慢慢融入社会，在这期间父母起到了十分重要的作用。而孩子重要的心理特点是模仿，他们在与父母相伴的过程中，父母的言行举止、生活品行、做事风格等，都潜移默化地影响孩子，成为孩子效仿的范本。通过调查，课题组发现在现实生活中，很多父母只对孩子进行空洞的说教，对于自己做不到的行为，也强制要求孩子做到。在很大程度上忽视了父母以身作则的作用，缺失了为孩子树立榜样的责任。

4. 教育内容陈旧

（1）淡化民主教育

由于在我国传统思想中，子女必须听从父母安排，父母对子女的生活过多的采取命令的形式，而不是以平等交流的方式进行，导致子女在面对事情时，学会了"听话"，而不是主动地去思考和解决。这样使得子女在家庭教育的角色中位置失衡，一直处于被动的状态，缺少获得主体地位的机会，其各种正当需求就不能得到有效的支持，发展受到限制。

（2）亲子教育内容缺失

现代社会亲子关系越来越被忽视，亲子关系变得疏远而冷漠，很多子女在遇到困难时不愿意找父母诉说和帮忙，他们认为和父母之间有代沟，就算和父母沟通了，父母也不了解他们的内心世界，久而久之他们与父母就产生了隔阂。另外，随着现代人工作节奏变快，工作压力增大，部分家庭的教育模式是隔代教育，孩子多由老人来养育和指导。在城市家庭中，父母早出晚归成为常态，有时周末也加班，陪在孩子身边的时间少，亲子互动的机会也变少。老人成为教育孩子的主要力量，负责孩子的生活起居，负责孩子的学习指导，而老人的教育观念相对保守，教育方式陈旧，对孙儿容易产生溺爱现象，极大阻碍了孩子正常的发展，限制了他们健全人格的养成，这些孩子长期得不到自己父母的照顾，情感上得不到满足，容易造成亲情关系冷漠，责任意识淡化，不懂得感恩。

（3）重知识教育轻德育培养

大部分家长都还有着"万般皆下品，唯有读书高"的思想，把孩子大部分的时间和精力都放在学习成绩上，为了让孩子取得好成绩，不惜花大量金钱为孩子买各种辅导书、请家教，课后送孩子们上各种辅导班、培训班、兴趣班等，限制孩子正常的社会交往，在他们的交友选择、进行社会活动、旅行远足等事情上过度干涉。而在德育方面，大部分家长不关心和重视，表现出"只要孩子不闯祸就行"的态度。但在当今社会，德育越来越突显出它在一个人教育中的唯一性、重要性和独特性，轻德育培养不利于孩子成长。

（二）家庭教育中存在问题的原因分析

1. 社会功利思想严重

近年来，社会经济快速发展，人们的思想也受到外来冲击。一方面，大部分家长把更多的时间和精力投入到了工作中，对家庭、对孩子的关注减少，不注意对子女的教导，以至于孩子出现问题也不能够及时发现，直到发生更大的悲剧时才醒悟。另外，社会功利环境除了造成家长对家庭教育的认识不够，也潜移默化地影响孩子的成长，使孩子思考问题都从功利的角度出发。

2. 家长素质水平低

家长的素质水平，会在很大程度上影响孩子的综合能力和行为习惯、生活态度的形成，家长的行为习惯、心理素质、思想品德素质等维度都对孩子产生深远地影响。在生活方面，有些家长养成了低俗的行为习惯，比如说脏话、打架、酗酒等，使得孩子也习得这些陋习；在思想品德方面，有些家长缺乏社会公德意识，缺乏社会责任，缺乏道德理性，为所欲为、自私自利，这些都会潜移默化地影响到孩子。

3. 家庭结构规模变小

随着中国城市化进程的发展、计划生育的影响，社会结构发生了巨大的变化，家庭规模缩小，城市家庭多为一对夫妻一个子女的模式，使独生子女成了家庭的核心，独生子女缺少了兄弟姐妹之间的关爱，生活单调孤独，不利于养成集体、公共意识，不能从同辈那里得到安慰、理解、鼓励和支持。另外，受不良婚姻观念的冲击，离婚率逐渐增高，破碎的家庭越来越多，单亲家庭、再婚家庭的数量日渐增多，这些家庭在日常生活中缺少对孩子应有的教育支持和父母原生态的关心，对孩子心理发展造成了很大的伤害。

4. 家庭教育与学校教育、社会教育缺乏互动

一般而言，教育有机系统包括家庭教育、学校教育、社会教育三个相互配合的核心要素，三者之间相互协调，才能促进个体全面、健康、持续地发展，而当前教育体系没有使得这三者形成一套完善的沟通机制。在现实生活中，父母忙于赚钱养家，没有时间对孩子进行正规的家庭教育，他们认为孩子的教育主要在学校，将学校教育视为教育孩子的唯一途径，忽视了家庭教育的作用。而学校教育又被应试教育指挥着只重视孩子的学习成绩，而忽视孩子的人格发展，忽视孩子正常的社会交往能力的养成。另外，社会教育的形式、方法、内容、目标等不够完善，对孩子价值观养成不能起到正面的作用，对家庭教育缺乏积极的引导，使得家庭教育成为社会教育中单独的个体存在。

5. 网络对家庭教育影响大

随着科技的发展，互联网已经成为当前生活中不可缺少的重要组成部分，而互联网的世界，充满了新奇、多元、丰富、易得的信息，在现实生活里不可以实现的、不可以拥有的因素都可以在网络世界里实现。由于教育引导方式不对，很多孩子过早地使用手机及其他网络终端，这使得很多未成年人沉迷于网络，打游戏，赌博，看暴力、色情影片和信息。一些涉世未深的、自控力差的孩子会出于好奇心去接触这些"新鲜"事物，甚至在现实生活中去实践。另外，有些家长在家庭里也常常沉浸在网络世界中，这更加引起孩子对网络的好奇与尝试心理，使得孩子忽视了学习，逐渐变得被动，在

现实生活中失去自我。

三、构建适应新时代要求的家庭教育体系的对策意见

人们常说:"家庭是孩子永远眷恋且永不停课的学校,父母是孩子第一任且永不卸任的教师。"正说明家庭教育的重要,说明家长教育角色的重要,家长在日常的家庭交往中,把自己的思想、价值观、知识、生活经验和习惯,潜移默化地传授给下一代,同时,学校教育、社会教育又对孩子的持续发展起着重要的作用,家庭教育与学校教育、社会教育紧密联系,因此,应该从家庭、学校和社会三个角度来构建适应新时代要求的家庭教育体系。

(一)营造和谐民主的家庭环境

1. 建立良好的家风

(1)以社会主义核心价值观为教育引导

习近平总书记在谈治国理政时强调,依法治国、以德治国,必须继承、发扬和创新我们中华民族的优秀文化,包括传统的优秀家风。所以我们应从民族优秀传统文化里吸取教育养分,坚持社会主义核心价值观,弘扬传统优秀文化和优秀传统家风。这就要求教育者依据一定的教育目的,借助一定的载体,营造一定的氛围,引导受教育者去感受和体会,使他们在耳濡目染和潜移默化中自觉或不自觉地生发出教育者所倡导的世界观、人生观、价值观,从而使受教育者的思想品行在感染和陶冶中得到优化[1]。把社会主义核心价值观渗透到家庭教育中,并渗透到生活的各个方面,同时,也要通过家风的传承,把中华传统文化中的"仁义礼智信"融入家庭成员的价值观中。

(2)树立正确的生活观

首先,倡导勤俭节约,树立正确的消费观,家长要教育和引导孩子理性消费,保持勤俭节约的优良传统,改变攀比、铺张浪费、奢侈享乐的坏习惯,培养正确的消费观。其次,要培养积极向上的生活观,支持孩子的主体地位,培养孩子的独立品质,不宠溺孩子,不让孩子永远站在家长背后,要让孩子在日常生活中积极面对各种困难、挫折,学会独立自主,保持乐观向上的生活态度。

2. 提高家长家庭教育的能力

(1)转变家庭教育的观念

洛克曾说过,家庭教育是基础教育,具有基础性、永恒性,同时也是主导教育,对孩子的发展具有核心的影响地位。家庭教育给孩子深入骨髓的教育,

---

① 杨再延:《论德育灌输与德育渗透》,《广西民族大学学报(哲学社会科学版)》1998年第3期。

是任何学校教育和社会教育永远代替不了的。首先，社会的不断发展对家庭教育提出了新的要求和相应的变革，传统的家庭教育观念和方法很多已经不适应于今天的家庭和孩子，家长需要不断更新家庭教育观念，学习新的教育方式，使用新的、科学的教育方式引导孩子。其次，家长应该认识到教育孩子不仅是学校的任务，更是家长自身的任务，家长对孩子的影响更加重要。另外，家长不仅要关注孩子智力的发展，也应该时刻关注孩子的心理健康，引导孩子健全人格的养成，注重孩子身心全方面发展。最后，家长要认识到孩子在家庭教育中的主体地位，切实把孩子作为家庭教育的主体，不能以自我为中心，不能用强制的方式改变孩子的日常行为习惯，要充分调动孩子的主动性、个性、能动性、创造性。

（2）改进家庭教育的方式

家长的教育方式决定孩子与家长之间的沟通交流方式，也决定孩子与他人沟通交往的方式，家庭中只有构建民主和谐的亲子关系，才能使得孩子养成良好的、有效的沟通方式和社会交往能力。首先，家长要尊重孩子。最大限度地保护孩子的自尊心，尊重孩子的基本权利和人格，不打骂、侮辱孩子，多尊重和保护孩子的正当需求。同时，信任孩子，相信孩子具有巨大的独立能力，尊重孩子身心发展规律，以科学的方法引导孩子，做到科学沟通，文明沟通，不能按照成人的想法和意志去改造孩子。其次，家长要宽严相济。在满足孩子正当需求上，要多宽容，孩子在生活中总会提出一些要求，家长要及时满足孩子的合理需求，而对于不合理的需求，不能无止境地满足孩子的无理欲望，要严加制止。当然，家长也不能提出过分苛刻的要求，要以是否有利于孩子身心健康成长为前提。再次，强调言传身教，父母要以身作则。托尔斯泰曾说过，教育孩子的实质在于教育家长自己。在家庭教育过程中，家长是孩子模仿的对象，家长的一言一行都被孩子看在眼里，因此家长要做好榜样的作用。最后，学习先进的家庭教育方式。受社会条件、文化因素等影响，广西城市的家庭教育处在发展起步、向大城市学习的阶段，很多的家庭都在模仿、照搬大城市的模式，没有根据各自家庭的真实情况作出相应的家庭教育设计。因此，广西城市家庭应该根据自身的特点选取适合自己家庭教育的方法和内容，这样才能促进广西城市家庭教育的健康发展。

（3）提高自身的素质

首先，父母具有榜样的力量。孩子最开始接触的人是父母，子女成年后很多的生活习惯、思维方式、行为模式都是从父母那里模仿或是受父母影响而形成的。父母是孩子最喜爱的直接模仿对象，对孩子有着重要的影响作用，家长希望孩子成为怎样的人，就应该要求自己做到。因此，父母应该主动的有意识的重视提高自身的综合素养。其次，父母保持与时俱进的学习热情。随着社会的不断发展，孩子们也在不断地从社会环境中接触到新的事物，而父母也需要不断地提高自身的文化素养，学习新的知识，跟上时代发展的速度，在与孩子交流时，理解孩子新的想法，同时父母的学习精神和学习态度也能够给孩子作出学到老活到老的榜样。最后，父母要具有良好的心理素质。教育孩子是一项长久的事业，家长应该具备恒心与耐心，在教育行为上不发脾气、不松懈，相信每个孩子都有自己的性格特点，支持孩子的个性发展。而孩子发展具有阶段性，家长要采用循序渐进的方式，引导孩子向正确的方向发展。

3. 培育良好的亲子关系

（1）维护平等的家庭成员关系

人生的第一种人际关系就是亲子关系。现代家庭中的亲子关系，既是长辈和晚辈的关系，也是朋友的关系，这样的关系应该是平等的、民主的。父母与子女之间应该相互尊重，父母并没有比孩子拥有更多的权利，没有对孩子的控制权，父母应尊重孩子的基本权利和健全人格的发展。在平等的亲子关系中引导孩子平等、自由、自主地发展，最大限度地支持孩子自主发展的需求。同时，夫妻之间更应相互理解和尊重，共同承担起教育子女的责任和义务，夫妻任何一方都不能以各种理由缺席孩子的成长，应共同陪伴，支持孩子成长。家庭教育有效开展的前提条件是和谐的亲子关系，而家庭教育实施的保障是民主的亲子关系。只有它们紧密配合，才能使得子女健康成长。

（2）建立有效的沟通渠道

在调研中发现，许多家长反映孩子有许多的秘密，孩子不愿意和自己说心里话，而孩子也反映自己与家长之间存在代沟，家长根本不理解自己，无法与家长交流。他们之间形成了沟通的壁垒，严重阻碍了正常的亲子交流，家长和孩子都表现出双方交流、沟通的困惑。在家庭教育中，家长要认识到亲子之间沟通的重要性和必要性。要做到有效沟通，就要遵循一些规则，如在沟通中，家长要保持倾听，无论孩子说什么，家长都不要随意打断孩子的话或者有厌烦情绪，否则孩子的自尊心容易受到伤害，甚至还会从此向你关闭敞开的心扉。如果孩子喜欢对家长倾诉，表示对家长信任，亲子沟通也就不会有太多的障碍。另外，家长要投入更多的时间与精力多与孩子沟通交流，保持关爱的态度，耐心倾听，了解孩子的想法，知道孩子的困难，及时提供有效的帮助和保护，让孩子时刻感受到父母的关心和爱护。而沟通的场合可以是生活中家长与孩子接触的任何地方，家长找准时间言传身教，促进亲子之间顺畅沟通的形成。

（3）营造融洽和谐的家庭情感氛围

家庭情感氛围具有情境性的作用，它对孩子情绪的形成和发展有着重要的影响。据研究表明，在家庭情感气氛好的环境里长大的孩子，情绪表达方式合理、正当，一般都乐观、友善、活泼、有礼貌、情绪稳定；相反，在家庭气氛紧张的环境中长大的孩子，情绪表达受阻碍，不能很好地感受情绪和表达情绪，人格发展也受阻碍，往往冷漠、自私、自卑、性格暴躁、缺乏同情心。因此，家庭成员之间要相互包容、相互理解、相互尊重、相互爱护、相互关心，营造融洽和谐的家庭情感氛围以利于孩子的健康成长。

（4）积极面对挫折教育

当今的孩子从出生开始就受到长辈们的疼爱，特别是独生子女，接受祖辈、父辈们无微不至的照顾。而这种关爱一旦过度，就变成了溺爱，缺乏对孩子独立性、意志力、坚韧性的有效培养，致使他们在学习、兴趣、人际关系方面容易遭受挫折。如在学习方面，成绩达不到理想的状态，没能就读理想的学校、没有评上"三好学生"、没有选上班干部，就沮丧失落，堕落不前；在兴趣方面，没有得到父母的支持，自己的特长没机会展示，就感到抑郁；在人际关系方面，结交不到自己想交的朋友，没有诉说心里话的朋友，就烦躁不安。中国有句古话说："享童子福，背老来时。"这句话是指人在童年时衣来伸手饭来张口，养尊处优，但过度的舒适给孩子将来的生存带来很多忧患。如果孩子没有养成良好的坚韧品质，在生活中一遇挫折，容易产生过度的挫折感，心理上容易沮丧，难以适应正常的社会生活，即所谓"背老来时"。因此，家长要舍得让孩子面对困难，承受挫折，以提高其抗压抗挫的能力，勇敢地面对和战胜困难。另外，家长要注意培养孩子以积极、乐观、向上的态度对待生活，使孩子不断增强克服困难、不屈服于逆境的勇气和信心，主动了解和帮助孩子。

4. 重视孩子社会交往能力

（1）培养共享意识

孩子交往的第一步是参与公共生活领域，参加各种社会事务，这就需要具有共享意识，需要习得与人分享的观念和行为习惯。在日常生活中，家长要仔细观察孩子与其他孩子交往的表现：如果孩子缺乏共享意识，家长要多引导孩子把自己的玩具与其他小伙伴分享，并创造条件让孩子与其他小伙伴一起玩玩具；如果孩子有共享意识，则要鼓励孩子的交往行为，引导孩子感受与其他小伙伴共享的乐趣。

（2）引导接触社会文化

社会文化普遍地存在于人们的日常生活、工作、学习过程中，内容丰富多彩、形式多种多样。社会文化对孩子的智力、思想道德、价值观、人生观等，都会产生很大的影响，具有强大的教化功能。因此，家长应该充分认识到这一点，不能把孩子与社会文化隔离起来，而要有意识地指导孩子广泛接触社会文化，使社会文化对孩子的思想道德、知识、世界观、价值观、人生观产生积极的影响。另外，社会文化也有优秀和落后之分，在接触社会文化过程中，家长要指导孩子分辨是非黑白、优秀与落后，引导孩子抵制不良文化的腐蚀与影响，培养孩子习得文明素养。

（二）构建互赢的家校合作模式

1. 加强家庭和学校的合作力度

（1）学校、家长委员会加强家校合作宣传力度

家校合作不仅仅是学校和家长委员会的工作，也是所有教师和家长之间的合作。学校安排宣传部门制订每学年的宣传计划和具体实施方案，利用学校网站、宣传栏、校园广播、会议等多种方式向教师宣传家校合作的内涵、具体合作模式、合作方法等，要求教师把家校合作作为班级日常管理工作，进行长期的建设。对于新入职的教师，学校可安排有家校合作经验的教师对他们进行培训，使新入职的教师了解家校合作的意义。另外，由于部分学校对家校合作的推进力度不够，有些家长对家校合作比较陌生，特别是低年级学生的家长，不了解家校合作的目的、意义和方法，学校可以印发宣传手册，利用家长会、学校活动等方式向家长宣传家校合作对孩子成长的积极作用。同时，学校要重视家长委员会的建立，提高家长的参与意识，赋予家长真正的权利，让各班的家长委员会参与家校合作的宣传，加深家长与家校的合作，提高他们参与的积极性。

（2）学校和家庭建立合作交流模式

根据调研结果发现，学校和家庭之间交流、沟通存在障碍。为有效地、综合地、立体地促进孩子发展，学校和家庭之间要建立完备的家校合作交流、沟通模式。学校可以在每个学期初、中、末设立专门的家长与教师的沟通平台。在学期初，教师通过开学、家长会、开放日等活动，向家长介绍家校合作的具体活动目标、意义、措施，并解答家长提出的疑问；在学期中，教师利用班级的微信群、QQ群、校讯通等多种网络形式，向家长汇报学生在学校的表现，提高教师与家长的交流频率，提升交流的效率；在学期末，可以召开家长会议，或学校对家长和教师关于家校合作情况进行调查，发放调查表，收集双方意见和建议，完善后续的家校合作工作。另外，学校可以邀请家校合作方面的专家为教师和家长提供相关的知识和技能指导，促进家校合作双方的积极性。

2. 建全家庭和学校合作机制

（1）建立家校合作制度

国外发达国家的家校合作建设较为提前，有一些较好的经验和做法，他们都有健全的家校合作法律制度。如美国联邦政府颁布了一系列法律法规，划分

家校双方的权利与义务；法国在法律层面明确规定家校间的关系；英国规定了家长参与学校管理的要求。由此看出，广西可以根据自身的特点颁布专门的家校合作制度，对政府、学校和家庭三方明确权利和义务，用法律条款保障家校合作的运作实施，这样才能使得家校合作的模式长期化、制度化，才能收到预期的教育效果。

（2）设立专门资金管理制度

开展家校合作工作，不仅需要建立家校合作制度，还需要有专门的合作资金做保障，只有资金保障，才能进行物质条件的投入，才能搭建起沟通合作的现实平台。政府相关部门为学校提供专门的合作基金，而学校要拨出专项资金，成立专门的资金管理部门保障资金专款专用。家校合作资金可以用于家校合作宣传、各项合作活动的开展、教师在家校合作方面的培训、专家为教师家长提供指导等。也可以通过更多合法的途径，为家校合作募集更多的资金，保障家校合作的长期稳定运行。

（3）建立家校合作评估监督机制

要保障家校合作的良性运转，离不开评估和监督机制的建设。为促进家校合作长远的发展，需要建立有效的评估监督机制，使用科学合理的评估指标，对家校合作效果进行有效测评。政府教育主管部门要担当起家校合作监督、评估的主体责任，应在相关法律政策指导下，成立专门的家校合作评估监督机构，设置专门的考评员，制定科学合理的考核标准、考评内容、考评方式，对学校、教师、家长的合作行为与效果进行监督测评，提升合作成效。

3. 丰富家校合作内容

（1）建立有效的沟通平台

沟通不仅仅是家长和教师之间，学生也应该参与其中，因此，增加家长、教师与学生之间的交流方式，可以通过家庭对话、亲子书信、师生对话、跨校交流等方式，提高家长、教师与学生之间的互动，让家长、教师、学生三者之间建立有效的了解，相互掌握各个主体的教育观点，有目的地引导学生发展。解决学生在成长过程中遇到的问题，通过有效途径帮助学生建立积极向上的人生观和价值观，促进孩子更好的发展和成长。

（2）开展丰富多彩的实践活动

家校合作不仅仅是关注孩子在学校的学习情况，而更应该关注孩子全方位的发展，包括德育、智育、体育、美育、劳育等，家庭和学校应该以这"五育"为基础，开展丰富多彩的实践活动，以促进学生全面发展。比如开展品德优秀少年的评选、体育之星的训练、妈妈小帮手、家长讲堂等活动，为学生提供更广阔的发展空间，为学生提供个性发展的平台。

（3）对家长进行专业指导

从调研结果发现，家长们很关心学生的身体健康，但却容易忽视学生的心理健康。如今，学生们面临学习负担重、压力大、人际交往困难等问题，如果家长不引起重视，学生容易产生心理问题。由于家长在这方面没有经验和专业指导，容易不知所措。因此，学校可以利用家校合作的方式，邀请相关领域专家定期给家长们进行专业指导。另外，教师也要关注学生的心理变化，把学生的在校表现、出现的问题及时向家长反馈。当学生心理出现问题时要及时发现，并有效干预，帮助学生形成健康的心理。

（三）创建健康和谐的社会环境

1. 宣传积极向上的家庭教育理念

（1）通过多种途径宣传家庭教育理念

社会理念和社会价值观对家庭教育有着重要的影响作用，在很大程度上影响父母在家庭教育的理念。通过社会文化和社会观念的宣传，来影响家庭教育理念，改进家庭教育方法。首先，在整个社会中形成重视家庭教育的氛围。地方政府可以通过制定相关政策、法律等方式，规定家长必须践行家庭教育。社区可以通过橱窗展示、广播播送消息等形式宣传家庭教育。让家长在社区生活中逐步强化家庭教育意识。社会教育的相关机构要组织家庭教育方面的专家，为家长进行家庭教育方法的咨询。也可以利用当地的报纸、电台、电视台开辟关于家庭教育的专题栏目，定期宣传家庭教育知识。通过多元的方式，建构多样的合作平台，培养家长强烈的家庭教育意识。父母受到社会、政府、社区等不同机构的影响，树立起在家中做好孩子榜样的理念。

（2）设立家长学校或家长指导中心

苏联著名教育家马卡连柯曾指出："教育儿童由家庭负责，或者也可以说由父母负责。不过家庭集体的教育，不能凭空造就儿童，仅凭有限的家庭影响或有限的父亲训诫，还不够成为造就未来的人的资料，只有多种多样的苏维埃现实生活，才是他们所需要的资料。"[①] 因此，家庭教育应该与社会教育密切结合起来，开办家长学校或家长指导中心，解决家长在孩子教育过程中遇到的问题，从而提高家长的整体素质。另外，家庭教育相关的管理部门要和学校、社区等方面积极配合，努力办好家长学校、家庭教育指导中心，引导家长加强学习，掌握良好的方法。同时，家长还要努力成为研究型家长，通过不断学习和探究，获得对教育规律、教育目标、教育内容、教育特点、教育方法的知识，不断地学习新的教育知识。只有这样，才能不断地提高自身的素质，正确解决

---

① 马卡连柯：《马卡连柯全集》，人民教育出版社，1957，第 16 页。

自己孩子的实际问题。

（3）针对青年男女和准父母安排教育培训

在家庭教育方面，未生育的青年男女或准父母们成为新生队伍，为了达到优生优育、做合格和负责任家长的目标，各地区可以由当地妇联、医疗保健部门、妇幼保健医院、综合医院等举办面向青年未生育男女和准父母的家庭教育知识培训班，让他们正确掌握胎教、早教、学龄前儿童教育等相关知识，了解优生优育的必要性和重要性，提高青年未生育男女和准父母的责任感。

2. 净化社会文化教育环境

（1）利用社会资源建设思想道德教育基础

社会教育具有广泛性和丰富性等特点，政府部门可以灵活调动社会各方面的教育力量，建设青少年思想道德教育基地，如少年宫、博物馆、图书馆、活动中心、社会实践基地等，不仅可以弥补家庭教育的不足，而且能丰富中小学生课外信息的获得、丰富业余文化生活，促进他们身心健康发展。同时，家长也可以积极寻求更多的信息渠道，去学习和增加自己的家庭教育知识，掌握正确的家庭教育方法，把社会教育资源利用好、发挥好。

（2）营造健康的社会文化环境

随着信息技术的不断发展，在中小学生生活的环境中，充斥着有形和无形的各种文化信息，这些知识中有积极向上的内容，也有的消极恶俗内容，影响着中小学生的身心健康成长。因此，社会各级相关部门应该联合起来，给中小学生创建一个有利于他们成长的环境。如出版行业要出版积极健康向上的出版物、网络管理部门要为中小学生过滤和屏蔽垃圾信息。另外，家长也要随时关注孩子们接触的读物，积极引导，提高他们分辨事物的能力。

参考文献

[1] 黄河清. 家庭教育学 [M]. 上海：华东师范大学出版社，2014.

[2] 王继华. 家庭文化学 [M]. 北京：人民出版社，2010.

[3] 吴惠强，虞建光. 对话智慧父母 [M]. 杭州：浙江教育出版社，2013.

[4] 陈鹤琴. 家庭教育 [M]. 北京：中国青年出版社，2012.

[5] 比格纳. 亲子关系：家庭教育导论 [M]. 北京：高等教育出版社，2012.

[6] 皇甫军伟. 家庭教育的捷径：以心养心 [M]. 桂林：广西师范大学出版社，2012.

[7] 张振鹏. 最彻底的家庭教育方法 [M]. 北京：电子工业出版社，2012.

[8] 李生兰. 学前儿童家庭教育 [M]. 上海：华东师范大学出版社，2011.

[9] 吴奇程，袁元. 家庭教育学 [M]. 广州：广东高等教育出版社，2011.

［10］鸿儒文轩. 中国式家庭教育的误区［M］. 海拉尔：内蒙古文化出版社，2011.

［11］庞海波. 家庭教育心理学［M］. 广州：暨南大学出版社，2011.

［12］张耀灿，邱伟光，等. 思想政治教育学原理［M］. 北京：高等教育出版社，2010.

［13］吴航. 家庭教育学基础［M］. 武汉：华中师范大学出版社，2010.

［14］钱民辉. 教育社会学概论［M］. 北京：北京大学出版社，2010.

［15］黄全愈. 家教忠告：素质教育在家庭［M］. 北京：中国人民大学出版社，2010.

［16］全国妇联儿童工作部. 全国家庭教育调查报告［M］. 北京：社会科学文献出版社，2011.

［17］缪建东. 家庭教育学［M］. 北京：高等教育出版社，2009.

［18］李天燕. 家庭教育学［M］. 上海：复旦大学出版社，2007.

［19］梁景和. 婚姻家庭性别研究［M］. 北京：社会科学文献出版社，2013.

［20］明恩薄. 中国人的文明与陋习［M］. 西安：陕西人民出版社，2014.

［21］王志强. 当代中国家庭道德教育研究［M］. 杭州：浙江大学出版社，2013.

［22］费孝通. 乡土中国［M］. 北京：北京出版社，2009.

［23］罗国杰. 中国传统道德丛书［M］. 北京：中国人民大学出版社，1995.

［24］黄钊. 三德教育论纲［M］. 武汉：武汉大学出版社，1997.

［25］黄钊. 中国道德文化［M］. 武汉：湖北人民出版社，2000.

［26］黄钊. 儒家德育学说论纲［M］. 武汉：武汉大学出版社，2006.

［27］祝畅. 浅析农村留守儿童隔代教育问题［J］. 科技导刊，2014（1）.

［28］王海红. 中职学生心理健康与家庭教育的现状与策略分析［J］. 成功（教育），2013（24）.

［29］李曼. 我国家庭子女教育消费增加的社会学分析［J］. 商，2013（11）.

［30］Alice Troy-Donovan. Home education：learning never stops［J］. FT，2013.

［31］席春玲. 家校合作理论研究述评［J］. 教育评论，2010（4）：21－22.

［32］朱红. 新时期家校合作教育刍议［J］. 教育探索，2005（3）：41.

［33］孙孝花. 谈美国家长参与学校教育［J］. 内蒙古师范大学学报，2004（6）：66.

［34］杨天平. 法国学校与家长之间的交流与协调［J］. 外国教育研究，2004（1）：43－44.

［35］杨文静. 近三年来农村家庭教育研究综述［J］. 安康学院学报，2013（8）.

［36］张勇. 从沟通走向合作：形成家校教育合作的必然途径［J］. 教育科学研究，2011（3）：62－63.

［37］吴伟英. 学校教育与家庭教育的和谐发展研究［J］. 教育理论与实践，2010（8）：33－35.

［38］任学宾. 家校合作与素质教育［J］. 广西教育学院学报，2001（1）：83－87.

［39］谭细龙，王慧玲. 论教师与家长良好关系的创建［J］. 湖北教育学院学报，2005（1）：104－105.

［40］江诚，宋琳. 当前小学家校合作中存在的问题及对策分析［J］. 黄山学院学报，2011（2）：97－98.

［41］杨俊. 关于小学家校合作现状的调查研究［J］. 教学与管理，2006（26）：29－31.

［42］廖琴. 小学家校合作问题的思考［J］. 重庆文理学院学报，2016（3）：120－124.

［43］王卫军. 小学家校合作存在的问题及管理对策研究［D］. 大连：辽宁师范大学，2015.

［44］陈宓. 家校合作对小学教师专业发展的影响研究：以长春市 ZH 小学为例［D］. 延吉：延边大学，2014.

［45］石亚亚. 小学家校合作现状的调查与研究：以石家庄孤山小学为例［D］. 石家庄：河北师范大学，2014.

［46］艾飞. 家长与学校合作现状调查与分析：以朝阳市 X 小学为个案［D］. 锦州：渤海大学，2016.

［47］刘永. 家庭教育对中国当代青年人生涯发展影响的个案探究［D］. 上海：华东师范大学，2011.

［48］朱黎丽. 转型期家庭结构、功能的变迁及其家庭德育实效研究［D］. 武汉：华中师范大学，2011.

［49］张倩. 走出我国家庭教育伦理困境的对策研究［D］. 沈阳：沈阳师范大学，2011.

［50］吴建章. 李鸿章家教刍论［D］. 武汉：华中师范大学，2010.

［51］马红斐. 家庭教育应有的哲学理念［D］. 呼和浩特：内蒙古师范大学，2009.

［52］王群. 论未成年人的家庭教育［D］. 长沙：湖南师范大学，2009.

[53] 黄宝权. 宋代家庭教育 [D]. 郑州：河南大学，2009.

[54] 林立工. 道德治理及其实现方式研究 [D]. 吉林：吉林大学，2005.

[55] 汤致琴. 当代中国家庭道德教育研究 [D]. 武汉：武汉大学，2013.

[56] 周丽红. 当代中国家庭道德问题及对策研究 [D]. 成都：西南石油大学，2013.

[57] 徐芳. 当代中国家庭道德教育研究 [D]. 上海：上海师范大学，2008.

[58] 徐运华. 当代中国家庭道德教育研究 [D]. 合肥：安徽师范大学，2011.

[59] 张艳. 新时期家庭伦理道德研究 [D]. 杭州：浙江农林大学，2010.

[60] 李天燕. 家庭教育方式对小学生品德形成的影响研究 [D]. 重庆：西南大学，2001.

课题承担单位：广西道德教育学会

课题负责人：朱家安（广西教育学院）

主要参加人：石朝雄（广西民族出版社）、孙存昌（南宁师范大学）、曾雪丽（南宁市高新区教育局）、拜琨（广西教育学院）、向燕（广西教育学院）、林洁（广西教育学院）、黄姣华（广西教育学院）、陈捷（广西教育学院）、雷功一（南宁市五一路学校）、罗曼（南宁市五一路学校）、陈丽萍（玉林市陆川县世客城小学）、谢舒静（南宁经济技术开发区普罗旺斯小学）、龙玉洁（玉林市玉州区东环小学）、蒋瑜（玉林市玉州区东环小学）